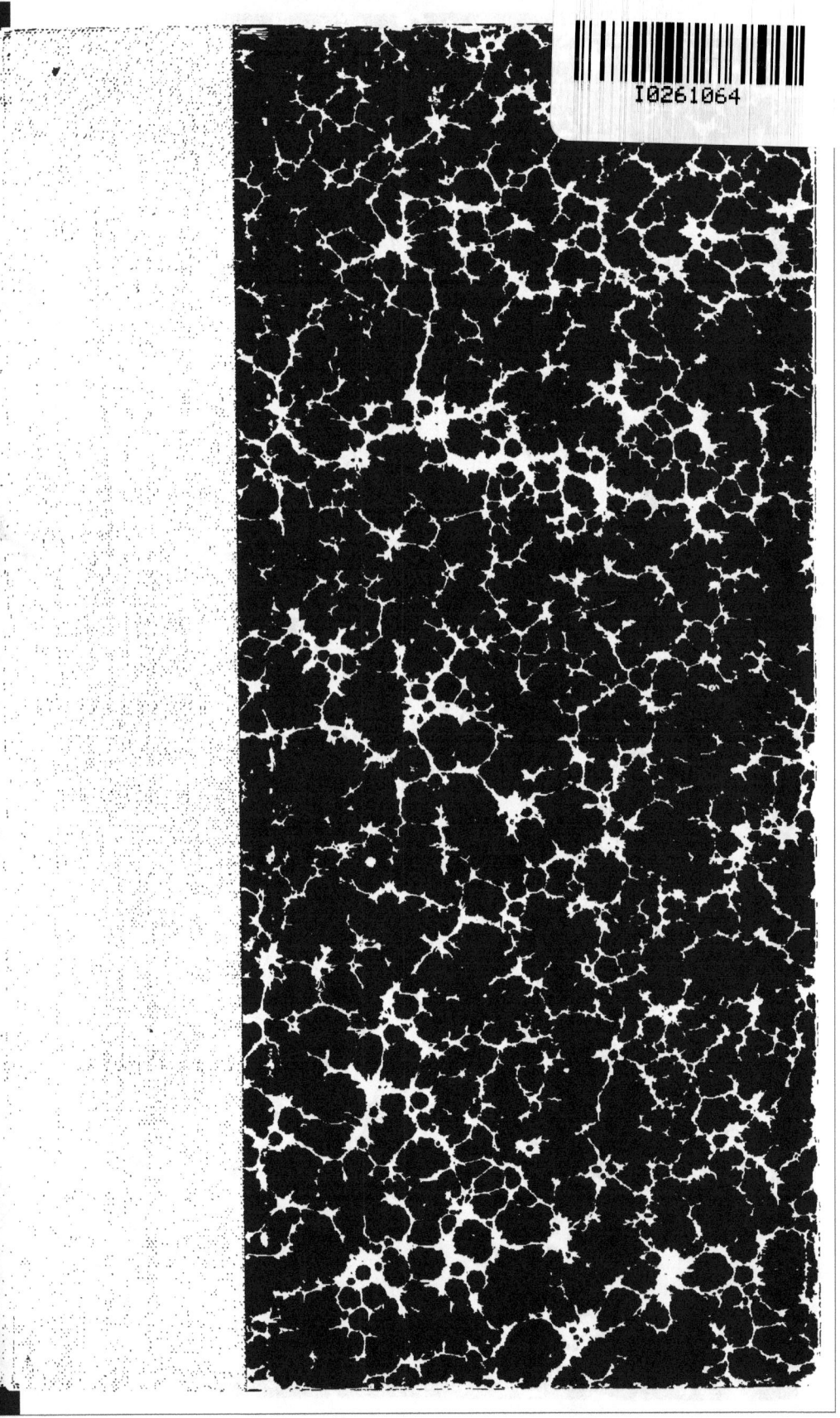

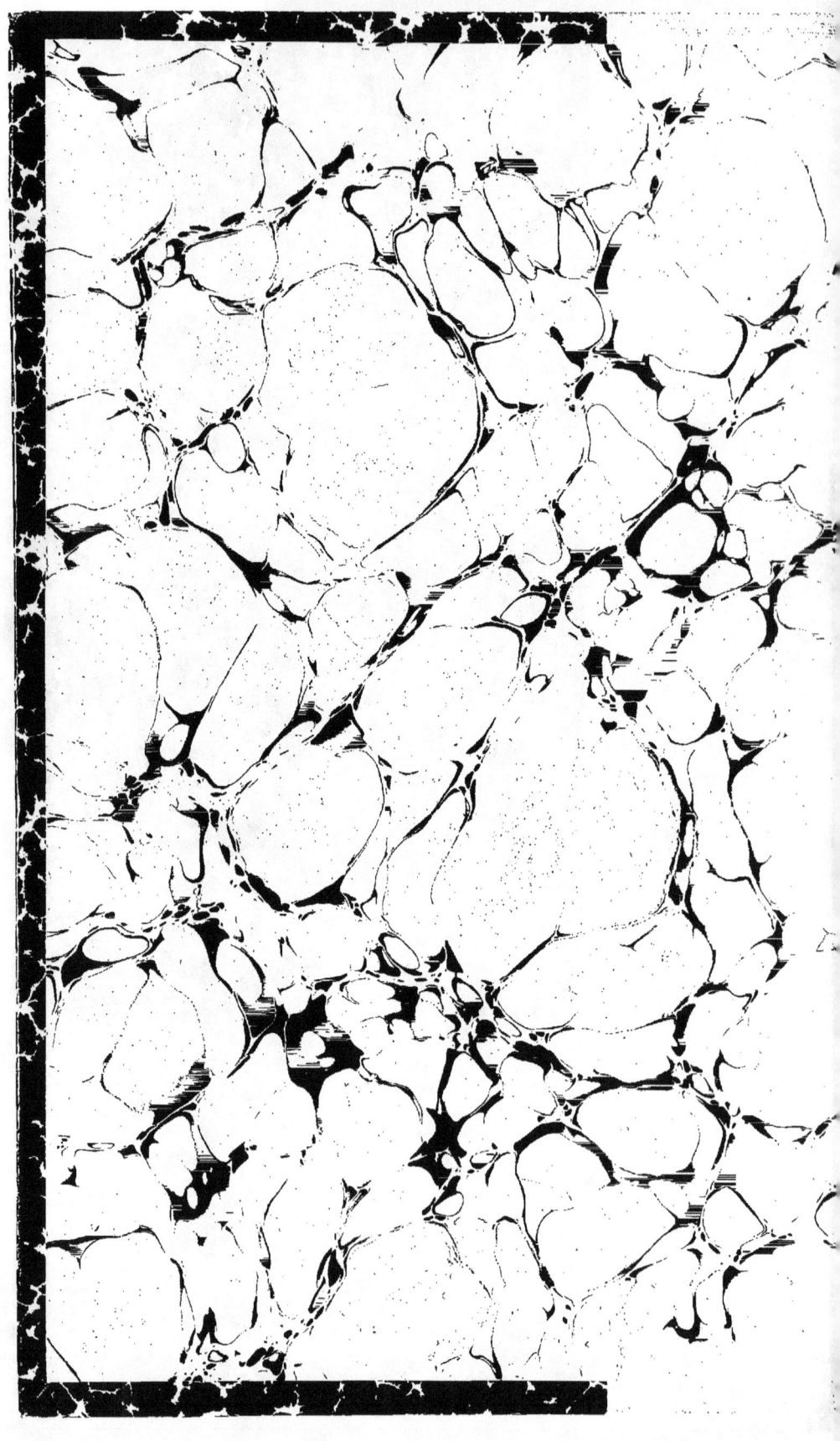

J. BOULANGER

UN MARTYR BORDELAIS
SOUS LA TERREUR

VIE ET MORT
DU R. P. PANNETIER

GRAND CARME DU COUVENT DE BORDEAUX

PAR

CHARLES CHAULIAC

Chevalier de l'Ordre Pontifical de Saint-Grégoire le Grand

> Honor quippe martyris est custodia fidei.
> *(In operibus S. Johan Chrysost. — Homelia de Christo pastore et ove. T. III. p. 818).*

PARIS	BORDEAUX
F. WATTELIER, LIBRAIRE	FÉRET & FILS, ÉDITEURS
Rue du Cherche-Midi, 5	Cours de l'Intendance, 15

MDCCCLXXVII

UN

MARTYR BORDELAIS

SOUS LA TERREUR

LE R. P. MARTINIEN PANNETIER
Grand-Carme du Couvent de Bordeaux
NÉ A BORDEAUX, LE 8 OCTOBRE 1718
MORT SUR L'ÉCHAFAUD RÉVOLUTIONNAIRE, LE 3 THERMIDOR, AN II
(22 JUILLET 1794)
D'après un portrait communiqué par son petit cousin, M. Eugène de Thiac, d'Angoulême.

UN MARTYR BORDELAIS

SOUS LA TERREUR

VIE ET MORT DU R. P. PANNETIER

GRAND CARME DU COUVENT DE BORDEAUX

PAR

CHARLES CHAULIAC

Chevalier de l'Ordre Pontifical de Saint-Grégoire le Grand

Honor quippe martyris est custodia fidei.

(*In operibus S. Johan Chrysost.— Homelia de Christo pastore et ove. T. III. p. 818*)

PARIS	BORDEAUX
F. WATTELIER, LIBRAIRE	FÉRET & FILS, ÉDITEURS
Rue du Cherche-Midi, 5	Cours de l'Intendance, 15

MDCCCLXXVII

LISTE DES SOUSCRIPTEURS

A L'HISTOIRE

DU R. P. PANNETIER

GRAND-CARME DU COUVENT DE BORDEAUX

Son Éminence le Cardinal Donnet, Archevêque de Bordeaux.
Sa Grandeur Monseigneur de La Bouillerie, Archevêque de Perga, Coadjuteur de Bordeaux.
Révérendissime Père Ange Savini, Vicaire et Prieur Général de tout l'Ordre du Carmel. au Couvent de Sainte-Marie-Transpontine, à Rome.
Vicomte de Pelleport-Burète, ancien Maire de Bordeaux, Sénateur.
Jacques de Tracy, Préfet de la Gironde.
L. de Rochebouët, Général de Division, Commandant la 18e Division militaire, à Bordeaux.
Vicomte de Quélen, Général de brigade, à Libourne.
Rivière-Bodin, Vice-Président du Tribunal civil de Bordeaux.
Mgr Cirot de La Ville, Camérier secret de Sa Sainteté Pie IX, Chanoine honoraire, Doyen de la Faculté de Théologie de Bordeaux.
Bibliothèque de la ville de Bordeaux.
Bibliothèque de l'Hôpital Saint-André de Bordeaux.

T.-R. P. Élie Barthley, Prieur du Couvent des Grands-Carmes de Dublin (Irlande).

T.-R. P. Joseph Barcons, Commissaire des Grands Carmes, du Couvent de Saint-Léon, à Montpellier.

T.-R. P. Télesphore Kroonen, Commissaire des Grands Carmes, à Boxmeer (Hollande).

R. P. Lazare, Prieur du Couvent de Saint-Augustin des Carmes Déchaussés de Montpellier.

Rév. M. Daems, Bibliothécaire de l'Abbaye des Prémontrés de Tongreloo (Belgique).

R. P. Recteur du Collége de Saint-Joseph de Tivoli.

Couvent des RR. PP. Dominicains de Bordeaux.

Couvent des RR. PP. Carmes Déchaussés de Bordeaux.

R. P. Louis, Supérieur des PP. Passionistes de Tonneins.

Sœur Angélique, Supérieure des Dames de Nevers de l'Institution des Sourdes-Muettes de Bordeaux.

Monastère des Dames de l'Assomption de Bordeaux.

Cercle du New-Club.

Gustave Ailloud, Assureur maritime.
Augé-Delille, Graveur.
Amédée Bahans
Gustave Bailby, Contrôleur des Hospices de la ville.
Adolphe Barincou, Commissaire-Priseur.
Bauré.
Bayle, Avocat.
Abbé Belleville, Curé de Notre-Dame, Chanoine honoraire.
Abbé Bellot des Minières, Chanoine, Secrétaire général de l'Archevêché de Bordeaux.
Armand Béchade, à Miramont.

A. Bermond.
Émile Bernard, Pharmacien.
Bitot, Docteur Médecin.
Blanc, à Léognan (Gironde).
Banchereau, Instituteur au Tourne, près Langoiran.
Ernest de Boissac, Trésorier de la ville.
Henri de Boissac.
Louis de Bordes de Fortages.
Bousquet, Curé de Cantenac.
Boudias, Avoué.
Baron de Brezets, Avocat.
Evariste Buhan père.
Abbé Castaing, Vicaire de Notre-Dame.
Marquis de Castelnau-d'Essenault,
Victor Cathala, Notaire.
Chadelle, Percepteur à Saint-Laurent (Médoc), membre de la Société Bibliophile de Guienne.
Joseph Charriol.
Joseph-Alexandre Charriol.
Chatard, Docteur Médecin.
De Chalret du Rieu, Vice-Consul du Portugal.
De Choisy, Conseiller honoraire à la Cour d'Appel de Bordeaux.
Claverie, Avoué.
Clavières.
Abbé Ch. Cœuret, Camérier secret de Sa Sainteté Pie IX, Vicaire de Notre-Dame.
Coppinger, Docteur Médecin.
Costes, Curé à Soussans.
Comte des Courtis.
Léo Coureau, Architecte.
Daney (Mme).

Ernest Darbon.
Gaston David.
Abbé Deydou, Vicaire de la Primatiale.
Dinêtre.
Edmond Dircks-Dilly, Avoué.
Charles Dircks-Dilly, Notaire.
Léo Drouyn, Membre de l'Académie des Sciences, Belles Lettres et Arts de Bordeaux
Henry Duboscq.
Ducarpe Junior.
Comte Duhamel du Breuilh, à Paris.
Baron E.-A. d'Etcheverry.
Abbé Espanet, Curé de Ludon.
Fauchai.
Faugère.
De Forcade, Conseiller à la Cour d'Appel de Bordeaux.
Charles Forcade.
Alfred Formey Saint Louvent, Caissier principal de la succursale de la Banque de France.
Galibert, Curé de Sainte-Croix.
Garrigues.
Abbé Gaussens, Curé Archiprêtre de la basilique Saint-Seurin.
Vicomte Jules de Gères, Membre de l'académie de Bordeaux.
Gergerès avocat.
Gérard (Mme)
Gervais, Vicaire-général.
Comte Goislard de Montsabert, à Toulouse.
Charles Gourlier, Curé à Rions près Cadillac, (Gironde).
Aurélien Grangeneuve, Avocat.
De Griffon, ancien Consul du Saint-Siège.
Grousset.

Patrice Guibert.
Abel Hériard Dubreuilh, Avocat.
Ernest Hubert, Directeur de la succursale de la Banque de France.
Jabouin, ancien Adjoint au Maire de Bordeaux.
Jannaut, Chef de division à la Mairie de Bordeaux.
Comte de Kercado père.
Comte Alfred de Kercado fils.
Comte Henri de Lachassaigne.
Paulin Lafargue.
Lafaye, Curé de Cambes.
Lajard.
Charles Lalande, à Blaye.
E. Lalande.
Emile de Laleu.
Lande, Docteur médecin.
Raymond Lanusse, Avocat.
A. M. Lapeyre, Chanoine honoraire, à Brannes, (Gironde).
Laporte, Commandant des Sapeurs-Pompiers.
De Larrard, Receveur de l'enregistrement.
Abbé Latour, Vicaire de la basilique Saint-Seurin.
Le Barillier, Docteur médecin.
Lecoutre de Beauvais, Secrétaire du bureau de bienfaisance.
Charles Lefèvre, Libraire.
Alfred Leroy, Greffier de la Cour d'Appel de Liége, (Belgique)
De Lestapis.
G. Léveilley, Curé à Braud, par Etauliers, (Gironde).
Henri Lulé Desjardins, Avocat.
Marquis de Lur Saluces.
Adrien Maitre, ancien Secrétaire de la ville.
De Malet.
Théophile Malvesin, Avocat.

Martin, Notaire.
Marquis Leblanc de Mauvesin.
Maubourguet.
Joseph Méliet, Curé à Lugos près Belin, (Gironde).
Georges Méran, Avocat.
De Mérignac.
Messier, Bibliothècaire de la ville.
R. P. Meunier, Mariste à Notre-Dame de Verdelais.
Paul de Montcheuil, Avocat.
Comte de Noaillan.
Noyer, Avocat.
Ouelly, Chanoine titulaire.
Léon Pagès, à Paris.
Abbé Pardiac, aumônier à l'hôpital Saint-André.
Mgr Parenteau, Camérier secret de Sa Sainteté Pie IX, Chanoine honoraire, Curé de Sainte-Eulalie.
Petit. Chanoine honoraire, Secrétaire particulier de Son Eminence.
Pellisson, Curé de Chamadelle.
Pernot, (Mme)
L. de Perry, Docteur médecin.
Armand de Pichard de la Tour, Conseiller à la Cour d'Appel de Bordeaux.
Piganeau, Banquier.
Jules de Pineau.
Pujol, Docteur médecin.
Paul Quentin, Notaire.
Rabion, Notaire.
Adolphe Raymond, Contrôleur municipal.
Remière.
Ferdinand Ribadieu.
Roborel de Clımens

Ferdinand Rozat, Notaire.
L. Roussanne, Chef de Division à la Mairie de Bordeaux.
Abbé Saboureau, Curé de Biganos (Gironde).
Adolphe Sarrail, membre du Conseil des Prudhommes.
Sarramea, Docteur Médecin.
De Sarrau.
Sauvat, Libraire.
Vicomtesse de Saint-Légier, à Pont-l'Abbé-d'Arnoult (Charente-Inférieure).
Veuve de Soyres.
Tamisey, à Castets-en-Dorthe (Gironde).
Abbé Thibaut, Chanoine honoraire, Professeur à la Faculté de Théologie de Bordeaux.
Abbé Cyprien Thibaut, Vicaire à Portets.
Eugène de Thiac, à Angoulême.
Adolphe Toulouse.
Typhon, Curé à Eysines.
Typhon, Curé au Taillan.
Abbé Viaud, Curé de Pineuilh, près Sainte-Foy-la-Grande
J. Vincent.
Hyppolite Vitrac.
Aurélien Vivie, Chef de Division à la Préfecture de la Gironde.

AVERTISSEMENT DE L'AUTEUR

❖❖

TRÈS-*humblement soumis et d'esprit et de cœur à la Sainte Église Catholique Romaine dans le sein de laquelle je désire vivre et mourir; acceptant d'ores et déjà les décrets du Saint Siége Apostolique, je déclare ici que si dans le cours de cette simple notice, il m'est parfois arrivé de désigner le Père Pannetier ou quelque autre prêtre du Seigneur sous le titre de Saint, de Martyr, de Bienheureux ou de Vénérable, je n'ai nullement eu l'intention de prévenir les décisions respectées de la Sainte Église, ma Mère, à laquelle je suis heureux d'obéir avec le respect le plus profond et l'amour le plus filial; je déclare donc n'avoir voulu en me servant de ces expressions, que donner au P. Pannetier un témoignage de ma vénération personnelle et me conformer à l'usage reçu parmi les Fidèles qui donnent ces titres aux personnes recommandables par leurs vertus.*

Charles CHAULIAC

Chevalier de Saint-Grégoire le Grand,

Natione Gallus, Fide Romanus.

A SON ÉMINENCE

MONSEIGNEUR

LE CARDINAL DONNET

ARCHEVÊQUE DE BORDEAUX

Eminence,

Lorsque je conçus, l'an dernier, le projet de retracer la vie du Père Pannetier et de tirer sa mémoire de l'oubli, je vins vous demander de bénir mes faibles efforts afin que votre bénédiction fut pour moi un puissant encouragement dans la voie difficile où je m'engageais.

VOTRE ÉMINENCE daigna accueillir, avec sa bienveillance habituelle, la respectueuse prière que je lui avais adressée, et le souvenir toujours présent de son indulgente bonté a été pour moi un précieux secours au milieu des difficultés du travail.

Aujourd'hui, MONSEIGNEUR, mon œuvre est achevée et je viens déposer aux pieds de VOTRE ÉMINENCE ce modeste manuscrit dû autant aux encouragements paternels que vous voulûtes bien m'envoyer qu'aux recherches que j'ai pu faire depuis un an dans nos archives départementales et municipales.

Le martyre du Père Pannetier, MONSEIGNEUR, est bien, ainsi que vous me l'écriviez en juillet dernier, une gloire diocésaine : mais, c'est aussi une leçon d'histoire et une leçon de philosophie qui nous montre jusqu'à quel degré de dépravation peut tomber un grand peuple lorsqu'il a renié son Dieu et abandonné la seule voie capable de le conduire au bonheur.

Nos églises détruites, nos prêtres égorgés, la justice foulée aux pieds, voilà MONSEIGNEUR, le tableau que j'ai cherché à dérouler dans les pages bien modestes que j'ose vous dédier aujourd'hui.

En en parcourant quelques unes, si vos nombreux travaux apostoliques vous en laissent jamais le loisir, VOTRE ÉMINENCE, pourra facilement établir un parallèle entre cette époque terrible où Dieu frappa le Pasteur et dispersa le troupeau, et les quarante dernières années écoulées.

D'un côté, dix longs mois de deuil, de terreur et de mort qui s'étendirent comme un voile funèbre sur notre cité écrasée ; de l'autre, cette période bénie pendant laquelle Dieu a daigné nous placer sous la houlette de VOTRE ÉMINENCE.

D'un côté, nos temples profanés, pillés ou détruits ; de l'autre, ces nombreuses églises nouvellement créées ou se relevant de leurs ruines à la voix aimée de VOTRE ÉMINENCE, et venant réapprendre à ce peuple un instant égaré le chemin oublié du sanctuaire.

Il eût été désirable qu'une plume plus exercée que la mienne se fût chargée de la mission de dérouler ce triste épisode de la plus lamentable époque de notre histoire : mais j'ose espérer, MONSEIGNEUR, qu'après avoir encouragé mes premiers pas dans la carrière, vous daignerez encore accepter l'hommage de ce travail, malgré ses tant nombreuses imperfections.

La paternelle bonté avec laquelle vous m'avez toujours accueilli m'en est un sûr garant.

VOTRE ÉMINENCE, du reste, en bénissant mon projet, a bien voulu, sans se préoccuper de l'indignité de l'écrivain, en reconnaître l'utilité dans une parole que bien des événements semblent aujourd'hui nous montrer avoir été prophétique.

L'avenir, m'écriviez-vous, MONSEIGNEUR, *pourrait nous réserver des épreuves pareilles à celles de nos devanciers : l'exemple de leur fermeté ne saurait alors nous être inutile.*

Daignez, MONSEIGNEUR, agréer les sentiments de profond et respectueux attachement avec lesquels

J'ai l'honneur d'être,

De VOTRE ÉMINENCE,

Le fils soumis et dévoué,

CHARLES CHAULIAC

Bordeaux, 1er mai 1877.

LETTRE DE SON ÉMINENCE

MONSEIGNEUR LE CARDINAL

ARCHEVÊQUE DE BORDEAUX

A L'AUTEUR

ARCHEVÊCHÉ
de
BORDEAUX

Bordeaux, 6 mai 1877.

Monsieur,

JE me félicite de vous avoir encouragé à écrire la vie du Père Pannetier, qui fut une des victimes de la Terreur à Bordeaux. Les recherches consciencieuses que vous avez faites, les souvenirs épars que vous avez recueillis au moment où ils allaient s'effacer à jamais, enfin, le soin pieux et le goût vraiment littéraire avec lesquels vous avez fait revivre la figure héroïque d'un martyr immolé pour sa foi et sa fidélité sont autant de mérites qui vous recommandent à mon affection, et appellent sur votre œuvre l'attention de vos compatriotes et de tous les lecteurs vraiment sérieux.

C'est vous dire que j'accepte avec reconnaissance la dédicace que vous voulez bien me faire de votre livre, et que je serai fier de voir mon nom figurer à côté de celui du Père Pannetier.

Une pensée m'a saisi, Monsieur, à la lecture de votre manuscrit, et je veux l'exprimer ici. Il y a donc eu un moment dans l'histoire de notre pays où la vertu la plus pure, la charité la plus ardente, la vie la plus irréprochable étaient des titres de proscription et comme une condamnation anticipée. Il suffisait de ne pas renier son Dieu, de prier dans le secret de sa maison et de distribuer le pain de vie à quelques chrétiens pour être voué à l'échafaud ! Il y avait des juges pour prononcer ces exécrables sentences, une force publique pour en assurer l'exécution, une foule pour insulter les victimes et applaudir à leur immolation ! Et cela, à la fin d'un siècle qui s'était nommé le siècle de la raison, et avait prétendu ramener l'âge d'or sur la terre en restituant à la nature tous ses droits !

La terreur, la famine, les larmes, le sang innocent versé à flots, voilà où aboutirent les doctrines insensées de l'école philosophique et les débauches qui en furent la conséquence : preuve éclatante de cette vérité, que *les siècles impies finissent toujours dans le sang.*

Ah! nous ne demandions pas mieux que de laisser dans l'oubli ces lamentables souvenirs, car, si l'Eglise s'en peut glorifier, la patrie n'y trouve que des sujets de larmes! Mais, puisque loin de les renier, la Révolution les glorifie et semble prendre à tâche de les offrir à l'admiration du peuple, en les dénaturant de la manière la plus odieuse, à nous de les montrer sous leur vrai jour, afin que l'horreur qu'ils doivent inspirer à toute âme honnête, empêche le retour de telles saturnales. Votre livre, Monsieur, du moins je l'espère, contribuera à ce résultat, et je vous en bénis.

Vous avez bien fait de reproduire, à l'exemple de M. Aurélien Vivie, dans leur sauvage brutalité, les procès-verbaux de la Commission Militaire que présidait Lacombe. Mieux que tous les discours, ces dialogues rapides entre le bourreau et la victime, toujours suivis d'une implacable sentence, mettent en relief ce qu'il y avait de froide cruauté, d'une part, d'héroïsme et de douceur, de l'autre.

Je vous remercie, Monsieur, et je vous félicite tout ensemble. Votre livre est une œuvre historique de grand prix et un avertissement.

— Les passions humaines ne meurent pas. — Qu'on réussisse à les soustraire au joug de la foi, et elles se montreront aussi hideuses que jamais. — C'est assez des pages sanglantes de la Terreur dans notre histoire nationale : ne nous exposons pas à en écrire encore de pareilles.

L'Eglise ne veut pas et ne doit pas provoquer ses ennemis; mais, après tout, la part la meilleure lui est assurée, le rôle de victime étant préférable à celui de persécuteur. Il y a quatre-vingt-trois ans que le Père Pannetier montait à l'échafaud, entouré de Mlle Thiac et des autres glorieuses compagnes de son martyre; or, sans parler du Ciel qui fut immédiatement son partage, sa mémoire est plus que jamais vénérée, pendant que celle de ses juges est vouée à une éternelle réprobation.

En finissant, Monsieur, je vous prédis un véritable succès et, en y applaudissant d'avance, vous prie de me croire

Votre tout dévoué en N. S.

Ferdinand Cardinal DONNET

ARCHEVÊQUE DE BORDEAUX

PRÉFACE

POURQUOI ET COMMENT L'AUTEUR A ÉCRIT
CE LIVRE

AU mois de janvier 1876, le T. R. P. Savini, Général de l'ordre des Grands Carmes, nous écrivait du couvent de Sainte-Marie Transpontine à Rome et nous engageait à rechercher avec soin les traces de la vie et de la mort du R. P. Pannetier.

« Vers la fin du siècle dernier, nous disait-il,
» alors que sévissait l'horrible persécution
» contre tout ce qu'il y avait d'hommes pieux,
» de religieux et de catholiques, et tandis que
» Lacombe exerçait à Bordeaux sa fureur
» impie, eut lieu le martyre du R. P. Pannetier,
» religieux profès de l'Ordre du Carmel de

» l'ancienne observance du couvent de Bor-
» deaux; homme très-recommandable par la
» sainteté de sa vie et son zèle pour le salut
» des âmes.

» Nous possédons un monument de sa piété
» et de sa doctrine, dans l'opuscule publié en
» français, qui a pour titre : *Instructions pour*
» *la Confrérie de Notre-Dame du Mont-*
» *Carmel.*

» Mais nous n'avons pas encore, sur un
» homme d'un si grand mérite et sur son glo-
» rieux triomphe, les détails nombreux et précis
» que nous voudrions posséder. »

Le R. P. Savini nous demandait en conséquence de vouloir bien opérer des recherches,
soit dans les archives municipales et départementales à Bordeaux, soit au greffe de la Cour
d'Appel de la Gironde et généralement dans
tous les lieux et auprès de toutes les personnes
capables de nous fournir quelques renseignements utiles sur le P. Pannetier.

« Si les témoins oculaires sont morts pres-
» que tous, nous disait le R. P. Savini, il reste
» assurément des témoins auriculaires, instruits
» par les premiers, qui peuvent porter témoi-
» gnage sur les souffrances endurées pour le
» Christ, par notre vénérable Père Martinien
» Pannetier. »

Nous acceptâmes de grand cœur la mission
que le Révérendissime Père Général daignait

nous confier, et nous nous mîmes immédiatement à l'œuvre.

Dès les premiers jours, nos recherches furent couronnées d'un succès relatif et nous travaillâmes alors avec ardeur à l'enquête que nous avions entreprise.

Au bout de quelques mois, nous avions recueilli des matériaux suffisants pour reconstituer à peu près la vie du saint religieux.

Nous nous empressâmes d'en informer le T. R. P. Savini ; celui-ci accueillit avec joie la nouvelle : il daigna nous féliciter du résultat obtenu et nous engagea à demander à Son Éminence le Cardinal Donnet l'autorisation de rédiger les notes que nous possédions, de façon à en composer un récit suivi qui pût être imprimé et répandu dans le public.

Nous hésitâmes longtemps.

Monsieur Aurélien Vivie venait d'annoncer l'apparition prochaine de son livre sur *l'Histoire de la Terreur à Bordeaux* et nous pensions que la publication de notre brochure, (car nous n'avions alors l'intention d'écrire que quelques pages), nous pensions, disons-nous, que la publication de notre brochure ferait en quelque sorte double emploi avec quelques passages du livre de Monsieur Aurélien Vivie.

Nous nous rendîmes néanmoins à l'Archevêché pour communiquer à Son Éminence les nombreux documents que nous avions retrouvés, et aussi, le désir formel du T. R. P. Savini de les voir immédiatement publier.

En apprenant notre résolution d'une publication prochaine de la Notice sur le vénérable Père Pannetier, Son Éminence le Cardinal Donnet nous témoigna toute sa joie et nous engagea à poursuivre avec ardeur l'œuvre que nous avions entreprise.

Le lendemain, Son Éminence daignait nous adresser la lettre suivante qui nous a été un précieux encouragement au milieu de nos recherches.

Bordeaux, 5 juillet 1876.

» Cher Monsieur,

LE martyre du Père Pannetier est une gloire diocésaine : je vous bénis du travail que vous vous êtes imposé pour en raviver le souvenir. L'avenir d'ailleurs pourrait nous réserver des épreuves pareilles à celles de nos devanciers; l'exemple de leur fermeté ne saurait alors nous être inutile.

» Courage donc, Cher Monsieur! Ce n'est pas seulement l'Ordre des Carmes et le diocèse de Bordeaux qui sont intéressés à l'accomplissement de votre pieux dessein, mais l'Église entière. N'est-ce pas dans le sang des martyrs qu'a été teinte la royale pourpre dont elle est revêtue ?

» Je suis heureux que vous ayez découvert tant de documents qui gisaient oubliés dans la poussière. En les mettant en œuvre avec la sagacité et le talent littéraire dont vous avez déjà donné des preuves, vous nous donnerez une vie complète du Père Pannetier, et nous comprendrons mieux qu'elle ait mérité d'être couronnée par une sanglante et glorieuse immolation.

» Je suis, Cher Monsieur, votre tout dévoué et affectionné,

» † Ferdinand, Cardinal Donnet,

» *Archevêque de Bordeaux.* »

La lettre si affectueuse, si paternelle du vénéré Cardinal de Bordeaux, nous donna le courage d'entreprendre la rédaction définitive de notre opuscule.

Mais alors, les documents nous arrivèrent de partout si nombreux, que bientôt ils se trouvèrent à l'étroit dans le cadre où nous avions en principe décidé de les placer.

Il nous fallut d'abord agrandir notre format, puis doubler et tripler le nombre de nos pages; et c'est ainsi qu'après avoir eu l'idée de faire imprimer seulement quelques lignes, nous arrivâmes à écrire, pour ainsi dire, sans le vouloir, le modeste volume que nous offrons aujourd'hui en lecture à nos concitoyens.

Dans l'intervalle, nos éditeurs bordelais, Messieurs Feret et fils, publiaient le remarquable ouvrage de Monsieur Aurélien Vivie, sur la *Terreur à Bordeaux*, ouvrage si complet, si intéressant pour toute la région bordelaise.

Nous pouvions alors nous convaincre qu'obligé d'embrasser d'une façon générale, toute la période révolutionnaire de 1789 à 1795, Monsieur Vivie s'était trouvé dans l'obligation de s'attacher principalement aux grandes lignes de son sujet, et d'indiquer les événements en négligeant des détails épisodiques qu'il avait cependant recueillis en si grand nombre.

Monsieur Vivie nous communiqua ces détails intéressants avec cette exquise urbanité qui charme tous ceux qui ont affaire à lui.

Nous puisâmes largement au trésor que Monsieur Vivie nous offrait généreusement, et c'est ainsi, grâce en grande partie aux documents mis à notre disposition, par l'aimable auteur de l'*Histoire de la Terreur à Bordeaux* que fut écrite la *Vie du Père Pannetier*.

Lorsque notre manuscrit fut achevé, nous l'adressâmes à Rome au T. R. Père Savini avec prière de détruire les passages qui pourraient ne pas lui convenir et même d'anéantir l'ouvrage s'il le trouvait par trop indigne de l'impression.

En nous le renvoyant, il y a peu de temps, le vénérable Général des Grands Carmes daigna nous adresser la lettre suivante :

A Monsieur Charles Chauliac, *Chevalier de Saint-Grégoire le Grand, à Bordeaux.*

Rome, 8 mars 1877.

Monsieur,

J'AI *lu avec le plus vif intérêt l'ouvrage si intéressant que vous avez eu l'heureuse idée d'écrire dans le but de perpétuer le souvenir du bon Père Martinien Pannetier, Grand Carme de Bordeaux.*

Outre son mérite littéraire, votre livre aura pour notre époque une très-grande utilité, car on trouve dans la vie du Père Pannetier un exemple éclatant de toutes les vertus religieuses couronnées par le martyre. Le tableau que vous présentez est donc de nature à exercer sur les chrétiens l'influence la plus salutaire.

Je désire ardemment, Monsieur, que votre beau travail soit promptement répandu dans le public pour la plus grande gloire de Dieu et de la Sainte-Vierge, DÉCOR CARMELI.

Veuillez donc accepter, avec tous mes vœux, le témoignage de ma haute considération.

Rome, Sainte-Marie Transpontine, 8 mars 1877.

FRA ANGELO SAVINI

Vicaire-Général des Grands Carmes.

Dans une lettre séparée, le vénérable Général des Grands Carmes nous autorisait à publier la lettre ci-dessus et ajoutait qu'il nous demandait la permission de faire traduire notre livre en anglais, en hollandais, en italien, en espagnol en slave et en allemand.

C'est alors seulement que nous osâmes offrir la dédicace de notre travail à Son Éminence Monseigneur le Cardinal Donnet; et nos lecteurs ont déjà vu avec quelle indulgente bonté le vénérable Archevêque de Bordeaux a daigné accepter l'hommage que nous lui faisions de notre œuvre.

Puisse le Public Bordelais accueillir à son tour ces pages sans prétention, dans lesquelles nous avons cherché à retracer avec fidélité les sanglantes péripéties d'un des épisodes les plus saisissants de l'histoire de Bordeaux pendant la terrible période républicaine de 1792 à 1794.

Bordeaux, 21 juin 1877.

UN

MARTYR BORDELAIS

SOUS

LA TERREUR

AVANT-PROPOS

L'HISTOIRE de l'Eglise n'est qu'une longue suite de combats sanglants et de victoires accumulées. Depuis le jour où Jésus mourant légua en héritage à ses disciples la conquête du monde, l'Eglise a toujours combattu pour la vérité, et toujours luttant, quelquefois abattue, jamais vaincue, elle continue, forte de la promesse de son divin fondateur, sa pérégrination sanglante qui ne s'achèvera qu'avec le monde.

De tout temps, l'Eglise s'est fait un devoir d'enregistrer et de conserver le souvenir des exemples que lui ont laissés les plus courageux de ses enfants. Elle aime à offrir à ses fidèles le récit glorieux des actes de ses martyrs, récit toujours attachant, souvent nécessaire pour ranimer dans nos cœurs le sentiment de la foi et pour nous soutenir au milieu des combats de la vie.

La lecture des Actes des martyrs de la primitive Église est, pour les cœurs chrétiens, un besoin aussi absolu que la possession de leurs reliques ou le pélerinage à leur tombeau. *Notre esprit*, dit Saint-Jean Chrysostôme, *en acquiert une élévation plus sublime, notre âme en est plus courageuse, notre volonté plus déterminée et notre foi en devient plus ardente* (1).

Le moment est venu de parler au XIXe siècle de ces martyrs de l'Eglise Catholique qui, pendant les horreurs de la première république française. portèrent si noblement leur tête sur l'échafaud révolutionnaire pour cimenter dans leur sang le témoignage qu'ils avaient déjà rendu par leurs actes à l'Eglise de Dieu et à son divin fondateur.

De tous côtés aujourd'hui, on dresse des autels à la libre-pensée. Les ignobles héros de la sinistre période de la Terreur, ainsi que ceux qui furent leurs précurseurs, divinisés en quelque sorte dans les journaux et dans les revues (dans quelques-unes de nos écoles aussi, hélas!) sont présentés à l'admiration ignorante de la foule et à l'enthousiasme irréfléchi de nos enfants comme les modèles de l'humanité.

---

(1) Cum enim ad martyrum thecas venimus, sublimius efferuntur nobis animi, fortior fit anima, major alacritas, fides ardentior.

(S. Johan-Chrysost. — Laudatio S. Martyris Drosidis.)

On nous parle du *Sacré-Cœur de Marat*; on réhabilite Robespierre et Saint-Just ; on se dispose à fêter l'an prochain le centenaire de la mort de Voltaire. Avant peu sans doute, on trouvera dans Bordeaux des écrivains prêts à défendre le sanguinaire Lacombe ! Il faut donc que les catholiques opposent à cette débauche de la pensée le récit fidèle de l'histoire; il faut que quelques-uns se dévouent pour aller fouiller dans la poussière de nos archives et en tirer le spectacle instructif de nos hontes et des sanguinaires excès de la première république, afin que ce tableau soit pour nous tout à la fois *une grande et une terrible leçon*.

« Parmi les victimes de cette néfaste époque
» de 1793, nous dit l'abbé Guillon, la patrie a eu
» évidemment ses héros, mais l'Eglise a eu les
» siens aussi. »

Le tableau que nous venons présenter aujourd'hui n'est qu'un épisode bordelais de cette sinistre épopée républicaine ; mais, cet épisode saisissant suffit pour nous montrer quels étaient les maîtres que s'était alors donnés la France.

Oui, il faut aujourd'hui faire descendre du piédestal sur lequel les a placés une presse impie, il faut dépouiller de leurs oripeaux de théâtre les énergumènes qui tinrent trop longtemps sous leur joug sanglant la France meurtrie et écrasée. Il faut que chacun ait le droit de stigmatiser, comme elle le mérite, la débauche républicaine de 1792, qu

crût alors le moment arrivé d'*écraser l'infâme* et qui ne réussit qu'à se noyer dans un fleuve de sang. Ce devoir s'impose aujourd'hui à l'écrivain honnête d'une façon impérieuse car « ce n'est pas en
» détournant les regards de la nation de dessus ses
» plaies si nombreuses et si profondes qu'on vien-
» drait à bout de les guérir. »

Dans une remarquable lettre que Mgr Dupanloup écrivait le 20 mai 1866 à M. H. Plon, au sujet du beau livre de M. de Beauchesne sur la vie de Louis XVII, l'éminent prélat parlant des infamies révolutionnaires de la première république déclare que « *le silence sur de telles horreurs n'est qu'une
» défaillance lamentable, une lâche et coupable
» complicité.* »

En racontant la vie et la mort d'un religieux Carme, nous avons à cœur, nous aussi, de prouver la fausseté de l'idée libérale qui veut que la révolution ait fait des victimes nombreuses, mais non des martyrs. Nous voulons, en effet, en parlant seulement du tribunal révolutionnaire de Bordeaux, montrer que la haine de la religion catholique était surtout l'objectif des hommes de cette époque, et que ce qu'on poursuivait avant tout dans le clergé, c'était le ministre du culte du vrai Dieu.

Ce n'est donc pas une œuvre de haine et de parti que nous entreprenons. « Ceux que la révolution
» a blessés ne sont du reste, en général ou en très
» grande partie, que des hommes religieux ou amis

» de la religion et qui de bonne heure ont appris à
» son école à pardonner généreusement et de
» grand cœur à leurs plus grands ennemis. » (1)

Nous n'avons rien dit au surplus qui ne puisse être facilement contrôlé, et nous indiquons pendant le cours de notre récit les sources où chacun pourra vérifier la vérité de nos citations.

Les recherches que nous avons dû faire pour reconstituer ce petit épisode de l'histoire de la Terreur à Bordeaux étaient nombreuses ; mais, elles nous ont été rendues faciles par l'amabilité avec laquelle M. Ducaunès-Duval, sous-archiviste du département, nous a aidé à compulser les pièces officielles de la période républicaine, et nous lui en témoignons ici notre bien sincère gratitude. Nous devons surtout remercier M. Aurélien Vivie, l'historien fidèle de la *Terreur à Bordeaux*, qui après avoir mis à notre disposition la riche collection de documents qu'un travail de plus de vingt années lui a permis de réunir (2), a bien voulu encore nous indiquer les lieux où il les avait lui-même recueillis et n'a pas dédaigné, parfois, de nous aider de ses conseils et de ses recherches personnelles.

Nous devons encore des remerciements à M. Chassin, greffier de la Cour d'assises de la

---

(1) Laharpe.
(2) Riche collection que nous regretterons toujours de ne pas voir publier.

Gironde, qui nous a autorisé avec empressement à visiter les dossiers des victimes de la Commission Militaire de Bordeaux, dossiers où nous avons largement glané les renseignements que nous voulions avoir le droit de déclarer puisés à des sources officielles.

La publication *in extenso* que nous faisons de la plupart de ces documents contribuera à faire évanouir tout pittoresque de notre récit de la mort du P. Pannetier, mais au point de vue de la fidélité de l'histoire, il ne pourra sûrement qu'y gagner. Et, cherchant après tout uniquement la gloire du héros de notre livre, nous nous consolons très facilement de voir notre récit perdre au point de vue littéraire ce qu'il gagnera du côté de la précision des détails.

Au moment où nous allions remettre notre manuscrit à l'imprimerie, notre excellent ami M. Aurélien Vivie, nous prévint qu'un arrière cousin du R. P. Pannetier, M. Eugène de Thiac, habitant Angoulême, possédait un portrait authentique du R. Père Grand Carme. Nous écrivimes immédiatement à M. Eugène de Thiac qui voulut bien nous confier ce précieux trésor et nous engagea à le publier dans notre ouvrage.

Ce portrait, peint en miniature, était autrefois entre les mains de M. Thiac, l'éminent architecte du Palais de Justice de Bordeaux et de l'établissement des Sourdes-Muettes. Après la mort de Mlle Camille Thiac, sa fille, le portrait du R. P. Pannetier devint la propriété de M. Eug. de Thiac, oncle de Mlle Camille Thiac et frère de l'architecte.

Nous avons fait reproduire par la gravure les traits du vénérable martyr et nous sommes assez heureux pour pouvoir les donner en tête de notre livre.

Nous devons aussi à M. Eugène de Thiac, le portrait authentique de Mlle Thérèze Thiac, cousine du R.-P. Pannetier et compagne de son martyr.

Ce portrait reproduit avec bonheur, comme celui du P. Pannetier, par l'habile crayon de M. Vergez et le burin de M. Chapon se trouvera dans le corps de notre livre.

Que M. Eugène de Thiac reçoive ici l'expression de notre profonde reconnaissance pour la communication qu'il a bien voulu nous en faire, communication qui nous a permis de conserver le souvenir des traits de ces deux malheureuses victimes de la première république.

VIE ET MORT

DU

PÈRE PANNETIER

GRAND CARME DU COUVENT DE BORDEAUX

CHAPITRE PREMIER

PREMIÈRES ANNÉES DE LA VIE DU PÈRE PANNETIER.

LE 10 février 1709, Jean Pannetier, maître menuisier, né à Bordeaux en 1677 et alors âgé de 32 ans, épousait dans l'église de Sainte-Eulalie, une jeune fille âgée de 25 ans, Marie Thiac, fille elle aussi d'un maître menuisier de la rue Sainte-Eulalie.

Le père de Jean Pannetier, Pierre Pannetier avait lui aussi exercé le même état de menuisier pendant de longues années et avait honorablement établi ses enfants.

En feuilletant les registres des actes de mariage de cette époque pour la paroisse de Sainte-Eulalie ; registres qui formaient alors le seul état civil et qui depuis la révolution de 1789, sont déposés aux archives de la mairie de Bordeaux, on peut encore retrouver la trace de cette union.

Nous y avons en effet relevé l'acte suivant :

« L'an mil sept cent neuf et le dimanche dix
» février, après la célébration des fiançailles faites
» le dix-septième janvier dernier entre Jean Pane-
» tier (1), maître menuisier, fils majeur de défunts
» Pierre Panetier aussi de son vivant menuisier, et
» de Jeanne Bonnet d'une part ; et Marie Tiac (2),
» fille de François Tiac aussi menuisier et d'Alix
» Robert ses père et mère, d'autre part, tous deux
» habitant de cette paroisse ; après la publication
» des bans, savoir : le premier, le 20 janvier, jour
» de dimanche, le second, le 27 dudit mois, aussi
» jour de dimanche, et le dernier, le second jour de
» février, jour de la fête de la purification de

(1) Nos lecteurs trouveront souvent des différences dans l'orthographe des noms cités par nous.
Nous les prévenons que nous avons cru devoir scrupuleusement respecter celle que nous avons trouvée dans les actes que nous avons compulsés. Nous avons fort souvent rencontré le même nom écrit de plusieurs façons *dans le même acte*.
(2) Id.

» Notre-Dame faites sans oppositions civiles ou
» canoniques, je soussigné, prêtre et vicaire de
» cette église, leur ai donné la bénédiction nup-
» tiale avec les cérémonies prescrites par la Sainte-
» Eglise en présence du père de la fille qui a signé
» et de la mère de ladite qui a aussi consenti,
» de Pierre Bonnet, tonnelier de la paroisse Saint-
» Michel, de Martial Bonnet, aussi tonnelier de la
» dite paroisse, parents; de sieur Maistre Gabriel
» Malecot prêtre, docteur en théologie, bénéficier
» de cette église, d'autre sieur Gabriel Malecot,
» bourgeois de Bordeaux, de Rogié Cheyreau,
» aussi bourgeois dudit Bordeaux, habitants de
» cette paroisse qui ont signé avec moi :

» Jean PANNETIER ;   « Robert CHEYREAU :
» Franç. THIAC, père (sic) :   « MALECOT ;
» THIAC (sic);   « R. BOUNNET (sic) ;
» MALECOT :   « GALABERT, prêtre et vic.
                          » de Ste-Eulalie. »

A cette époque, le mariage civil n'avait point encore été inventé et la bénédiction du prêtre était seule capable devant le monde de consacrer l'union des époux.

La révolution française parmi *ses bienfaits*, nous a légué le mariage civil auquel elle a donné le pas sur le mariage religieux, et le résultat de cette innovation a été surtout d'habituer peu à peu la Société française à considérer comme une sorte de sacrement, ce qui n'est qu'une simple formalité civile.

Jean Pannetier eut sept enfants qui furent :
    Martial, né le 22 avril 1710 ;
    Pétronille, née en 1712 ;
    Jeanne, née le 27 août 1714 ;
    Thérèse, née le 5 septembre 1716 ;
    Simon, né le 8 octobre 1718 ;
    Cécile, née le 23 février 1722 ;
    Pierre, né le 29 novembre 1725.

La nombreuse famille que la Providence avait envoyée au maître menuisier de la rue Sainte-Eulalie, ne fut point considérée par lui comme une charge mais bien plutôt comme une bénédiction divine. Jean Pannetier et son épouse Marie Thiac, employèrent tous leurs soins à élever dans la crainte de Dieu les enfants que la divine Providence leur accordait et Dieu récompensa leur piété et leur foi en leur donnant la joie de voir ces enfants profiter de leurs leçons et se souvenir toujours des enseignements de leur jeunesse.

Le cinquième enfant de Jean Pannetier fut Simon. Il naquit le 8 octobre 1718. C'est de lui que nous avons l'intention de nous occuper spécialement.

Sa naissance fut sans doute marquée par quelque particularité aujourd'hui oubliée, car dans la dédicace faite à la Sainte-Vierge par le P. Pannetier, d'un livre sur la confrérie du Mont-

Carmel, nous trouvons cette phrase : « Sous votre
» protection dès le moment que j'ai commencé d'ê-
» tre, *ma naissance fut le fruit de vos puissantes
» intercessions*, et le jour qui me vit naître me remit
» entre vos mains (1). »

Monsieur Fisquet, dans son histoire de *La France
Pontificale*, parlant de Simon Pannetier d'après
l'abbé Guillon, le fait naître en 1719. L'acte de
baptême que nous avons eu l'heureuse chance de
retrouver dans les papiers de l'église Cathédrale
de Saint-André, où l'on baptisait à cette époque
les enfants nés dans la paroisse Sainte-Eulalie,
donne une date précise à sa naissance. Celui qui
fut plus tard, le P. Pannetier naquit réellement le
8 octobre 1718, ainsi que le constate l'acte dont
nous donnons ci-dessous la transcription.

Numéro 277 du registre de Saint-André.

« Le dimanche 9 octobre 1718, a été baptisé
» Simon, fils légitime de Jean Panetier, maître
» menuisier et de Marie Thiac, paroisse Sainte-
» Eulalie ; — parrain, Simon Clémenceau ; marraine
» Jeanne Castera , — naquit hier à dix heures et
» demie du matin. »

(Signé) PANETIÉ, *Père*,
CASTERA.

C'est donc le samedi 8 octobre 1718, que naquit celui dont nous allons chercher à faire revivre

(1) Instructions pour les confrères du mont Carmel par le Père Pannetié *(sic)* religieux Grand Carme du Couvent de Bordeaux. Edition de Séjourné, à Bordeaux, 1779 et Rusand, à Lyon, 1834.

la mémoire. Dès sa plus tendre jeunesse, Simon Pannetier se fit remarquer par un grand amour pour la Sainte-Vierge.

Tout enfant, Simon dont la demeure était voisine du couvent des Grands Carmes alors établis sur les Fossés, à l'angle de la rue Lalande, allait journellement chez les bons Pères qui prenaient plaisir à instruire cette âme naïve des mystères de notre sainte Religion.

Le jeune Simon assistait dans le couvent aux offices religieux, et participait peut-être comme enfant de chœur à la pompe des cérémonies sacrées.

C'est évidemment à cette fréquentation constante des R.R. P.P. Carmes, et aussi à l'amour que sa pieuse mère lui avait inspiré pour la Très-Sainte-Vierge, que nous devons attribuer sa résolution de s'offrir à Dieu dans l'ordre des Carmes qui est spécialement consacré à la Sainte-Vierge.

Le 6 juillet 1741, Simon Pannetier eut la douleur de perdre sa mère : il était déjà depuis quelques années entré au couvent des Grands Carmes. L'acte de décès indique que « Marie Thiac, épouse
» de Jean Pannetier, après avoir reçu tous les sacre-
» ments est décédée à l'âge de 57 ans dans son
» domicile, Fossés des Tanneurs, et que son corps
» a été déposé par les soins de M. Marraquier,
» alors curé de la paroisse, dans le cimetière qui
» entourait à cette époque l'église de Sainte-Eulalie,
» en présence de Jean Lamote et de Jean Lannaut
» qui, l'un et l'autre, n'ont pu signer ledit acte. »

Six mois plus tard, la troisième fille de Jean Pannetier, Jeanne-Thérèze, allait rejoindre sa mère.

Il y a lieu de croire que cette jeune fille mourut d'une façon très-prompte. En effet, tandis que pour Marie Thiac, nous avons vu qu'avant de mourir, elle a pu recevoir tous les sacrements de l'Eglise, l'acte de décès de sa fille Thérèze déclare qu'elle a reçu seulement le sacrement de l'Extrême-Onction.

« Jeanne Thérèze Pannetier, fille de Jean » Pannetier et de feu Marie Thiac, agée de 22 » ans, est décédée, lisons-nous dans cet acte, sur » les Fossés des Tanneurs, le 12 décembre 1741, » après avoir reçu le sacrement de l'Extrême-Onc- » tion, et a été inhumée dans le cimetière de » Sainte-Eulalie. »

(*Signé*) Dubos, bénéficier et vicaire.

Il est évident que dans une famille chrétienne comme la famille Pannetier, on n'aurait pas négligé de faire recevoir tous les sacrements à une jeune fille mourante, et que, le temps ayant manqué pour le faire, on a dû s'empresser de lui administrer au moins l'Extrême-Onction.

Le jeune P. Pannetier avait alors 23 ans. Quant à sa sœur Thérèze qui mourait ainsi à la fleur de la jeunesse, son acte de décès doit évidemment faire erreur en lui donnant seulement 22 ans — elle était née, nous l'avons déjà dit le 6 septembre 1716, et devait par conséquent être agée de 25 ans.

Malgré toutes nos recherches, nous n'avons aucune donnée certaine sur l'époque de l'entrée du jeune Simon Pannetier dans l'ordre des Carmes : mais nous croyons pouvoir supposer que sa profession religieuse eut lieu dans sa plus tendre jeunesse.

Le registre des *professions et vêtures* du couvent de Bordeaux, fut perdu lors de la saisie des papiers des Carmes par le pouvoir civil, le 26 avril 1790 et n'a jamais été retrouvé.

Le livre des actes capitulaires des Grands Carmes de Bordeaux, encore conservé aux archives départementales, présente une regrettable lacune qui s'étend de 1731 à 1769. Le seul document que nous ayons pu nous procurer à Bordeaux sur cette époque est un livre des dépenses et recettes du couvent, dans lequel nous n'avons rien retrouvé d'intéressant pour la mémoire du P. Pannetier.

Un autre registre conservé à Rome, au couvent de Sainte-Marie Transpontine, et dont un extrait nous a été communiqué par le T. R. P. Général des Grands Carmes, nous donne sur l'entrée en religion du jeune Pannetier quelques renseignements qui semblent faire prévaloir cette opinion que son entrée au couvent des Grands Carmes de Bordeaux suivit de très-près l'époque de sa première communion.

Nous voyons dans ce document que lors du Chapitre provincial qui fut tenu en 1739, le jeune

Frère Martinien Pannetier fut désigné pour aller étudier la théologie au couvent de Bayonne (1)

Le même registre contient encore la mention suivante :

Chapitre de 1742 : Le frère Martinien Pannetier, est nommé *Socius* du maître des novices du couvent de Bordeaux (2).

L'année 1739, est la plus ancienne date qui dans les papiers du couvent des Carmes, nous ait conservé le souvenir du jeune Simon Pannetier, qui avait pris en religion le nom de *Martinien*. — Il avait alors 21 ans.

Nous voyons qu'il est à cette époque appelé le *frère* Martinien, tandis qu'en 1748 nous le verrons plus tard désigné sous le nom de *Père* Martinien.

Cette distinction provient de ce qu'il n'avait pas encore reçu les ordres sacrés en 1739.

Avant d'aller à Bayonne suivre le cours de théologie auquel le destinait le chapitre de 1739, il est évident que le jeune Pannetier avait dû suivre d'une façon complète dans le couvent de Bordeaux, le cours de philosophie qui dure ordinairement deux ou trois ans.

Il avait dû également faire encore, au moins une année de noviciat.

---

(1) In Capitulo Provinciali anni 1739, frater Martinianus Pannetier destinatur ad studium theologiæ in conventu Bayone.
(Lettre du T. Rév. Père Savini, à l'auteur, le 8 mars 1877).

(2) In capitulo anni 1742 destinatur frater Martinianus Pannetier director novitiorum in conventu Burdegalæ (Ibid).

Ces délais nous reportent à 3 ou 4 ans en arrière.

Il en résulte que le Père Pannetier était entré en religion au plus tard en 1734 ou 1735, c'est-à-dire, à seize ou dix-sept ans. Ce qui n'a rien d'improbable.

Le Bon Dieu avait dû appeler de bonne heure à lui cette âme qu'il s'était choisie, et il l'avait poussée à se réfugier sous l'égide protectrice du couvent, avant que le contact impur du monde ne fut venu, non point souiller, mais ternir sa blancheur.

Le jeune Pannetier était sans doute déjà désigné par la divine Providence pour être une des victimes de propitiation destinées à appeler sur les crimes de la France, la miséricorde céleste.

Après avoir passé un ou deux ans à étudier la théologie à Bayonne, le frère Martinien Pannetier était, nous l'avons vu, retourné à Bordeaux pour y devenir en 1742, le compagnon du Maître des novices du couvent des Fossés.

Nous ne savons pas au juste combien de temps le frère Pannetier conserva cette charge de Maître des novices.

Nous ne savons pas non plus exactement, à quelle époque il fut appelé à recevoir les ordres sacrés : Nous pouvons seulement affirmer que ce grand événement de sa vie, se place entre 1742 et 1748.

Nous voyons en effet, par le même registre conservé à Rome, au couvent des PP. Carmes, de Sainte-Marie Transpontine, qu'en 1748, le R. P. Pannetier alors âgé seulement de 30 ans, avait été choisi comme sous-prieur du couvent. Cette fois-ci, Martinien Pannetier, n'est plus désigné sous le nom de frère, mais bien sous celui de Père Martinien (1)

Ce choix indique que le P. Pannetier était déjà au couvent de Bordeaux depuis quelques années, car cette dignité ne devait certainement pas être accordée à un nouveau venu dans le couvent.

Il se pourrait cependant que le mérite évident du P. Pannetier ait engagé ses frères à sortir pour une fois de la règle généralement établie.

Quoi qu'il en soit, nous trouvons, nous venons de le voir, le R. P. Pannetier, élu sous-prieur du couvent de Bordeaux, par le Chapitre provincial qui fut tenu en 1748. Il avait alors à peine 30 ans.

Il fallait que le talent et la vertu du jeune P. Pannetier brillassent alors d'un éclat tout particulier pour attirer ainsi sur lui les honneurs et les charges du titre de sous-prieur, car sa naissance, nous le savons, était des plus modeste et sa famille honorablement connue dans la ville, n'y occupait qu'une position des plus humbles. Fils et petit-

---

(1) Capitulum provinciali in conventu Burdegalæ celebratur, et Pater Martinianus Pannetier subprior dicti conventus elegitur. Continuatur in conventu et academia Burdegalensi cursus theolog. professore r. adm. p. m. n. proali postulato ejusdem academiæ antecessore regio Directore P. Martinianæ Pannetier (Lettre du T. R. P. Savini, général des Carmes, à l'auteur en date du 10 avril 1876).

fils de menuisier, le P. Pannetier ne devait rien attendre de la faveur des hommes, fut-ce même dans un couvent de Carmes, et son mérite seul pouvait le désigner à l'élection de ses confrères.

En entrant en religion, le jeune Pannetier quitta le nom de Simon qui lui avait été donné lors de son baptême et prit le nom de *Martinien*.

C'est sous cette appellation que nous le trouvons toujours désigné et qu'il se désigne lui-même constamment depuis cette époque jusqu'au jour où la loi civile devenant en France la seule règle, il dût, dans les lettres officielles qu'il écrivit au pouvoir légal, reprendre son nom de Simon et signer de nouveau *Simon Panetier, prêtre*, au lieu de sa signature si souvent retrouvée de *Frère Martinien Panetier, Grand Carme*.

Plus tard, lors de sa condamnation à mort, nous le verrons répondre au président du tribunal révolutionnaire, sous le nom de Simon Pannetier.

Le 22 mai 1752, Jean Pannetier père, descendait à son tour dans la tombe, à l'âge de 75 ans, après avoir eu la joie de donner à l'Eglise un de ses ministres.

Le vénérable maître menuisier avait dû quitter son atelier depuis quelque temps déjà à cause de son âge avancé et peut être aussi, à la suite du chagrin que lui avait occasionné le décès de sa femme, et celui de sa jeune fille.

Il s'était retiré à la campagne aux environs de Bordeaux, sur la route de Talence, dans la paroisse de St-Genès.

Mais le bon père de famille qui n'avait point rougi de donner aux siens une éducation chrétienne était mort en chrétien après avoir reçu avec ferveur les derniers secours de la religion. Son dernier vœu avait été de voir sa dépouille mortelle réunie à celle de sa pieuse épouse et ses restes reposer à toujours dans le cimetière de Ste-Eulalie où déjà l'attendaient sa femme et sa fille. Son désir suprême fut exaucé. La corporation des menuisiers qui s'était fait un devoir d'assister à ses obsèques, le transporta elle-même jusqu'à l'église de Ste-Eulalie où le service funèbre fut célébré et l'acte de décès dressé.

« L'an 1752, le 22 mai, » lisons-nous, dans le registre mortuaire de la paroisse, « Jean Panetier,
» menuisier, âgé de soixante quinze ans, est décédé
» muni des sacrements, hors les murs : inhumé au
» cimetière Ste-Eulalie : — présent, tout le corps
» des menuisiers. »

Signé : LAVIALLE, *bénéficier et vicaire.* (1)

Les derniers liens qui pouvaient encore rattacher le P. Pannetier à ce monde, venaient d'être rompus. Ses parents étaient morts; ses sœurs étaient mariées ou décidées à conserver le célibat. Il lui restait un jeune frère nommé Pierre né en 1725, et qui avait embrassé la carrière de la marine.

---

(1) Les dépouilles de Jean Pannetier et celles de son épouse reposèrent dans le cimetière de Ste-Eulalie jusqu'à l'époque où fut détruit ce cimetière; à ce moment, les ossements retrouvés dans les tombes furent transportés au cimetière général de la Chartreuse.

Le 23 avril 1754, le P. Pannetier eut la joie de bénir lui-même le mariage de ce frère bien-aimé, toujours dans la même église de Ste-Eulalie qui vit naitre et mourir tous les membres de cette famille patriarcale.

Voici l'acte de mariage de Pierre Pannetier, tel que nous l'avons nous même relevé sur le registre des mariages de la paroisse. Le vicaire de Sainte-Eulalie, M. Peinthon assistait à la cérémonie, mais le P. Pannetier ne voulut céder à personne la joie de pouvoir appeler la bénédiction divine sur la tête de ce frère, le benjamin de la famille.

EXTRAIT du registre des mariages de la paroisse Ste-Eulalie, conservé aux archives municipales de Bordeaux,

« L'an 1754, le 23 avril, après les fiançailles
» faites entre Pierre Panetier, second capitaine
» de navire, habitant cette paroisse: hors les murs,
» fils légitime de feus Jean Panetier et de Marie
» Thiac : procédant comme majeur et libre, d'une
» part ; et, demoiselle Bertrande Larroque, aussi
» habitante de cette paroisse et hors les murs, fille
» légitime de sieur Bernard Larroque et de Marie
» Ducros, procédant de leur consentement d'autre
» part, et après la publication d'un ban de leur
» futur mariage faite dans cette église à la messe
» paroissiale, et la dispense des deux autres bans
» obtenue et signée de Monseigneur l'archevêque,
» en date du 20 du courant, sans avoir découvert

» aucun empêchement, je soussigné leur ait im-
» party la bénédiction nuptiale du consentement
» de M. le Curé en présence des soussignés :

» Delbruc, Panetié époux, Boyer, Dousteau, J. Laroque.
» Poyeo, Peinthon, bénéficier vicaire, présent audit mariage.
» F. Martinien PANETTIÉ, (1)
» Religieux, Grand Carme : — pour avoir imparti
» la bénédiction nuptiale. »

La bénédiction nuptiale donnée par le P. Martinien Pannetier à son jeune frère appela sur lui la protection divine, car sept enfants naquirent de cette union. L'un d'eux, le jeune Simon, né le 5 janvier 1758 et qui portait le même nom que son oncle, le Grand Carme, mourut à l'âge de quatre ans, le 7 Juillet 1762; désigné sans doute par la divine Providence, pour prendre place parmi les anges, afin de venir plus tard avec eux au devant du saint Religieux lorsqu'il se présenta à son tour au tribunal suprême, revêtu de l'auréole de la virginité et de la vieillesse, et recouvert de la robe ensanglantée des martyrs.

Depuis l'époque où nous trouvons le P. Pannetier élu sous-prieur du couvent de Bordeaux, en 1748, jusqu'à l'époque néfaste de la Révolution de 1793, les renseignements que nous avons pu nous procurer sur le P. Pannetier nous

---

(1) Nos lecteurs remarqueront la façon dont le P. Pannetier a signé cette pièce. C'est la plus ancienne signature de lui que nou ayons rencontrée portant le nom de *Martinien*, et l'orthographe du nom de *Panettié*, n'a jamais été ainsi reproduite dans aucun des actes qui sont passés sous nos yeux.

ont été uniquement fournis par les livres et registres du couvent des Carmes de Bordeaux.

En 1748, les vertus et le savoir du P. Pannetier lui avaient déjà gagné la confiance des personnes les plus distinguées de la ville qui se trouvaient heureuses de le choisir pour guide de leur conscience.

Nous lisons dans l'*Histoire des Martyrs de la Foi sous la Terreur*, par l'abbé Guillon, que « son
» amour pour la retraite, son assiduité à la prière,
» son application à l'étude attirèrent bientôt au
» P. Pannetier l'estime et le respect de ses
» confrères. Il n'en était pas un qui ne reconnut
» en lui un vrai modèle de vertus monastiques et
» qui ne décernât à ses lumières comme à sa
» sainteté des éloges et des témoignages d'admi-
» ration. Les relations de charité que son minis-
» tère lui donnait au dehors firent connaître bien
» avantageusement l'homme précieux que son
» cloître avait le bonheur de posséder. Ses vertus
» et son talent lui gagnèrent la confiance des
» personnages les plus distingués de la ville qui
» se félicitaient de l'avoir choisi pour guide de
» leur conscience. L'odeur de sainteté qu'il ré-
» pandait autour de lui en faisait le consolateur
» des pécheurs qui revenaient à Dieu, et il avait
» en outre la direction des âmes les plus avancées
» dans les voies de la perfection (1). »

(1) *Les Martyrs de la Foi pendant la Révolution*, par l'abbé Aimé Guillon, 1821, tome IV, page 181.

Parmi les âmes d'élite qui venaient souvent demander des conseils au saint religieux se place en première ligne Mlle Thérèse de Lamouroux, morte plus tard à Bordeaux dans une vieillesse avancée, laissant à tous ceux qui l'ont connue le souvenir de ses aimables vertus. Mlle de Lamouroux fonda à Bordeaux l'admirable maison de la Miséricorde, peut-être bien sur les avis du Père Pannetier et de M. l'abbé Cheminade.

Mlle de Lamouroux eut le bonheur d'être la dernière personne à laquelle ait parlé le P. Pannetier au moment de monter sur l'échafaud; c'est elle, comme nous le verrons plus loin, qui a recueilli et a conservé les dernières paroles du vénérable martyr.

En 1757, le Chapître provincial des Carmes tenu à Bordeaux retrouva le P. Pannetier exerçant les délicates fonctions de *maître des novices* et de *discret* du couvent de Bordeaux. — Lorsque les PP. Carmes votèrent pour la nomination des *définiteurs*, le Père Pannetier obtint onze voix.

Le Chapître de 1757 confirma le P. Pannetier dans ses fonctions de maître des novices, fonctions que le Chapître de 1760 lui continua également.

En 1766 les PP. Carmes, réunis en Chapître provincial, élurent d'un commun accord pour prieur du couvent de Bordeaux le P. Pannetier, alors âgé de 48 ans. Le P. Pannetier exerça ces difficiles fonctions pendant trois ans. Ce fut le P. Calixte Demoulins, licencié de Paris, qui lui succéda en 1769.

Trois ans plus tard, en 1772, les Carmes de la province de Gascogne devaient se réunir en Chapître à Langon ; cette réunion était fixée au 15 mai.

Dès le 22 avril, les Carmes de Bordeaux s'assemblèrent en Chapître pour procéder tout à la fois à la nomination d'un *discret* devant assister en cette qualité au Chapître de Langon et aussi à la nomination d'un vicaire prieur pour gouverner le couvent de Bordeaux pendant le temps de l'absence du P. Prieur.

Le P. Pannetier fut nommé par neuf voix sur douze à ce dernier poste. Le procès-verbal de cette nomination existe encore aux archives départementales de la Gironde ; il est signé par le P. Garrelon alors secrétaire du couvent. Nous allons le transcrire in-extenso.

Extrait du : « *Liber decretalis pro Conventu majori*
» *Carmelitarum Burdegalæ, Pars altera, Complectens*
» *decisiones de edificiis, de redelibus, de electionibus et*
» *similibus Capituli Conventualis. Initium ducens ab*
» *actis Capituli Conventualis anno* 1770 :

» Aujourd'hui, 22 avril 1772, le R. P. Calixte
» Dumoulin, licencié de Paris et prieur de notre
» couvent de Bordeaux, ayant assemblé la com-
» munauté en la manière accoutumée aurait repré-
» senté qu'il était expédient de procéder aux
» élections , soit d'un discret pour assister au
» Chapitre prochain qui doit se tenir à Langon, le
» 15 du mois de may, soit d'un vicaire-prieur pour

» gouverner le couvent pendant ledit temps du
» Chapitre. Sur quoi, ayant préalablement invoqué
» le saint nom de Dieu et lu le chapitre de nos
» constitutions *de electionibus in communi et de elect.*
» *in particulari*, les RR. PP. Vocaux étant au
» nombre de neuf, savoir : le R. P. Nicolas Croi-
» zilhac, maître des novices; le R. P. Tiburce
» Duguel; le R. P. Bruno Lamothe ; le R. P.
» Silvestre Lagarde; le R. P. Boniface, syndic du
» couvent: le R. P. Martinien Pannetié; le R. P.
» Yves Chastanet; le R. P. Damase Carrère, et le
» R. P. Germain Garrelon, professeur de philo-
» sophie et secrétaire du couvent. (le R. P. prieur
» ainsi que les RR. PP. Jacques Daunassans
» 1er définiteur et Constantin Lagarde 2me définiteur
» n'ayant point de voix en cette élection); les sus-
» dits Révérends Pères ayant procédé à l'élection
» du *discret* selon les formes et manières accou-
« tumées, le R. P. Boniface Taverne a eu cinq
» voix, le R. P. Bruno une, le R. P. Martinien
» une, et le R. P. Germain une, et une s'est trouvée
» blanche :— d'où il appert que le R. P. Boniface
» a été canoniquement élu *discret* du couvent de
» Bordeaux, et personne n'ayant réclamé contre
» cette élection, il a été confirmé.

» Aussitôt, on a procédé à l'élection du Vicaire
» du couvent pendant le temps du Chapitre, et les
» RR. PP. étant au nombre de douze, (le R. P.
» Prieur ainsi que les RR. PP. Jacques Daunas-
» san et Constantin Lagarde ayant voix dans cette

» élection), toutes les formes usitées parfaitement
» observées, le R. P. Martinien Pannetié a eu
» neuf voix, le R. P. Nicolas Croizilhac une, le
» R. P. Tiburce une, et une s'est trouvée blanche,
» d'où il appert que le R. P. Martinien Pannetié
» a été canoniquement élu ; personne n'y ayant
» contredit, il a été confirmé.

» En fait de quoi, j'ai signé le jour et an que
» dessus.

» F. Germain Garrelon,
» Secrétaire du Couvent. »

En 1776, le R. P. Audebert, alors prieur des Carmes de Bordeaux, réunissait le couvent pour accepter un don de mille livres qu'un inconnu voulait faire au P. Pannetier. Voici le procès-verbal dressé à l'occasion de cette réunion. (1)

« Aujourd'hui, 26 février 1776, le R. P. Romain
» Audebert, docteur de Paris et prieur de ce
» couvent, ayant assemblé la communauté en la
» manière accoutumée, aurait représenté qu'un
» quelqu'un qui ne veut pas être connu, désirant
» faire du bien au R. P. Pannetié lui aurait pro-
» posé de placer sur notre maison cent pistoles, à
» ces conditions que la rente qui est de 50 livres
» serait remise au P. Pannetié pendant son vivant,
» à l'endroit où il fera sa résidence ; ensuite, à un
» religieux Carme que le R. P. Pannetié désignera
» avant son décès ; enfin après la mort de ce second
» religieux, applicable à la sacristie de Bordeaux

(1) Liber decretalis, folio 6.

» pour la fournir du linge nécessaire. Sur quoi, la
» communauté ayant délibéré, après avoir mûrement
» pesé toutes ces conditions, ne les ayant pas
» trouvées aggravantes pour la maison, a unani-
» mement accepté lesdites cent pistoles aux con-
» ditions mentionnées.
   » En foi de quoi....
                              » F. Germain Garrelon
                              » Secrétaire du Couvent. »

Nous verrons plus tard le P. Pannetier présenter une réclamation au directoire du département qui s'était indûment emparé de cette somme comme appartenant au couvent ; mais la République n'a pas pour habitude de se dessaisir facilement de ce dont elle a cru pouvoir dépouiller ses adversaires, et la réclamation, bien juste cependant, du P. Pannetier fut rejetée par des motifs dérisoires.

La renommée du P. Pannetier avait déjà depuis longtemps franchi les portes du couvent des Carmes de Bordeaux. Ses vertus et son savoir lui avaient gagné la confiance d'un grand nombre de personnages éminents dont il était devenu le directeur spirituel.

Sa réputation de sainteté dont parlait toute la ville, était la même dans le couvent.

Le 23 avril 1776, le R. P. Supérieur réunit de nouveau les PP. Carmes pour procéder à la nomination d'un *discret* qui devait assister au prochain chapitre du 3 mai. Onze Pères prirent part à ce vote. Le R. P. Pannetier fut élu par dix voix, c'est-à-dire par l'unanimité, puisqu'il était lui-même un des votants. Il fut de suite canoniquement installé dans ses fonctions.

Le Chapitre pour la tenue duquel le P. Pannetier avait été élu *discret* eut lieu à Bordeaux le jour indiqué, c'est-à-dire le 3 mai. Le but de la réunion était de nommer un successeur au P. Romain Audebert dont les pouvoirs expiraient à cette époque. Le P. Crozilhac fut élu. Quatre jours plus tard, le 7 mai le P. Pannetier se joignait aux autres Pères de la communauté pour reconnaître le nouveau prieur.

Les cinquante livres de rente qui étaient devenues la propriété du P. Pannetier durent accroître le chiffre des aumônes du couvent. Quant aux dépenses personnelles du saint religieux, elles étaient d'une bien minime importance, si nous en croyons la note suivante que nous avons trouvée dans le *Livre des dépenses du couvent des Carmes de Bordeaux* : « Avril 1779. — Payé au Père Pannetié trois années de vestiaire 90 livres, déduction faite de 15 livres pour les ports de lettres pendant le trienne : ci. 75 livres. »

Nous savons très-peu de choses sur le P. Pannetier pendant les quelques années qui suivirent. Nous pouvons dire seulement qu'il consacrait alors tout son temps libre à la rédaction de deux ouvrages qui sont restés comme un monument vivant de sa piété envers la Ste-Vierge. L'un des deux livres est *La vie de Saint-Simon Stock;* le second est une

Instruction à l'usage des Confrères du Mont-Carmel.

Ces deux ouvrages parurent d'abord sans nom d'auteur.

Une édition de l'*Instruction à l'usage des Confrères du Mont-Carmel* parut à Toulouse sans date. Elle portait une approbation du 15 mai 1771 par le *F. Sebastien Guignet, provincial des Carmes de Gascogne*, une autre approbation de même date du P. *Calixte Desmoulins, prieur des Grands Carmes de Bordeaux* et du P. *Audebert, docteur en théologie de la Faculté de Paris, assistant du P. Provincial.*

La bibliothèque du Grand Séminaire de Bordeaux conserve un exemplaire de cette édition.

Le Grand Séminaire possède encore une autre édition imprimée à Bordeaux, portant approbation de M. *l'abbé du Myrat, vicaire-général à Bordeaux* et de M. *Langoiran, professeur royal de théologie.* Ces deux approbations sont en date du 22 mai 1771. Le livre eut sans doute un très-grand succès car il eut de nombreuses éditions.

Nous avons nous-mêmes un exemplaire d'une édition imprimée à Bordeaux, chez Séjourné en MDCCLXXIX.

Cette troisième édition a réuni dans un même volume l'instruction pour la Confrérie du scapulaire et la Vie de Saint-Simon Stock. Le nom de l'auteur ne figure pas dans le titre de l'ouvrage. Cette édition porte approbation en date du 26 Juillet 1777 du F. Boniface Taverne, provincial à Bordeaux des Carmes de la province de Gascogne, du F. R, Crozilhac, ancien professeur de théologie, prieur du couvent des Carmes de Bordeaux ; du P. Daunassans, ex-provincial ; du P. Audebert, religieux Carme docteur de la Faculté de Théologie de Paris ; de M. Boudin vicaire-général du diocèse, et enfin de M. Langoiran, professeur royal de théologie, dont la mort glorieuse devait avoir plus tard pour témoin le P. Pannetier lui-même,

La modestie de l'auteur de ces deux livres l'avait engagé à ne pas signer son œuvre.

Ce fut seulement en 1822, c'est-à-dire, 28 ans après le martyre du vénérable P. Pannetier, que Mgr D'Aviau, alors archevêque de Bordeaux, autorisa la réimpression du double ouvrage du pauvre P. Carme dont le nom parut alors pour la première fois sur le titre du volume. Nous possédons nous-mêmes un exemplaire de cette réimpression qui eut lieu à Bordeaux, *chez André Racle, imprimeur du Roy*.

Enfin une dernière édition du livre du P. Pannetier parut encore à Lyon chez Rusand en 1834.

Ces deux ouvrages sont les seuls que nous connaissions avoir été écrits par le vénérable religieux.

Nous trouvons dans les termes même de la dédicace touchante faite de son œuvre à la Ste-Vierge par le bon Père Pannetier un signe visible de sa tendre dévotion envers la mère de Jésus-Christ à laquelle, dit-il, il doit tout après Dieu.

Cette dédicace est plutôt une prière à la Sainte-Vierge qu'une *épitre dédicatoire* comme l'appelle son auteur.

» « Très pure Vierge, s'écrie le Père Pannetier,
» divine Marie, mère de Dieu, la gloire, l'ornement,
» la patronne spéciale du Carmel, c'est un de vos
» enfants qui vous présente avec confiance dans
» ce petit ouvrage consacré à relever votre culte
» le fruit de ses veilles, les prémices de sa plume.
» Cet hommage, ce témoignage public de ma recon-
» naissance vous est dû par toute sorte de titres.
» Après Dieu, je vous dois tout. Sous votre pro-
» tection dès le moment que j'ai commencé d'être,
» ma naissance fut le fruit de vos puissantes
» intercessions (1). Tous les jours de ma vie ont
» été marqués par quelques traits de votre bonté
» maternelle, heureux si j'avais su profiter de tant
» et de si puissants secours, heureux si les faibles
» efforts de mon zèle pouvaient réparer mes infi-
» délités à votre service. Mon cœur, sensible à
» tout ce qui embrasse votre gloire, ne cessera de
» publier vos miséricordes. Sous vos auspices,
» introduit dans la terre du Carmel (2) agrégé à
» votre sainte famille, instruit des merveilles que
» vous avez opérées en faveur de nos pères pour
» l'utilité de toute l'Eglise, je me hâte, Vierge

(1) L'édition de 1779 porte : « Le jour qui me vit naître me remit
» entre vos mains et vous me prîtes alors sous votre puissante inter-
» cession. Tous les jours de ma vie ont été, etc., etc. (Le reste comme
» ci-dessus.) »

(2) L'édition de 1779 porte : « Par la grâce de ma vocation agrégé
» à votre sainte famille. »

« Sainte, de célébrer votre gloire et pour la conso-
« lation de vos enfants et les prérogatives de votre
« confrérie, etc., etc. » (*Edition de* 1836).

Fut-il jamais un plus touchant hommage !

En 1779, le chapitre assemblé le 12 mai nomma le P. Pannetier clavaire du couvent.

Le 12 juin de la même année la sœur du P. Pannetier qui était elle-même du tiers ordre des Carmes fonda quinze messes annuelles au nom de ce même tiers ordre. Ces messes devaient être offertes dans la célèbre chapelle de l'Enfant-Jésus.

La demoiselle Pannetier déposa alors entre les mains de son frère une somme de trois cents livres destinée à assurer la perpétuité de ces messes.

Hélas ! la Révolution vint plus tard dépouiller les couvents de tous leurs biens ; toutes les pieuses fondations de nos pères furent anéanties et les richesses de l'Eglise, ce patrimoine des pauvres, devinrent la proie des misérables qui s'étaient emparé de la France !

Cette même année 1779, le chapitre provincial nomma pour le présider le P. Martinien Pannetier *ancien professeur de théologie*, lisons-nous dans les actes de ce chapitre, *et commissaire général*,

En 1768, la sœur du P. Pannetier, Mlle Cécile Pannetier avait prêté au couvent des Carmes de Bordeaux une somme de mille livres dont les intérêts lui étaient régulièrement servis.

La situation du couvent étant devenue plus prospère en 1780, les P. P. Carmes firent offrir à cette demoiselle de lui rembourser son prêt. Mlle Pannetier proposa alors d'abandonner cette somme à la communauté à la charge par celle-ci de lui fournir, sa vie durant, une pension de quatre-vingts livres. La demoiselle Pannetier née en 1722 avait alors 58 ans. Les Carmes réunis en chapitre le 25 juin de la même année acceptèrent cette donation avec les charges qu'elle entraînait.

A cette époque, le P. Pannetier était clavaire du couvent. Il fut successivement confirmé dans cette charge le 31 mai 1783, le 21 mai 1786 et le 15 mai 1789. Les nominations étant faites pour trois ans, le P. Pannetier était encore clavaire lorsqu'éclata la Révolution de 1789.

C'est en cette qualité de clavaire qu'il signa en 1780 la délibération qui nommait le P. Severin Pourmicou prieur du couvent et docteur à Paris à l'emploi de professeur de théologie à l'université de Bordeaux en remplacement du P. Daunassans décédé.

Le Chapitre provincial de Bordeaux qui fut tenu en 1786 fut encore présidé par le P. Pannetier. A cette époque le P. Saturnin Plumeau était prieur du couvent.

Le P. Dominique Soupre qui n'était alors que Sous-Diacre fut promu au diaconat le 11 décembre 1788. Ce P. Soupre qui échappa à la mort par l'exil en 1793 et 1794 avait été désigné par la divine Providence ainsi que nous le verrons plus loin pour, d'accord avec le P. Pannetier, sauver de la profanation des républicains les reliques de saint Simon Stock dont le corps reposait dans l'église des Carmes de Bordeaux.

Le P. Soupre vécut longtemps encore à Bordeaux et mourut curé de la paroisse de Sainte-Croix.

La vie du P. Pannetier s'écoulait ainsi dans le couvent des Carmes du cours des Fossés de Bordeaux au milieu des travaux de l'apostolat : mais bientôt l'orage allait fondre sur l'Eglise de Dieu et ensanglanter le sol de la France.

CHAPITRE II

LE P. PANNETIER PENDANT LES PREMIÈRES

ANNÉES DE LA RÉVOLUTION.

LA révolution de 1789 venait d'éclater et déjà ses tendances athées n'étaient plus un mystère.

Sous le prétexte de régulariser le service de la religion, un certain nombre de députés jansénistes avait apporté à l'Assemblée Constituante le projet de cette fameuse *Constitution civile du clergé* qui fut votée le 12 juillet 1790.

Dans son histoire de la Révolution, M. Thiers parlant de ce décret, ose le qualifier de *sincèrement religieux et chrétien!*

Ce projet de constitution civile soumettait les curés et les évêques à l'élection populaire, et fixait un traitement pour les uns et pour les autres.

Le clergé organisa de toute part une résistance générale et en appela à Rome. De son côté, le roi avant d'approuver le décret de la constitution civile du clergé écrivit au Pape pour lui demander son avis.

Sa Sainteté répondit textuellement à Louis XVI:
» Si le roi a pu renoncer aux droits de sa couronne,
» il ne peut par aucune considération sacrifier ce
» qu'il doit à l'Eglise dont il est le fils aîné. »

Les évêques et le clergé avaient naturellement pris texte de ces paroles du Saint-Père pour déclarer que le décret empiétait sur les droits spirituels de l'Eglise.

Quoi qu'il en soit, et malgré l'avis du Pape, Louis XVI commît la faute d'approuver dès le 23 août 1790, l'œuvre de la Constituante.

Les principaux articles de ce décret furent alors publiés. Le Pape en appela au clergé de France, et celui-ci, fils soumis de l'Eglise, refusa d'accepter le décret du 12 juillet.

Le 26 novembre 1790, le comité ecclésiastique de la Constituante composé d'hommes que M. Thiers a osé nommer *les chrétiens les plus sincères de l'Assemblée*, accusa le clergé d'apprendre au peuple la désobéissance aux lois du pays. — Il fallait briser cette résistance que la religion catholique opposait à la révolution. L'Assemblée Constituante, après une longue délibération crût avoir trouvé le moyen de réduire le clergé.

Le 27 novembre elle décréta « que les évêques,
» curés, vicaires, fonctionnaires publics, seraient
» tenus de jurer fidélité à la nation, à la loi et au

» roi, et de s'obliger à maintenir la constitution de
» tout leur pouvoir: — que les réfractaires seraient
» remplacés: — que les prêtres qui violeraient leurs
» serments seraient poursuivis comme rebelles à
» la loi et que le serment prescrit serait prêté par
» les membres de l'Assemblée Nationale. »

Louis XVI en réfera à Rome, et l'archevêque d'Aix se joignit au roi pour solliciter le consentement du Pape.

Ce consentement fut refusé.

Il était facile de voir où voulaient en venir les philosophes révolutionnaires.

L'Eglise avait toujours été un des fondements de la royauté, et pour détruire plus surement cette dernière, ils voulaient surtout frapper l'Eglise qui leur opposait une barrière difficile à franchir.

Seulement, si l'attaque à la royauté pouvait se faire librement, il n'en était pas de même en ce qui concernait l'Eglise.

Le peuple tout entier avait été, dès son enfance, élevé dans l'amour de ses principes religieux, et il fallait déployer un grand luxe de prudence et de lenteur pour pouvoir atteindre au cœur l'ennemie mortelle de toute révolution.

Bordeaux résista longtemps à l'esprit nouveau ; mais le souffle révolutionnaire que les écrits de Voltaire avaient répandu sur la France était trop puissant pour ne pas briser et emporter dans son élan la faible digue que les catholiques avaient élevée à la hâte pour s'opposer à son envahissement.

Il s'agissait pour l'esprit Voltairien de détruire l'Eglise de Jésus-Christ : seulement, la première condition pour faire cette guerre impie était d'avoir l'argent nécessaire à la lutte.

La Révolution avec son génie infernal trouva un moyen qui devait, tout à la fois lui procurer cet argent dont elle avait un si absolu besoin, et porter à l'Eglise un coup funeste, en jetant sur le pavé un certain nombre de prêtres mécontents et de religieux infidèles à leur vocation.

Le clergé possédait d'immenses propriétés. Sans s'arrêter à cette considération que ces biens avaient été donnés à l'église par des legs, l'Assemblée Constituante décréta que les biens ecclésiastiques appartenaient à l'Etat et devenaient propriété nationale. Elle déclara en même temps ne plus reconnaître les vœux religieux, et rendre la liberté à tous les cloîtrés en laissant toutefois à ceux qui le voudraient la faculté de continuer la vie monastique. Dans ce cas, leurs biens devaient être confisqués au profit de l'Etat et remplacés par une pension. Quant aux prêtres séculiers, leur traitement fut uniformément réglé, et l'église se vit ainsi dépouillée de ces biens, dont la piété de quatorze siècles s'était plue à l'enrichir.

Cette odieuse spoliation a été racontée, et, qui le croirait, *a été défendue* par M. Thiers dans son *Histoire de la Révolution*. Le grand homme d'Etat a osé faire appel, pour défendre sa thèse, à un odieux sophisme que nous reproduisons ici pour montrer à quelle aberration la théorie révolutionnaire peut conduire les plus vastes esprits.

« Si les propriétés des individus, dit M. Thiers,
» fruit et but du travail doivent être respec-
» tées, celles qui ont été données à des corps
» pour un certain objet peuvent recevoir de la loi
» une autre destination (1) ».

Et l'illustre écrivain ajoute cet aveu qu'il est bon de recueillir.

« L'Assemblée détruisit ainsi la redoutable puis-
» sance du clergé, et se ménagea ces immenses
» ressources financières qui firent si longtemps
» subsister la Révolution (2) ».

Poussant plus loin encore la prévoyance, l'Assemblée Constituante divisa les Ordres religieux en ordres riches et en ordres mendiants et proportionna le traitement des uns et des autres à ce nouveau classement.

« On ne pouvait pousser plus loin, ajoute en-
» core M. Thiers le ménagement des habitudes et
» *c'est en cela que consiste le véritable respect de la
propriété* (3) ».

Ces derniers mots sont soulignés dans le livre de M. Thiers ! Nous les soulignons nous aussi. Ils renferment en son entier la philosophie de *l'Histoire de la Révolution*.

La suppression des vœux religieux troublait les

---

(1) Histoire de la Révolution française. Tome I. page 100.
(2) Ibid. Tom. I. page 101.
(3) Ibid. Tom. I. page 101.

consciences, et était attentatoire à cette liberté dont les révolutionnaires avaient cependant inscrit le nom sur leur drapeau. Mais la résistance était inutile. — Le clergé se tut et se résigna.

Bordeaux comptait alors dans son sein, avec un grand nombre d'églises et de chapelles, beaucoup d'Ordres religieux dont plusieurs couvents passaient pour posséder des richesses immenses. Conformément aux ordres de l'Assemblée Constituante, la municipalité s'empressa de dresser l'état des couvents de la ville, et prit des mesures pour recevoir les déclarations individuelles de tous les religieux et religieuses qui avaient à opter entre la vie commune ou la vie séculière.

Quelques moines séduits par les nouvelles doctrines acceptèrent de quitter leurs couvents, mais ce fut le petit nombre; et, au reste, ceux qui acceptèrent les faveurs de la liberté qui leur était rendue étaient en général, des hommes de mœurs déréglées, et dont la conduite avait été déjà dans l'Eglise et dans le monde l'objet d'une profonde répulsion.

« Méprisés par le public, sans aucune considéra-
» tion, la plupart, nous dit l'abbé O'Reilly, étaient
» connus par des publications révolutionnaires ou
» des prédications fanatiques contre ce qu'ils
» appelaient déjà l'ancien régime.
» Ils furent rares, cependant, très rares, ajoute
» plus loin l'écrivain que nous citons, les prêtres
» bordelais qui se déshonorèrent dans ces mauvais

» jours par une honteuse apostasie ou des excès
» condamnables. Presque tous du reste expièrent
» leurs égarements par leurs cuisants remords» (1).

Evidemment les prêtres qui avaient trahi leur religion pour accepter la constitution civile du clergé devaient en arriver et en arrivèrent en effet à un degré d'avilissement effroyable. Ils tombaient des hauteurs où Dieu a placé le sacerdoce; leur chute n'en pouvait être que plus terrible et plus profonde : *Corruptio optimi pessima.*

Le 26 avril 1790, les officiers de la Commune se présentèrent au couvent des Carmes et apposèrent leur signature sur le livre du couvent qui ne devait plus servir.

Le *Liber decretalis* conservé aux archives départementales porte la mention suivante qui lui sert de clôture :

« Le 26 avril 1790, les officiers municipaux nom-
» més par le corps municipal de Bordeaux pour
» remplir dans le monastère des Carmes la mission
» donnée aux officiers municipaux par les lettres
» patentes du 26 mars sur les décrets de l'Assem-
» blée Nationale des 20 février, 19 et 20 mars,
» arrêtent le registre.

» *Signé* : Bazanac. — Feuresné,
   » Marc Plassans, *secrétaire pris d'office.*»

Les Pères Carmes déclarèrent alors être dans l'intention de continuer la vie commune. Cette déclaration fut signée par 18 des religieux sur les 26

(1) Histoire de Bordeaux : tome V pages 67-69.

qui composaient à cette époque la communauté. Parmi les signatures figurent les noms du P. Lamarque alors prieur du couvent et du P. Pannetier.

Aux termes de la loi, une pension devait être allouée à chacun des Pères Carmes en remplacement des biens du couvent qui devenaient biens nationaux.

Le 16 décembre suivant, le P. Jean Garrelon aîné, syndic du couvent, présenta au Directoire du département une pétition, dans le but de faire enregistrer sur l'état des dettes nationales les titres des pensions viagères que quelques-uns des Religieux Carmes, ses confrères, et lui-même, avaient établies sur les biens du couvent de Bordeaux.

A l'appui de cette pétition, le P. Garrelon fournissait au directoire un extrait du livre des délibérations du couvent, relatif à chacune des pensions viagères qu'il réclamait.

La loi de la Constitution civile du clergé, qui s'emparait des biens de l'Eglise, avait entendu respecter les propriétés particulières des prêtres, et ne déclarait biens nationaux que les biens possédés par les couvents et les biens dits ecclésiastiques; mais il fallait éluder au plus vite les conséquences des réclamations qui fondaient de tous côtés sur les Directoires des départements. Aussi, une délibération du 12 janvier 1791, repoussa-t-elle les prétentions du P. Garrelon en disant notamment :

» Que ce serait indirectement porter atteinte

» à l'égalité proportionnelle que l'Assemblée
» Nationale a voulu mettre entre tous les religieux,
» qu'ajouter pour quelques-uns une pension parti-
» culière aux traitements fixés par l'Assemblée.

» Que la cause de ces pensions étant la réserve
» de salaires de certains genres de travaux, *ce serait*
» *humilier d'autres religieux* qui peuvent avoir tra-
» vaillé non moins utilement, mais qui, restreints
» aux places inférieures, n'ont pas été en position
» de se ménager les mêmes avantages..., etc...»(1).

L'objection était spécieuse. Il était vraiment étrange de voir ces hommes qui venaient de mettre ainsi la main sur les biens de l'Eglise, s'occuper de maintenir entre leurs victimes une *égalité républicaine dans le malheur* et, profiter de cette raison, pour disputer à quelques religieux, presque tous vieillards infirmes, les modiques sommes que la loi avait oublié de leur enlever.

En 1792, le P. Garrelon représenta sa demande, en rappelant sa pétition de 1790; mais il lui fut encore opposé une fin de non recevoir par la délibération du 28 avril 1792.

Le Directoire se déclarait prêt à accorder les demandes du P. Garrelon à la condition qu'elles fussent justifiées; et, par suite, il le priait de lui faire parvenir des pétitions individuelles de chacun des Carmes rentiers, ainsi que les pièces justificatives, et les titres de propriété.

Les malheureux religieux s'empressèrent de se

(1) Archives départementales. Série L.

conformer aux désirs de leurs spoliateurs; et dès le 10 mai 1792, chacun des seize ayant droits, adressa aux administrateurs une pétition séparée.

Ces diverses pétitions furent réunies sous le même pli, et le P. Garrelon, en les envoyant, y joignit comme pièce justificative, un extrait du livre des délibérations du couvent acceptant la libéralité et les charges qui y étaient relatives.

Les originaux de toutes ces pétitions existent encore aux archives départementales de la Gironde. Voici celle qui fut signée par le vénérable P. Pannetier :

A Messieurs les Administrateurs du Directoire de Bordeaux.

« Simon Pannetier, de la communauté des
» Grands Carmes de Bordeaux, a l'honneur de
» vous représenter qu'il s'était établi en 1776, une
» pension viagère de cinquante Livres sur la dite
» communauté de Bordeaux, selon le titre ci-joint,
» enregistré au directoire le 29 avril 1792, et qu'une
» année de ladite pension est déjà échue depuis le
» 26 février de la présente année 1792. En consé-
» quence, il vous plaira, Messieurs, de lui accorder
» une ordonnance pour qu'il soit payé de la susdite
» somme de cinquante Livres pour une année de
» ladite pension : et ferez bien,

» A Bordeaux, le 10 mai 1792.

» F. Simon PANNETIER, prêtre. »

On remarquera que le P. Pannetier avait dès cette époque repris son nom de baptême de Simon et avait cessé de porter le nom de Martinien qu'il avait pris en entrant en religion. En plus, il se qualifiait lui-même de prêtre et non plus de religieux Carme.

Cette fois, le Directoire, acculé dans ses derniers retranchements, repoussa ouvertement la demande, en se fondant sur *un motif de régularité*.

Il fut donc déclaré le 4 juin 1792, au P. Garrelon « *que les rentes ne paraissaient pas avoir été acquises » par le pécule des rentiers, et qu'au surplus le livre du » couvent n'avait aucune authenticité, etc., etc...* » (1).

Les RR. PP. Carmes comprirent alors que toutes leurs instances seraient vaines pour obtenir justice de leurs spoliateurs; ils se déclarèrent vaincus et cessèrent de réclamer.

Il ne faut pas croire cependant que le gouvernement français qui refusait ainsi de rendre aux citoyens les sommes dont il les avait dépouillés fut plus consciencieux en ce qui regardait la partie de la dette qu'il avait bien voulu reconnaître.

L'Assemblée Constituante, en décrétant le 12 juillet 1790 que les biens ecclésiastiques étaient *mis à la disposition de la nation*, avait en même temps décidé que chaque membre du clergé recevrait une pension viagère dont la quotité restait à fixer, et que cette pension représenterait pour les prêtres le revenu des biens dont on les dépouillait.

(1) Archives départementales de la Gironde, série L..

Quand il fut question de régler le chiffre de cette pension en ce qui regardait les couvents, les républicains trouvèrent commode de diviser les Ordres religieux en deux catégories : les Ordres mendiants et les Ordres non mendiants, — de façon à réduire encore si possible la rente d'une partie des membres du clergé en les comprenant dans la catégorie des Ordres mendiants.

Le couvent des RR. PP. Carmes de Bordeaux avait été classé dans cette dernière catégorie, et par suite, les 26 religieux qu'il contenait avaient été inscrits pour une rente extrêmement faible.

Les malheureux Carmes dépossédés de leurs biens, avaient été obligés en 1791 de réclamer auprès de l'administration. Le P. Pannetier fut chargé par eux de formuler leur demande, et ils adressèrent au Directoire la réclamation suivante dont l'original non signé existe encore aux archives départementales, écrit en entier de la main du vénérable religieux (1.)

A Messieurs les Administrateurs du département

Messieurs,

« Supplient humblement les religieux Grands
» Carmes, disant que l'Assemblée Nationale aie
» distingué les religieux en deux classes ; en men-

---

(1) Nous publions cette pièce in extenso malgré sa longueur, parce qu'elle est de nature à jeter une assez vive lumière sur les commencements de l'Ordre des Carmes en Europe, et que nous avons effleuré cette question dans l'appendice du présent ouvrage.

» diants et non mendiants, et leur ait assigné un
» traitement différent. Ils se croient autorisés à
» demander d'être mis dans la classe des non
» mendiants, et de jouir du traitement qui leur est
» accordé en cette qualité; leur demande est fondée
» sur les moyens les plus conformes à la raison et
» à la justice.

» L'Ordre des Carmes ne fut pas un Ordre
» mendiant dans son origine. Sa règle primitive
» n'exige que le vœu d'obéissance, ne défend la
» la propriété des biens qu'aux religieux en parti-
» culier, et autorise à en posséder en commun.

» Cette règle fut d'abord approuvée telle par
» Honorius III en 1226 ; les Carmes habitaient
» pour lors le mont Carmel (1). Chassés de la
» Palestine par les infidèles, ils se retirèrent en
» Europe. Innocent IV approuva de nouveau leurs
» règles, et y ajouta des vœux de chasteté et de
» pauvreté à celui d'obéissance. Ce vœu de pau-
» vreté n'obligea point les Carmes à renoncer à
» toute possession en commun. Ils possédaient des
» fonds comme ci-devant les successeurs d'Inno-
» cent IV les y autorisèrent. Ceux-ci approuvèrent
» et confirmèrent par leurs bulles toutes les
» possessions que les Carmes, depuis leur trans-
» migration en Europe avaient reçu de la charité
» des fidèles, ou qu'ils avaient acquises ou qu'ils
» pourraient acquérir dans la suite. Le concile

(1) Voir sur l'antiquité des Grands Carmes, l'appendice à la fin de l'ouvrage.

» de Trente les a de même autorisés à posséder
» des biens fonds.

« Le couvent des Grands Carmes fondé à
» Bordeaux presque à la même époque où leur or-
» dre fut institué a toujours possédé des immeubles.
» Ses revenus ont toujours fourni à sa subsistance.
» Il possédait encore actuellement certains fonds
» dont la propriété remonte au temps de sa fonda-
» tion. Il les a améliorés; et successivement, il en a
» acquis de nouveaux dans tous les siècles. Depuis
» son établissement, ses possessions ont augmenté
» au point que leur valeur actuelle peut s'élever
» au moins à 1,500,000 livres. Le couvent n'est
» chargé que de quelques petites rentes et il ne
» doit rien. Il n'est composé que de 25 religieux,
» parmi lesquels sont huit frères convers et sont
» compris ceux qui ont déclaré vouloir quitter la
» vie commune. La communauté des Carmes a
» toujours été comprise dans l'état des contribu-
» tions publiques. Son imposition pour les décimes
» était en dernier lieu de 2074 livres.

« Toutes les pièces au soutien de ce que les
» suppliants avancent, sont citées dans le mémoire
» ci-joint, et l'histoire en est rapportée en détail.
» Ils présenteront les dites pièces s'ils en sont
» requis.

« En conséquence, les suppliants dont la règle
» primitive ne les institue pas mendiants : dont le
» régime constant a toujours perpétué les posses-
» sions : qui possédaient actuellement des fonds

» si considérables, réclament le traitement accordé
» aux religieux rentés.

« Ils le réclament avec d'autant plus de confiance
» que lorsqu'ils sont entrés dans leur ordre, que
» l'opinion publique ne regardait surement pas
» comme mendiant, ils n'ont pas eu l'intention de
» s'engager dans un ordre voué à la mendicité. La
» règle et le régime qu'ils ont embrassés ne les y
» vouant pas, pourraient-ils donc être justement
» regardés et traités comme mendiants, parce que
» dans un certain temps bien éloigné, on a si
» improprement donné ce titre à leur ordre ?

« Partant, les suppliants espèrent obtenir de
» votre justice, Messieurs, le traitement qu'ils ré-
» clament. — Et ferez bien.

Cette supplique non signée était accompagnée d'un très-long mémoire écrit en entier de la main du P. Pannetier qui l'a signé avec tous les autres Pères du Couvent.

Le Directoire ainsi interpellé dut se décider à reconnaître le bien fondé de la réclamation qui lui était faite, et il prit, à la date du 7 février 1791, l'arrêté suivant qui reconnaissait les droits du couvent des P. P. Carmes de Bordeaux.

» Vu la présente requête, — le bullaire de l'Ordre
» des Carmes imprimé à Rome en 1715, — un grand
» livre de titres en parchemin, dans lequel entre
» autres se trouve une transaction du 15 septembre
» 1528 qui prouve que Martin Graillier, religieux
» Carme, fut admis à un partage de famille :

« Ouï sur le tout Monsieur le Procureur
» Syndic:

» Considérant, que le premier chapitre de la
» règle qui se trouve audit bullaire, page 2, ne
» prescrit aucun vœu que le vœu d'obéissance :

« Que la bulle du Pape Alexandre IV, qui se
» trouve au même bullaire, page 21, confirme les
» religieux dans les possessions qu'ils ont déjà, et
» leur permet d'en acquérir d'autres :

» Qu'on trouve la même disposition dans la bulle
» du Pape Clément IV page 32.

» Que, par une autre bulle de Clément V, pages
» 53 et 54, non-seulement les mêmes dispositions
» sont renouvelées mais encore, etc., etc. . . .
. . . .

» Considérant d'ailleurs, que l'Ordre des Car-
» mes remonte à un temps où l'on ne connaissait
» pas les Ordres mendiants.

» Considérant enfin que, dans le fait, les Car-
» mes avaient des possessions considérables.

» Le Directoire du district,

» Est d'avis qu'ils doivent être envisagés comme
» religieux propriétaires et rentés, etc., etc. . . .
. . . . :

Fixe leur traitement total à treize mille six cents
» livres (13,600) dont un quart fait trois mille quatre
» cents livres (3,400) de laquelle somme il doit
» être délivré une ordonnance sur le receveur du
» district et qui sera payée à l'économe sur sa quit-
» tance. etc., etc., etc. A charge desdits religieux

» de la loi du 14 octobre 1790 titre 1ᵉʳ article 34 ».
A Bordeaux, le 17 février 1791 (1) ».

« DE MEYERE, « LAHARY,
« *Vice-Président.* » « *Secrétaire.* »

Malgré cette déclaration, les R. R. P. P. durent réclamer le paiement de leur modiqne rente dès le mois d'avril suivant, ainsi que l'indique une pétition en date du 9 avril 1791 au bas de laquelle figure encore le nom du P. Pannetier avec ceux de 16 autres religieux, tous prêtres, dit la pétition moins trois frères. Le P. Lamarque signa cette pétition en prenant encore le titre de prieur du Couvent.

. . . .

« Lesdits religieux représentent aux administra-
» teurs du Directoire du district de Bordeaux que
» le second quartier de leur traitement est com-
» mencé depuis le 1ᵉʳ avril et demandent d'ordon-
» ner que ledit quartier leur soit payé sur la
» quittance du P. Lagardère, l'un d'eux. »

Lagarde, commissaire de l'administration municipale, donna le même jour son approbation à cette demande, ajoutant qu'il a fait inscrire après vérification sur le tableau des Carmes de Bordeaux le nom de Laurent Ducasse, prêtre ci-devant conventuel à Agen (2).

Telle était la situation faite à Bordeaux au clergé fidèle à ses devoirs.

(1) Archives départementales. Série L. Carton 50.
(2) Archives départementales. — Série L. Carton 50.

Dès le mois de janvier 1791, le vénérable Archevêque de Bordeaux, Mgr Champion de Cicé, s'expliqua vis-à-vis de son clergé et vis-à-vis du Directoire du département relativement au serment exigé par l'Assemblée Nationale, serment qu'il refusa de prêter.

« Je ne peux prêter le serment exigé, écrivait-il
» aux administrateurs du département, sans recon-
» naître que le pouvoir civil s'étend sur les objets
» spirituels et sur le gouvernement de l'Eglise et
» sa discipline, et qu'il a droit d'y statuer sans
» l'intervention de l'autorité ecclésiastique. Or,
» c'est ce que les principes dans lesquels j'ai été
» élevé ne me permettent pas de reconnaître » (1).

Cette lettre venait déjouer les calculs des gens intéressés qui avaient perfidement répandu le bruit que Mgr de Cicé avait prêté le serment constitutionnel, et qui espéraient par là entraîner dans le schisme la plus grande partie du clergé bordelais.

La plupart des prêtres de Bordeaux s'appuyant sur l'avis de leur archevêque refusèrent le serment constitutionnel.

La loi du 27 novembre 1790 déclarait au nom de la liberté des cultes que les prêtres pouvaient refuser le serment; mais les prêtres inconstitutionnels (qu'on appelait alors les *insermentés* ou les *non-conformistes*), ne pouvaient prétendre à aucune indemnité du gouvernement, quoique leurs biens

---

(1) *Histoire de la Terreur à Bordeaux*, par M. Aurélien Vivie, tome 1, page 54.

eussent été saisis en vertu de la loi sur les propriétés ecclésiastiques.

Au nom de cette loi, les catholiques romains de Bordeaux avaient demandé et obtenu de l'administration de la ville la concession de cinq églises supprimées, parmi lesquelles les quatre églises conventuelles de la Merci, des Minimes, de Saint-Mexant et des Grands-Carmes (1).

Les offices religieux se célébraient sans pompe mais avec piété dans ces cinq églises où s'étaient réfugiés les prêtres auxquels leur conscience n'avait pas permis de prêter le serment exigé, et qui n'avaient pas voulu reconnaître pour leur supérieur l'évêque constitutionnel Pacareau.

Les exercices religieux étaient suivis par une très notable partie de la population que le schisme n'avait pu entraîner dans ses erreurs.

Cette affluence de fidèles dans les églises *inconstitutionnelles* ne faisait nullement l'affaire de l'évêque Pacareau, qui y trouvait comme une critique de sa conduite, et qui voyait avec peine son petit troupeau diminuer chaque jour.

Le club national qui était à la dévotion de l'évêque assermenté envoya dans deux de ces églises quelques-uns de ses énergumènes qui interrompirent les exercices religieux par des cris sé-

(1) L'église des Cordeliers avait été d'abord concédée aux catholiques; mais, dès le premier jour de son ouverture, elle fut le théâtre de désordres et de scandales causés par un nommé Brouet, envoyé du club national, et le Directoire l'avait fait fermer sans avoir égard aux protestations indignées des fidèles.

ditieux et des insultes aux prêtres célébrants.

La frayeur saisit les fidèles qui quittèrent en foule le lieu saint. A la suite de cette algarade, le club national présenta au Directoire une demande de fermeture de ces églises, s'appuyant sur les scandales dont ses propres membres avaient été les instruments dans deux d'entre elles.

Voici à quelle occasion avait eu lieu le scandale auquel faisait allusion la pétition du club national :

Un arrêté du Directoire du 19 avril 1791 avait interdit à l'abbé Langoiran de monter en chaire le jour de Pâques. L'illustre grand-vicaire se fit remplacer par son ami le P. Pannetier. — Le sermon eut lieu dans l'église des Recollets. Le vénérable religieux prit pour texte de son discours les persécutions de l'Eglise pendant les premiers siècles. — A peine avait-il exposé le sujet qu'il allait traiter qu'un homme assis dans l'auditoire l'interrompit en l'apostrophant et en lui reprochant de prêcher *inconstitutionnellement*. Cet homme était Lacombe, instituteur taré et inconsidéré, que Martignac père avait déjà condamné pour escroquerie, et qui devait plus tard présider la sanguinaire commission militaire qui envoya le P. Pannetier à l'échafaud!! — Le prétexte à la persécution était trouvé et le 27 février 1792 un arrêté du Directoire fit droit à l'inique demande du club national.— Les églises des prêtres *non-conformistes* furent fermées et le service divin se trouva de fait interrompu.

L'historien révolutionnaire Bernadeau, voulant

expliquer et excuser cet abus de pouvoir, se garde bien de dire que le scandale fut causé par les schismatiques constitutionnels. — Il se contente de relater l'incident en en rejetant la responsabilité sur ceux qui en furent les premières victimes.

« Les prêtres non-conformistes, dit-il, avaient
» obtenu de l'administration la concession de cinq
» églises supprimées, pour y exercer publiquement
» les cérémonies du culte catholique. Des troubles
» notables survenus dans quelques-unes de ces
» églises, et qui se renouvelèrent pendant deux
» jours déterminèrent l'administration à ordonner la
» clôture de toutes les cinq, le 27 février 1792 »(1).

C'est souvent ainsi que l'on a travesti l'histoire !

Le nombre des prêtres réfractaires qui s'étaient réfugiés à Bordeaux augmentait chaque jour. Si nous en croyons une lettre publiée à Bordeaux par M. Ch. Géraud, il s'élevait à plus de deux mille en février 1792.

« Chassés de toute part, nous dit M. Vivie dans
» son *Histoire de la Terreur*, et espérant trouver
» un asile à Bordeaux, ils s'y réfugiaient en foule.
» Déguisés les uns en marchands ambulants, les
» autres en ouvriers chargés de leurs outils, ils
» erraient, fuyant les persécutions ; quelques-uns
» même avaient revêtu des costumes de gardes
» nationaux.» (*Histoire de la Terreur à Bordeaux*, par M. A. Vivie, tome I, page 124).

Les fidèles les recueillaient comme au temps de

---

(1) BERNADEAU, *Histoire de Bordeaux:* deuxième édition, page 168.

la primitive Eglise, et leur prodiguaient les soins les plus empressés.

Les catholiques constitutionnels ne voyaient pas sans dépit les témoignages de vénération profonde que recevaient les membres du clergé demeurés fidèles à l'Eglise romaine, tandis que souvent dans les rues, les prêtres constitutionnels étaient accueillis par des insultes et surtout par l'épithète de *prêtres-jureurs*. La population témoignait en toute occasion à ces derniers le plus grand mépris (1). Aussi réclamèrent-ils avec instance l'expulsion des ecclésiastiques qui avaient refusé de prêter le serment.

Bientôt les prêtres restés fidèles à leur foi ne purent plus sans danger se montrer dans les rues ; et des perquisitions domiciliaires furent faites chez les personnes soupçonnées de leur donner asile.

Dès le mois de septembre 1791, tous les couvents de la ville avaient été évacués.

Le décret du 3 mars 1791 qui ordonnait de faire porter aux hôtels des monnaies l'argenterie qu'on jugerait superflue avait été rigoureusement exécuté.

L'église des Carmes, située au centre du mouvement, à deux pas et presque en face de l'hôtel-de-ville (2), fut une des premières, profanée et

---

(1) A Lormont, M. le Chevalier de Pichon, riche propriétaire de la commune, s'était attiré des inimitiés en refusant de reconnaitre le prêtre *jureur*, ainsi qu'il l'appelait. (A. Vivie, *Hist. de la Terreur*, tome I, page 106).

(2) L'hôtel-de-Ville était alors sur les Fossés, entre la rue du Cahernan (aujourd'hui Sainte-Catherine), et la rue Saint-James : sur l'emplacement du Grand-Marché actuel.

pillée. A quoi bon des vases d'argent ou d'or dans les églises ! disaient les bons patriotes.

Ce qui ne put tenter la cupidité des républicains fut transporté à l'église Sainte-Eulalie ; (nous en dirons un mot à la fin du volume, quand nous parlerons du couvent et de l'église des Carmes des Fossés). Le R. P. Pannetier déjà septuagénaire gémissait profondément sur les maux bien plus grands encore qu'il prévoyait devoir bientôt fondre sur la religion catholique.

Les prétendues réformes de cette malheureuse époque l'épouvantaient. Plongeant en quelque sorte un regard prophétique dans l'avenir si sombre, il semblait voir par avance le déluge de sang qui devait inonder la ville, et dans lequel il devait être lui-même enveloppé. Il se soumit néanmoins à l'impie loi qui le chassait de son cloître ; mais il refusa de suivre les conseils de la prudence, et continua comme par le passé à fortifier par sa parole les chrétiens demeurés fidèles à leur foi. « Il ne cessa pas un instant, nous dit l'abbé Guillon, d'être le guide des âmes fidèles et le modèle des vertus chrétiennes et de l'attachement à l'Eglise catholique » (1).

Il avait trouvé un asile chez un ami habitant rue Sainte-Eulalie, n° 14 ; mais son zèle l'exposait chaque jour à de nouvelles avanies.

Le couvent des Grands-Carmes avait été fermé, et l'église de la communauté servait de lieu de

(1) Les martyrs de la Foi. — Tome IV page 182.

réunion pour les séances des sections républicaines. Le P. Pannetier se préoccupait beaucoup des reliques de saint Simon Stock, qui étaient autrefois exposées dans un reliquaire précieux sur un autel de l'église.

Par mesure de prudence, ces restes vénérés avaient été heureusement retirés du reliquaire d'argent, et avaient été cachés dans une caisse en bois ordinaire placée derrière l'un des autels d'une nef latérale ; mais il suffisait d'un caprice des sectionnaires pour faire découvrir les reliques de saint Simon Stock et les exposer à la plus horrible profanation. L'idée fixe du P. Pannetier était de soustraire ces vénérables restes aux recherches possibles des républicains. D'un autre côté, il ne fallait pas se dissimuler que la révolution se faisait chaque jour plus violente et que le jour était proche sans doute où les objets précieux existant encore dans les églises exciteraient les convoitises des misérables qui s'étaient emparés du pouvoir. Ce jour-là, les reliques de saint Simon Stock courraient le risque d'être jetées au vent.

Le P. Pannetier en causa plusieurs fois avec le vénérable P. Soupre, alors le plus jeune des PP. Carmes du couvent de Bordeaux ; et ces deux saints religieux décidèrent de s'emparer de ce trésor précieux au risque de leur vie.

Une des fenêtres de la chapelle donnait dans l'ancien dortoir des Carmes.

Le P. Soupre s'introduisit dans le couvent et

pendant la nuit, il descendit dans l'église par cette fenêtre au moyen de draps de lit noués ensemble. Il prit alors derrière l'autel la caisse précieuse et après l'avoir solidement attachée à l'extrémité des draps de lit qui lui servaient d'échelle, il remonta au dortoir et attira à lui les reliques vénérées. Puis il les descendit par une autre fenêtre du dortoir donnant sur la rue Bouhaut (aujourd'hui rue Sainte-Catherine), où le P. Pannetier reçut le précieux dépôt.

Les reliques déposées avec le plus grand soin dans une maison de la rue Sainte-Eulalie (1) y demeurèrent longtemps cachées.

Le 21 juin 1793, le P. Soupre s'expatria avec le P. Croizilhac et le P. Dumeau. Il ne rentra en France qu'à l'époque du Concordat. Il reprit alors possession de son précieux trésor.

Le P. Soupre fut ensuite quelque temps vicaire de la paroisse de Saint-Martial, puis curé de Saint-Michel ; il mourut chanoine de Bordeaux et curé de Sainte-Croix. Il avait confié en 1808 les reliques de saint Simon Stock à la sacristie de Saint-André. — Ces vénérables restes demeurèrent en dépôt dans la sacristie de l'église cathédrale de Saint-André de 1808 à 1820 sous la garde de M. Montgardey, vieillard âgé aujourd'hui de 98 ans, alors sacristain de la cathédrale, qui nous a lui-même donné ces détails avec beaucoup d'autres,

---

(1) Probablement la maison portant le n° 14, où le P. Pannetier avait déjà trouvé asile.

lorsque nous eûmes le plaisir de causer avec lui de cette affaire, le 28 mai 1876.

En l'année 1820, M. l'abbé Boyer, vicaire-général du diocèse, réintégra la châsse de saint Simon Stock sur l'autel de Notre-Dame du Mont-Carmel dans l'église de Saint-André. — Depuis cette époque, ces reliques y sont exposées à la vénération des fidèles.

Parmi les prêtres qui partageaient avec le P. Pannetier la gloire d'être par leur présence une censure vivante des ecclésiastiques constitutionnels était l'abbé Langoiran, dont le nom se trouve intimement mêlé aux dernières années de la vie du saint religieux. L'abbé Langoiran était lié d'une étroite amitié avec le bon P. Pannetier. Il fut l'un des premiers et des plus illustres martyrs que la persécution ait donné à l'Eglise de France, « cette » Eglise » qui, suivant la parole mémorable de l'illustre et immortel Pie VII « fournit au Ciel plus » de martyrs que toute l'Europe ensemble. »

L'abbé Langoiran, vicaire-général et administrateur du diocèse depuis le départ de Mgr Champion de Cicé pour les Etats-Généraux, avait, l'un des premiers, refusé le serment à la constitution civile du clergé.

Il avait, du haut de la chaire chrétienne, flétri la conduite des *prêtres-jureurs* et avait publié contre le schisme plusieurs écrits vigoureux qui lui avaient attiré la haine acharnée des membres du Club national de la ville.

De son côté, le P. Pannetier ne cessait de prêcher le refus du serment, et engageait les fidèles à n'avoir aucun commerce avec les prêtres qui s'étaient mis en dehors de la communion de l'Eglise.

Plusieurs fois dénoncé avec l'abbé Langoiran, il avait dû se cacher, et n'avait échappé à ses persécuteurs que par une sorte de miracle.

Ces deux illustres champions de la vérité s'exhortaient mutuellement à la prudence, tout en étant chaque jour plus décidés l'un et l'autre à défendre leur foi au péril de leur vie.

Une tradition bordelaise veut que l'abbé Langoiran ait eu pour directeur spirituel le P. Pannetier. Mais cette opinion est contredite à Bordeaux par un homme qui, âgé aujourd'hui de 98 ans, jouit encore de la plénitude de ses facultés.

M. Montgardey, ancien sacristain de Saint-André et de Saint-Michel se souvient très bien en effet, d'avoir vu l'abbé Langoiran se rendre chaque samedi au couvent des PP. Cordeliers pour se confesser.

« La piété de l'abbé Langoiran était extrême, nous disait dernièrement M. Montgardey. Pendant qu'il était le samedi chez les Pères Cordeliers et qu'enfermé dans une cellule, il attendait que son confesseur put venir s'entretenir avec lui, on l'entendait parfois s'écrier, tandis qu'il se croyait seul. « O mon Dieu! Faites que je vous aime ! » Aspiration sublime que le bon Dieu exauça jusqu'à permettre à son serviteur de répandre son sang pour sa cause.

Quoi qu'il en soit,— que le P. Pannetier ait ou non été le confesseur de l'abbé Langoiran, il n'en est pas moins vrai que la Providence divine avait rapproché ces deux hommes si bien faits pour s'entendre.

CHAPITRE III

Le P. Pannetier et l'abbé Langoiran

L'abbé Langoiran, fils de *Simon Langoiran*, obscur marchand cordier et de *Catherine Thierle*, était né à Bordeaux le 30 janvier 1739 et avait été baptisé dans l'église de Ste-Croix le lendemain de sa naissance. Il avait donc vingt et un an de moins que le Père Pannetier.

La naissance obscure de l'abbé Langoiran nous montre que la révolution de 1789 qui prit souvent pour prétexte de ses atrocités l'élévation et les priviléges des nobles, et qui les désigna si souvent au peuple ameuté comme des *aristocrates* n'ayant d'autre but que de se servir de lui et de l'écraser sous le joug, frappait bien souvent aussi dans les rangs du peuple lui-même. Le P. Pannetier était le fils et le petit-fils d'un maître menuisier; l'abbé

Dupuy dont nous allons bientôt parler était lui-même issu d'une famille d'ouvriers. L'abbé Langoiran était le fils d'un pauvre cordier dont le nom même était à peu près inconnu, et qu'on n'appelait ordinairement que par son prénom de Simon; ces saintes victimes furent pourtant les premières que frappa cette révolution née un jour au cri de *mort aux aristocrates! à bas les privilèges! mort aux riches!* (1).

C'est que Dieu qui confond toujours les méchants, voulut justement que la révolution protestât

---

(1) Pendant les dix mois d'existence à Bordeaux de la sanguinaire commission militaire d'exécrable mémoire, c'est-à-dire du 2 brumaire au 13 thermidor, an II (23 octobre 1793 au 31 juillet 1794). 314 exécutions capitales eurent lieu sur la place Dauphine.

Il est instructif de savoir comment se décomposent, au point de vue de la position sociale, les 314 victimes de ces assassinats judiciaires.

En voici le tableau : Nous le livrons aux méditations de nos lecteurs.

Hommes de loi et magist^{ts}.	50		130
Militaires..................	18	Receleur de prêtres.......	26
Marins....................	9	Ouvriers des deux sexes...	39
Prêtres...................	24	Négociants...............	30
Religieuses................	15	Nobles...................	43
Fanatiques (sic)..........	14	Contre révolutionn^{res} (sic).	46
	130	Total.............	314

On a dit que la révolution s'était seulement attaquée à la noblesse. On voit cependant que sur 314 victimes, 43 seulement périrent pour crime de noblesse : les prêtres, les religieuses, les *receleurs* de prêtres et les *fanatiques*, c'est-à-dire les catholiques figurent pour un total de 79. Quant aux ouvriers des deux sexes, ils sont au nombre de 39, sans compter ceux qui ont été compris parmi les *fanatiques*, les *receleurs de prêtres* et les *contre-révolutionnaires*. On trouve parmi eux des *cuisinières*, des *empeseuses*, des *tailleuses*, des *perruquiers*, des *tailleurs*, des *cordonniers*, des *domestiques* : beaucoup d'entre eux périrent pour leur foi; beaucoup furent condamnés pour avoir assisté au saint sacrifice de la messe ! En vérité la République voyait déjà des ennemis partout, et la Commune de 1871 n'a rien inventé!

tout d'abord contre elle-même; et voilà pourquoi il choisit dans les classes les plus humbles de la société française la majeure partie de ces intrépides défenseurs de la cause catholique qui scellèrent alors leur foi dans leur sang.

Ignobilia mundi elegit Deus, lisons-nous dans Saint-Paul, (1) et cette parole du grand apôtre s'applique parfaitement au P. Pannetier et à l'abbé Langoiran.

Nous n'avons pas à parler ici de la jeunesse de ce dernier. Les œuvres de son âge mûr suffiront pour faire connaître à nos lecteurs les dispositions avec lesquelles il naquit pour la science et la piété.

Il avait 52 ans au moment de la Révolution. Elève de la Sorbonne, il avait professé pendant 20 ans la théologie à l'université de Bordeaux, et c'était là qu'il s'était lié avec le P. Pannetier dont l'ardente piété l'avait séduit.

Créé vicaire général par Mgr de Rohan et nommé official du tribunal métropolitain, l'abbé Langoiran s'était constamment montré à la hauteur des difficiles missions que lui avait confiées son évêque.

« Pour augmenter ses lumières dans les sciences » de son état » nous dit l'abbé Guillon, et après lui M. Fisquet dans son bel ouvrage de la France pontificale (2), l'abbé Langoiran eut le courage de

(1) Saint-Paul Ire aux Corinth. C. 1. v. 28.
(2) Les martyrs de la Foi sous la terreur, par l'abbé Guillon : tome III page 438, — La France Pontificale. par M. Fisquet. Volume du diocèse de Bordeaux, page 398.

» venir en 1787, à l'âge de 48 ans à Paris prendre
» des leçons d'Hébreu, sous le savant Asseline
» alors professeur en Sorbonne et depuis évêque
» de Boulogne-sur-Mer. Après huit ou dix mois
» d'études sérieuses sous un tel maître, satisfait de
» pouvoir mieux pénétrer dans le sens des Saintes
» Ecritures, il revint à Bordeaux plein du désir de
» communiquer ses nouvelles connaissances aux
» jeunes ecclésiastiques. Son savoir, son zèle et
» sa vigilance s'étendaient sur tout. Capable de
» tout diriger avec autant de science que de
» sagesse, il n'était pas celui des quatorze grands
» vicaires de l'Archevêque dont les lumières fus-
» sent le moins utiles au diocèse. Ses services
» l'étaient d'autant plus que par ses hautes vertus
» il donnait la plus grande force à ses leçons et à
» ses conseils.

» L'abbé Langoiran, —écrivait en juin 1820 son
» ancien collègue en grand vicariat, M. l'abbé
» Thierry qui fut aussi dignitaire sacristain de
» l'église Saint-André, — l'abbé Langoiran était un
» homme de bonnes œuvres et dans son zèle ar-
» dent on le voyait tout entier occupé à faire
» passer dans l'âme des autres ses sentiments et
» ses inspirations. »

Comme nous l'avons dit, l'abbé Langoiran n'avait rien négligé pour prouver aux fidèles la perfidie de l'œuvre qu'avait accomplie l'Assemblée Nationale en décrétant la constitution civile du clergé. C'est lui en grande partie qui avait par ses soins, par son zèle, par ses prédications et par ses écrits soutenu et confirmé le clergé dans sa foi et, c'est à lui surtout que l'on doit d'avoir vu la plus grande partie du clergé et des fidèles du diocèse de Bordeaux repousser le schisme, demeurer attachés à l'Église Romaine, et inébranlables dans leurs convictions catholiques.

Homme de grandes vertus, de talent et de courage, disposé à souffrir le martyre plutôt que de transiger avec sa conscience, il était particulièrement redoutable aux *prêtres jureurs* auxquels ils reprochait ouvertement leur crime dans des écrits qui obtenaient toujours un très grand et très légitime succès.

Aussi était-il, avec le P. Pannetier, au nombre des prêtres non conformistes contre lesquels s'exhalaient le plus fréquemment les colères et les animosités du clergé schismatique.

Chaque jour, des pamphlets, des libelles, des menaces de mort lui étaient adressées; mais rien ne put faire dévier le saint prêtre de la ligne de conduite qu'il s'était tracée. La défense de prêcher le jour de Pâques 1791, lui fut signifiée, comme nous l'avons vu à la page 76, par Duranthon, procureur syndic du district, *parce qu'il n'avait pas prêté le serment comme fonctionnaire public*, et que par conséquent il était en révolte contre la loi du pays. L'abbé Langoiran répondit à la défense du Procureur en publiant une nouvelle brochure, dans laquelle il réfutait avec une habileté très grande, une entière sûreté de doctrine et un heureux choix d'expressions une précédente circulaire du même Duranthon, faisant l'apologie du parjure constitutionnel.

L'abbé Langoiran prouvait avec la dernière évidence que cette circulaire contenait une grande quantité d'erreurs, de fausses citations et de sophismes. Il ne craignit pas de signer cette brochure à laquelle l'influence de son nom donna une notoriété considérable auprès des prêtres fidèles. Le clergé *non conformiste* lui prêta son aide pour répandre cet écrit, et le R. P. Pannetier fut un de ceux qui se signalèrent le plus ouvertement dans cette utile propagande. Aussi, son ami l'abbé Langoiran, le prévint-il bientôt du danger où il était de se voir arrêter, et l'engagea-t-il à se cacher.

Le P. Pannetier n'écoutant que son zèle voulait d'abord continuer à prêcher et à confirmer ses frères dans leur foi; mais il dût céder aux sollicitations de son ami, et surtout à celles de sa vieille sœur Cécile Pannetier, alors malade et infirme, qui le suppliait de sauver ses jours en se cachant hors de Bordeaux.

Le P. Pannetier accepta alors la retraite qui lui était offerte par M. Dufaure de Lajarthe, dans une petite maison de campagne située à Caudéran, près de Bordeaux.

Là, le P. Pannetier continua à célébrer la messe dans le plus grand secret, et put communiquer journellement avec M. l'abbé Dupuy, vicaire de l'Eglise Saint-Michel, également compromis par son zèle, et auquel les demoiselles Moreau avaient offert un asile dans leur propriété toute voisine de celle de M. de Lajarthe.

Quant à l'abbé Langoiran, il se savait surveillé par les agents de la municipalité et les espions du Club National; mais son courage ne l'abandonna pas un instant, et il continua à circuler dans la ville, refusant d'accepter les diverses retraites qui lui avaient été offertes pour y attendre des jours meilleurs.

Cependant, n'ignorant pas le danger auquel il était exposé, et voulant soustraire quelques documents précieux aux hasards d'une visite domiciliaire, il crut pouvoir adresser en dépôt à un de ses amis M. Garrigues, négociant à Bordeaux, une caisse remplie de livres, de brochures et de papiers, avec une lettre d'envoi. Mais à cette époque, la terreur était déjà tellement grande que M. Garrigues oublia tous les devoirs de l'amitié pour ne songer qu'à sa sûreté personnelle. Aussi refusa-t-il de recevoir le dépôt, et tandis que le domestique de l'abbé Langoiran revenait avec la caisse que M. Garrigues n'avait pas voulu accepter, il fut arrêté par les espions du Directoire, et la caisse fut saisie et déposée au greffe du district.

Une histoire de la révolution qui parut à Bruxelles en 1801 sous le titre d'*Histoire du clergé pendant la Révolution française* avec la signature de l'abbé Barruel, accusa même M. Garrigues d'un acte plus odieux.

» Un curé constitutionnel, lisons-nous dans cet
» ouvrage avait prié M. l'abbé Langoiran de lui
» faire parvenir quelques livres capables de le
» détromper. Le négociant clubiste chargé du
» dépôt et de l'envoi, n'eut pas honte d'en violer le
» sceau et de le dénoncer (1).

Quoi qu'il en soit, que M. Garrigues ait seulement voulu protéger sa propre sûreté, ou qu'il ait indignement trahi la confiance de l'abbé Langoiran, le Directoire prit dans les premiers jours de janvier 1792 un arrêté dont voici la teneur :

» Attendu *qu'il n'existe pas encore* (2) de délit
» prouvé, ladite caisse et la lettre signée Langoiran
» seront envoyées à la municipalité, pour que en
» présence des sieurs Langoiran et Garrigues, elle
» procède à l'ouverture de ladite caisse et à l'in-
» ventaire des titres de chaque brochure et fasse
» de suite l'examen de chacun desdits écrits, afin
» de s'assurer s'ils sont de nature à nuire à la

---

(1) Histoire du clergé pendant la révolution, par l'abbé Barruel. — Bruxelles 1801. — Page 186.

(2) *Il n'existe pas encore de délit !* — Les révolutionnaires avaient encore quelques scrupules.
Un an plus tard ils ne songeaient plus à tous ces détours : Parmi les dossiers de la commission militaire, au milieu des considérants étranges qui envoyaient à la mort tant d'innocentes victimes, nous avons lu avec étonnement un jugement daté du 27 messidor qui ordonnait l'exécution de neuf personnes attendu que PRESQUE TOUTES *n'avaient pas accepté cette constitution que les bons montagnards ont donnée à la France et qui fait le bonheur de tous les bons Français !*
— Martin de La Roque, vieillard de 72 ans, fut condamné à mort le 7 pluviôse an II (26 janvier 1794) *pour avoir eu des INTENTIONS contraires au maintien des droits de l'homme !*

» tranquillité publique ; et dans ce cas, être par le
» Procureur général syndic, sur le rapport de la
» municipalité au Directoire, dénoncés aux tribu-
» naux et dans le cas contraire, remis au proprié-
» taire. »

M. Aurélien Vivie relate ce document à la page 116 du tome Ier de sa remarquable *Histoire de la Terreur à Bordeaux*. Une note mise par erreur au bas de la page semble donner à cet arrêté la date du 19 avril 1791 et indique pour son signataire *Monnerie* comme président et Duranthon.

La vérité est que l'arrêté fut réellement pris dans les premiers jours de janvier 1792, ainsi qu'on peut s'en assurer aux archives départementales et municipales de la Gironde.

C'est simplement une erreur de mise en page qui a fait placer la note dont nous parlons à la page 116 du livre de M. Vivie : l'arrêté auquel elle se rapporte, et qui fut en effet pris le 19 avril 1791, est celui dont l'auteur parle à la page 115.

L'arrêté du directoire en date du 19 avril 1791, (arrêté visant également l'abbé Langoiran) était une défense à lui signifiée de prêcher le jour de Pâques. C'est par suite d'une distraction du prote que l'imprimeur de l'ouvrage de M. Vivie a placé cette note à la page 116 avec laquelle elle n'a aucun rapport ; mais lorsque l'auteur s'aperçut de l'erreur commise, il était trop tard pour la réparer.

Cet arrêté, signé par L. Journu et non par Monnerie et Duranthon, comme nous venons de l'expliquer, fut envoyé à la municipalité.

Le 7 janvier à 5 heures du soir, la municipalité de Bordeaux procéda à l'ouverture de la caisse en présence de l'abbé Langoiran et de Garrigues et chargea MM. Boyer Fonfrède et Oré de faire l'inventaire des livres et papiers qu'elle contenait.

La caisse renfermait des brochures politiques et religieuses dont la publication remontait déjà à plus de deux ans. On y trouva aussi une collection de journaux et la totalité des brefs que le Pape avait adressés aux évêques de France contre la constitution civile du clergé.

Comme la loi protégeait la manifestation des opinions, et permettait même de censurer les doctrines et les pouvoirs légalement établis, il était difficile de poursuivre l'abbé Langoiran ; mais le Directoire aveuglé par sa haine contre le saint prêtre vit un grave délit là où il n'y avait que l'exercice d'un droit : Aussi, désireux avant tout de se défaire de l'abbé Langoiran, il osa l'accuser d'avoir *publié* lui-même les écrits trouvés en sa possession, et chargea le procureur syndic Duranthon de dénoncer l'abbé Langoiran à l'accusateur public.

« Le directoire est d'avis, lisons-nous dans cette pièce, qu'à la requête de M. le procureur général syndic, le sieur Langoiran (Simon) soit dénoncé à M. l'accusateur public pour être poursuivi devant les tribunaux comme ayant *publié* des ouvrages qui provoquent à la désobéissance aux lois, à l'avilissement des pouvoirs constitués, à la résistance à leurs actes, à la *subversion par la force des armes* de l'ordre public établi par les lois, et comme tendant à troubler l'Etat par une guerre civile religieuse. »

« Délibéré à Bordeaux le 16 janvier 1792.

» R. Demeyère *vice-président,*

» Dufourg — Bernada *administrateurs,*

» Pery *suppléant du procureur syndic,*

» Latour Lamontagne *secrétaire* (1). »

Malgré ce mauvais vouloir du Directoire, les juges prononcèrent que l'abbé Langoiran n'avait rien fait de contraire à la loi. Mais, dès le lendemain, les administrateurs du district, furieux de voir leur victime leur échapper, dénoncèrent ce jugement au public par un arrêté qui fut affiché et crié dans toutes les rues de la ville.

Dès lors, l'abbé Langoiran commença à entrevoir le sort qui lui était réservé ; mais cet homme de courage voulait encore lutter contre le mal et refusait de céder aux conseils de prudence de ses amis.

Après avoir obtenu que le P. Pannetier se retirerait à la campagne, il voulut seul tenir tête à l'orage ; mais le nombre de ses ennemis augmentait tous les jours, et le procureur syndic Duranthon, que l'abbé Langoiran avait démasqué, d'une façon d'autant plus mortifiante que sa circulaire avait obtenu d'abord une sorte de célébrité par son

(1) Archives départementales. Série L.

étalage de vaine et fausse érudition, se fit défendre par le rédacteur du *journal de Bordeaux* nommé *Marandon*.

Ce dernier avait pris à tâche de surexciter chaque jour les esprits contre les malheureux prêtres catholiques, et cherchait toutes les occasions de mêler le nom de l'abbé Langoiran à ses diatribes contre le clergé non conformiste.

L'occasion ne tarda pas à se présenter.

Les frères de la congrégation du Rosaire avaient décoré *à leurs frais* une chapelle dans le cloître des Jacobins de Bordeaux (1).

Les églises conventuelles ayant été fermées par ordre de l'autorité, les congréganistes firent enlever de leur chapelle le mobilier *qui était leur propriété* et le firent vendre.

Parmi les objets ainsi vendus était une statue de la Sainte-Vierge en bois doré dont l'abbé Langoiran fit l'acquisition. Après en avoir soldé le prix, il la fit enlever pour la faire transporter chez lui par un portefaix. Le commissionnaire, rencontré dans les rues de la ville chargé de son fardeau, fut conduit par deux gardes nationaux devant un juge de paix. Celui-ci après avoir interrogé le portefaix ne trouvant rien de répréhensible dans sa conduite le fit mettre en liberté; mais par mesure de prudence, il ordonna le dépôt de la statue à l'Hôtel-de-Ville.

---

(1) Ces cloîtres ont été convertis en manutention militaire. Ils existent encore rue Mably, à côté de l'Eglise Notre-Dame, autrefois Saint-Dominique.

Marandon raconta les faits dans le *journal de Bordeaux* en les dénaturant et en les grossissant à plaisir. Grâce à ses calomnies calculées, le bruit se répandit bientôt dans la ville que l'abbé Langoiran avait fait enlever d'un édifice public un objet mobilier *appartenant à la nation*. Un rassemblement considérable se forma dans la rue devant la maison du saint prêtre; son domicile fut envahi par une foule furieuse qui visita les moindres recoins pour y trouver la statue. La garde nationale intervint, et la municipalité déclara que l'objet enlevé était bien la propriété légitime de l'abbé Langoiran. La statue lui fut alors restituée.

Les congréganistes publièrent à leur tour sous forme de brochure, le récit de ce qui s'était passé, et repoussèrent avec indignation, les calomnies du *journal de Bordeaux*. La brochure, signée par *Magonty*, *Gilbain* et quelques autres, s'adressait au calomniateur en ces termes : «..... Et vous, sieur
» Marandon, qui avez saisi cette circonstance avec
» tant d'avidité pour orner d'un supplément le
» n° 18 de votre *Courrier de la Gironde*; vous qui,
» dans ce supplément, avez dénaturé tous les faits
» de cette affaire, quoique vous en fussiez instruit;
» vous qui, par la manière irrévérentielle avec
» laquelle vous avez parlé de votre Dieu et de la
» Sainte Vierge en *distinguant* cette irrévérence
» en lettres italiques, avez fait prendre le change
» sur les sentiments de piété que nous avions crû
» jusqu'ici reconnaître en vous; qui vous êtes

» attaché à persiffler et à livrer au ridicule un
» prêtre respectable qui avait acheté la statue; qui
» avez affecté de charger de tout votre mépris le
» ci-devant Frère de l'école chrétienne lorsque les
» uns et les autres, par la pureté de leurs mœurs
» méritent tout au moins l'honneur de votre consi-
» dération; lorsque celui que vous qualifiez de *bête*
» et *d'ignorantissime*, (1) sans avoir besoin d'aller
» à votre école, en saura toujours assez pour ne
» jamais s'écarter des sentiers de la vertu; nous
» vous prions d'avoir plus de charité pour vos
» concitoyens, d'être à l'avenir plus réservé, plus
» circonspect, lorsque vous parlerez des choses
» qui touchent de si près notre sainte religion qui
» est la vôtre, et nous ne cesserons de faire des
» vœux pour que Dieu vous en inspire le goût et
» l'idée. »

Marandon furieux de se voir ainsi dévoilé, se mit à attaquer furieusement l'abbé Langoiran dans sa feuille.

Il l'accusa d'avoir non-seulement enlevé une statue mais encore bien d'autres ornements d'église.

« Malgré mes représentations et mes prières, » nous dit *l'abbé Thierry* cite par M. Fisquet, dans *La France Pontificale*, « l'abbé Langoiran crût de-
» voir répondre à Marandon, et il en arriva ce que

---

(1) Il s'agit ici d'un frère des écoles chrétiennes : Les républicains de 1792 on le voit, avaient pour les respectables frères des écoles chrétiennes les mêmes sentiments de haine féroce qui caractérisent les républicains de 1876 ! Nos communards n'ont pas même le mérite de l'invention.

» j'avais prévu. Marandon imaginait chaque jour
» sur son compte quelque calomnie propre à exciter
» les haines contre lui et à diriger contre sa per-
» sonne les fureurs de la populace. Il en remplissait
» ses feuilles, en affectant de le nommer *Simon
» Langoiran*. C'était peut-être pour rappeler avec
» mépris la profession de son père qui, à Bordeaux,
» était plus connu par son nom de baptême que
» par son nom de famille. »

Ce ne fut pas la seule inconséquence commise à cette époque (comme à la notre bien entendu) par les féroces prôneurs de l'égalité et de la liberté révolutionnaire.

Dieu lui-même, du reste, se chargea de venger plus tard ses serviteurs.

Marandon après avoir été à Bordeaux un des principaux agents de la révolution fut accusé d'avoir prêché dans le département du Gers *la réunion aux aristocrates, afin d'exterminer les Parisiens, la Montagne et les anarchistes, c'est-à-dire, tous les vrais patriotes.* (1)

Il fut activement recherché par la municipalité et se vit contraint de se cacher.

Sa femme, voulant solliciter en sa faveur les représentants Isabeau et Tallien qui séjournaient alors à La Réole, se rendit en toute hâte dans cette ville ; mais Isabeau et Tallien prirent à

---

(1) Greffe de la Cour d'assises de la Gironde : Commission militaire: dossier Marandon : — notes d'audience écrites de la main même de Lacombe.

l'égard de cette victime de l'amour conjugal une mesure vraiment monstrueuse. Ils la firent arrêter comme otage de son mari. (Les otages ont toujours été, on le voit, un système républicain. — La Commune de 1871 n'a rien inventé).

La malheureuse femme fut envoyée par les représentants au Comité de surveillance de Bordeaux avec invitation *de la mettre en état d'arrestation dans son domicile, jusqu'à ce que le citoyen son mari se fut constitué prisonnier entre les mains des représentants du peuple qui se réservaient de statuer définitivement sur son sort* (1). C'était le 14 octobre 1793.

Le même jour, Marandon, qui était caché à Bordeaux, apprit par des amis l'arrestation de sa femme. Il était neuf heures du soir. Voulant faire mettre sa femme en liberté, il se présenta sur l'heure au Comité de surveillance, et fut immédiatement écroué à la maison commune.

Il comparut, le 6 brumaire, an II (27 octobre 1793), devant la Commission Militaire présidée par le farouche Lacombe, et fut condamné à mort.

Le malheureux donna devant l'échafaud le spectacle de la plus déplorable faiblesse. Il s'était enivré avec de l'eau-de-vie et avait ainsi perdu tout sentiment de dignité et de respect de lui-même. — Il mourut misérablement.

Revenons à l'abbé Langoiran.

« Les odieuses et injustes préventions contre

---

(1) Archives départementales. Série L, registre 450 bis.

» l'illustre grand-vicaire, continue l'abbé Thierry,
» s'étaient exaltées au point que depuis deux
» mois, en juillet 1792, il avait senti lui-même
» qu'il n'y avait plus de sûreté pour sa personne à
» Bordeaux.

» Il s'était fait une retraite dans la partie la plus
» élevée, la plus isolée de sa maison, et il n'en
» descendait que pour respirer l'air dans son jar-
» din, et y prier à la vue du Ciel sous un berceau
» de verdure.

» Malgré le danger qu'il y avait à se rendre
» chez lui, j'allais souvent le voir et je le pressais
» de sortir de Bordeaux où il ne pouvait plus se
» rendre utile, et où sa présence nous exposait
» à de grands dangers.

« Je lui répétais que nous n'étions pas aussi
» préparés que lui au martyre ; que si on trempait
» une fois les mains dans son sang, *comme on l'en
» menaçait,* personne ne pourrait plus calculer les
» suites d'un tel excès de fureur. Son maintien,
» en m'écoutant, était celui d'un homme déjà placé
» dans le Ciel en quelque sorte. Il avait un air
» vraiment angélique et répandait autour de lui
» comme une sainte odeur de martyre qu'il sem-
» blait respirer.

» Cependant, touché de mes représentations, et
» ne pouvant se dissimuler combien étaient fondées
» les craintes que sa situation et la nôtre nous
» inspiraient, il me promit de partir de Bordeaux
» le lundi 8 juillet. Le reste de la semaine fut si

» orageux que je n'osais aller lui rappeler ses
» promesses et le presser de les accomplir (1). »

L'abbé Langoiran, avait, en effet, réellement le projet de quitter Bordeaux, car il écrivit à cette date au neveu de l'évêque d'Acqs, l'abbé de La Neufville, qui résidait alors à Paris, que *son intention était de venir habiter avec lui*, et l'abbé Guillon, qui relate cette circonstance, déclare qu'il en a eu connaissance de la bouche même de M. l'abbé de La Neufville.

L'anniversaire de la prise de la Bastille approchait.

C'était pour les patriotes une glorieuse fête civique, et ce jour provoquait en eux un redoublement de zèle démocratique.

La manie de planter des *arbres de la liberté* avait envahi la province à l'imitation de Paris et nos patriotes bordelais voulurent fêter l'anniversaire du 14 juillet en plantant eux aussi un arbre de la liberté.

Ils allèrent donc demander à la municipalité l'autorisation de procéder à cette cérémonie. Le lieu désigné fut la place Royale à l'endroit appelé alors *le parapet*. C'était une sorte de terre-plein qui s'avançait sur le fleuve, à peu près au milieu de la place Royale, (aujourd'hui place de la Bourse), en face de l'endroit où depuis a été établie la fontaine des Trois Grâces et où était alors la fameuse statue de Louis XV.

(1) L'abbé Thierry, cité dans la *France Pontificale*, par M. Fisquet.

Une partie du récit qui va suivre nous a été fait par M. Montgardey, témoin oculaire de quelques-uns des événements de cette néfaste journée du 14 juillet 1792. Nous avons extrait le surplus des œuvres de l'abbé Guillon et de l'abbé Barruel, de la *France Pontificale* de M. Fisquet, d'un opuscule de M. l'abbé Pionneau, ancien professeur de philosophie du Petit-Séminaire de Bordeaux, et aujourd'hui curé de la paroisse du Tourne, près Langoiran, des diverses *Histoires de Bordeaux* de l'abbé O'Reilly, de Bernadeau et de Marchandon, de la récente et si complète *Histoire de la Terreur à Bordeaux* de M. Aurélien Vivie, ainsi que des souvenirs personnels de quelques amis, entre autres le vénérable Monsieur Marchandon, auquel les moindres événements bordelais de la période révolutionnaire ne sont point restés étrangers.

Un prêtre de Bordeaux, l'abbé H. Caudéran, nous a laissé lui aussi, il y a quelques années, dans une revue religieuse du diocèse (1), une relation assez détaillée et très imagée de l'arrestation du P. Pannetier. Nous lui avons emprunté quelques renseignements, tout en cherchant à nous mettre en garde contre les erreurs manifestes que renferme son récit.

Ce jour-là donc, 14 juillet, un arbre de la liberté devait être solennellement planté sur la place Royale, et les officiers municipaux de la ville avaient promis d'assister à cette *cérémonie* populaire.

(1) Voir l'*Aquitaine*, numéro du 7 octobre 1866.

Déjà à cette époque, les républicains pensaient que ces arbres ne peuvent croître que lorsqu'ils ont été arrosés du sang de quelque défenseur de la religion ou de la monarchie.

On décida donc de choisir une victime, et le choix tomba sur l'abbé Langoiran, que le journal de Marandon désignait depuis longtemps à l'animadversion générale.

L'approche de la fête du 14 juillet avait exalté toutes les têtes. La populace était électrisée par les articles des journaux et les orateurs de carrefours. Des rassemblements furibonds se formèrent et portèrent la terreur dans l'âme de tous les citoyens tranquilles. De tous côtés s'élevaient ces cris : *Voici le moment d'exterminer les prêtres !* Le danger était imminent et cependant l'abbé Langoiran ne songeait pas encore à fuir.

A la prière de ses amis qui craignaient pour sa vie, il quitta seulement son domicile le 8 juillet et se réfugia, toujours dans la ville, chez l'un d'eux ; il y demeura caché quatre jours, mais à force d'instances M. de Lajarthe le détermina enfin à se rendre, le 14 juillet, dans sa petite propriété de Caudéran où il avait déjà caché le P. Pannetier, à la demande même de l'abbé Langoiran.

Le courageux grand-vicaire ne consentit à se rendre à Caudéran qu'à la condition d'y demeurer seulement deux ou trois jours, et de revenir à Bordeaux lorsque les excès de la menaçante fête qui se préparait pour le 14 juillet auraient cessé.

Le nom de M. de Lajarthe mérite d'être conservé dans les annales de la ville comme étant celui d'un de ces glorieux chrétiens qui, au péril de leur vie, cherchèrent à arracher à la Révolution quelques unes de ses nombreuses victimes.

M. de Lajarthe eut l'honneur de mourir avec son frère pour sa religion.

Nous trouvons, en effet, son nom dans la liste funèbre qu'on a pu, à si juste titre, qualifier de martyrologe de la République.

Il comparut devant la commission d'*assassins* que présidait Lacombe (1). Son jugement porte *qu'il avait favorisé les prêtres insermentés*. Il avait émigré le 16 novembre 1792, mais il rentra à Bordeaux et fut arrêté par ordre de la Commission militaire.

Il périt le 18 mars 1794 et son frère le 10 juillet suivant.

Voici la notice que leur consacre le martyrologe bordelais de la justice révolutionnaire.

« Dufort-Lajarthe (*Louis*), secrétaire du der-
» nier roi, natif de Bordeaux, âgé de cinquante-neuf

---

(1) Ce n'est pas nous qui donnons à la Commission Militaire le nom de *commission d'assassins*. Ce tribunal fut à Bordeaux l'objet d'une telle répulsion que le mot même de *commission* était en horreur dans la ville. Dans une lettre que le représentant Bordas adressait, le 14 pluviose an III (2 février 1793), *aux membres de la Commission des Sept* chargés de rechercher les traces des dilapidateurs de Bordeaux, le mot d'assassins est appliqué à ce tribunal.

« J'ai observé, écrit Bordas, que le titre de *commission* était odieux aux habitants de cette commune de Bordeaux, et qu'ils abhorraient jusqu'au nom qu'avait porté le *Tribunal de sang qui avait mis cette cité en deuil*. Quoique votre institution n'eut rien de pareil à cette CAVERNE D'ASSASSINS, ... etc., etc. »

» ans, accusé d'avoir conservé pour l'ancien ré-
» gime un attachement qui lui a fait envisager la
» Révolution Française comme l'ouvrage de la
» malveillance ; d'avoir été en relations avec les
» contre-révolutionnaires ; de s'être bercé des
» idées opposées au bonheur de la République,
» et de plus, d'avoir deux fils émigrés ; *de plus,*
» *accusé de fanatisme et d'avoir favorisé les prêtres*
» *insermentés.* Condamné à mort et tous ses biens
» confisqués, le 28 ventôse an II (18 mars 1794).
» DUFORT-LAJARTHE (*Elie-Louis*), avocat-général
» au Parlement, natif de Bordeaux, âgé de qua-
» rante-trois ans, condamné à mort comme *ennemi*
» *de la liberté,* le 22 messidor an III (10 juillet
» 1794) (1). (O'REILLY, *supplément au premier vo-*
» *lume de la deuxième partie de l'*Histoire de Bor-
» deaux, *édition non livrée au public, page* 42.)

(1) *Ennemi de la liberté !* On croit rêver en entendant les républicains glorifier ainsi la liberté. Elle était tellement grande, cette liberté républicaine, que la Commission Militaire de Bordeaux avait la prétention de scruter même la *pensée non exprimée.* La République a toujours pratiqué le système de la *liberté pour tous excepté pour ceux qui ne sont pas de son avis.* Parmi les jugements qui prouvent la vérité de ce que nous avançons, nous pouvons citer celui de JACQUES-HENRI, commis marchand, âgé de 29 ans, condamné à mort par Lacombe le 3 thermidor an II (21 juillet 1794). Attendu, lisons-nous dans les motifs de l'arrêt *qu'il attendait* DANS LE SILENCE *la contre-révolution !*

Le même jour, neuf autres victimes de Lacombe étaient livrées au bourreau, et parmi les considérants du jugement, nous voyons que les malheureux étaient conduits à la mort parce qu'ils *avaient* DÉSIRÉ *la contre-révolution.* Parmi ces neuf martyrs figurait le vénérable P. Pannetier. C'était ainsi que la République cherchait alors sans doute à mériter le titre de *république aimable.* (Dossier de la Commission Militaire du 3 thermidor, an II).

L'abbé Dupuy, prêtre bénéficier de Saint-Michel avait, comme nous l'avons déjà dit, cherché lui aussi un refuge à Caudéran, dans une propriété mitoyenne de celle de M. de Lajarthe, et appartenant à deux vertueuses catholiques, les demoiselles Moreau.

Inquiété dans son asile, il l'avait quitté en apprenant l'arrivée du P. Pannetier et de l'abbé Langoiran, et était venu se joindre à eux.

L'abbé Dupuy, né à Bordeaux en 1742, sur la paroisse Saint-Pierre, était, nous dit M. Fisquet, « un ecclésiastique respectable, de mœurs douces
» mais imposantes par la gravité de son maintien.
» Après avoir été vicaire de la paroisse de Saint-
» Michel, de Bordeaux, il avait mérité par son ex-
» cellente conduite et son zèle d'être agrégé au
» corps des bénéficiers de cette église, et comme
» il s'était montré l'ennemi du schisme qu'enfanta
» la constitution civile du clergé, il était devenu
» par cela même l'objet de la haine féroce des
» révolutionnaires. »

Les quelques renseignements que nous avons puisés sur lui dans le livre de l'abbé Guillon ont été fournis par son neveu, M. Dupuy, doreur sur métaux à Bordeaux, dans la rue Marchande, pendant les premières années de ce siècle.

C'était une victime naturellement désignée pour accompagner au martyre l'abbé Langoiran et le P. Pannetier.

Le club révolutionnaire qui avait attaché des

espions aux pas de l'abbé Langoiran et du P. Pannetier fut bientôt instruit de leur retraite. Vingt-quatre heures s'étaient à peine écoulées depuis que la propriété de M. de Lajarthe leur avait donné asile, et déjà les assassins rôdaient autour de leur refuge.

CHAPITRE IV

Massacre de l'abbé Langoiran
et de l'abbé Dupuy. — Le P. Pannetier
providentiellement préservé de la mort.

La propriété de M. de Lajarthe dans laquelle l'abbé Langoiran, l'abbé Dupuy et le P. Pannetier avaient trouvé un asile s'appelait alors *les Irangeys*, nom patois dont on a fait plus tard la *Propriété des Orangers*.

Elle était située à environ deux kilomètres de la ville, sur le petit chemin d'Eysines, tout près de l'endroit où cette route se croise avec le chemin conduisant de Caudéran au Bouscat.

Les espions du club révolutionnaire achetèrent à prix d'argent la conscience de la paysanne de la propriété qui, ignorant cependant la présence des proscrits chez son maître, s'engagea à seconder les émissaires des assassins et à les aider dans leurs recherches.

C'était par une mesure de prudence que la présence des trois prêtres n'avait point été révélée à cette femme; mais elle réussit à les découvrir, cachés dans un bois de lauriers dans la propriété, et elle en prévint immédiatement son mari.

Celui-ci, qui était membre du club de Caudéran, instruisit la municipalité de la commune de la découverte faite par sa femme, et le 13 juillet, le lendemain même de l'arrivée de M. Langoiran, la garde nationale de Caudéran envahit la propriété.

On fouilla avec soin le bois de lauriers où la paysanne avait déclaré avoir vu les trois prêtres fugitifs dont on recherchait les traces, et comme on s'aperçut que la terre avait été retournée et que des trous avaient été creusés dans le bois, on répandit habilement le bruit *qu'ils avaient fait une mine pour faire sauter Bordeaux*. L'invraisemblance de cette accusation ne put empêcher qu'elle ne trouvât créance dans la foule exaspérée qui cherchait d'ailleurs un prétexte pour justifier son inqualifiable agression.

La maison de M. de Lajarthe fut fouillée de fond en comble. Les malheureux proscrits furent découverts dans leur asile et conduits devant le juge de paix par les gardes nationaux de la commune.

Il était quatre heures du matin !

Les espions n'avaient pas perdu leur temps !

. . . . , ...

Il nous reste un récit touchant de cette journée du 13 juillet 1792. Nous allons le donner ici à nos lecteurs.

Il fut écrit en entier par le P. Pannetier lui-même qui échappa ce jour là au martyre pour aller deux ans après porter sa tête sur l'échafaud.

Voici la relation du vénérable religieux :

« *Après quatre heures du matin*, dit-il, un grand
» nombre de gens armés investirent la maison,
» frappèrent rudement à la porte, avec menace de
» l'enfoncer si l'on refusait de l'ouvrir : on ne put
» s'empêcher de les introduire.

» Ils nous menacèrent d'abord de nous couper
» la tête s'ils trouvaient dans la maison des armes
» à feu. Ils firent la visite et n'en trouvèrent point.

» Ils nous obligèrent alors à les suivre et nous
» amenèrent devant la municipalité du lieu.

» Le maire et les autres officiers ne virent au-
» cun motif suffisant d'arrestation.

» Nous étions sur le point d'être mis en liberté,
» quand on accusa M. Langoiran d'avoir voulu
» corrompre un des soldats qui nous avaient ar-
» rêtés, en lui donnant un écu de six livres. Cette
» imputation fausse, dénuée de preuves, suffit pour
» déterminer la cohorte armée à nous conduire
» tous les trois, M. Langoiran, M. l'abbé Dupuy
» et moi chez le juge de paix; celui-ci fit lire le
» procès-verbal, et déclara qu'il n'y avait aucune
» raison de nous arrêter. Mais le capitaine, sans
» vouloir écouter le juge, se jeta sur M. Lan-

» goiran, le saisit au collet, et nous fûmes traînés
» sous la même escorte à la prison de Caudéran.

» Elle est obscure et malsaine ; nous n'y trou-
» vâmes aucun siége et nous demandâmes pour
» M. Langoiran une chaise qui nous fut refusée.

» Nous n'étions éclairés que par une ouverture
» d'un pied carré, par où nous entendions vomir
» sans cesse contre nous les plus horribles impré-
» cations.

» Durant l'espace de douze heures que nous
» séjournâmes dans cette prison, nous ne fûmes
» occupés que de la prière et d'entretiens de piété
» relatifs à notre situation.....

Interrompons un instant ce touchant récit du P. Pannetier, pour faire remarquer à nos lecteurs la simplicité avec laquelle sont reproduits les moindres détails de cette scène.

Pas un mot de récrimination, pas une plainte, sous la plume du saint religieux. Cette scène où son existence est en jeu, est dépeinte par lui avec une entière sérénité.

Douce victime, d'avance résignée, il voit se dérouler les épisodes d'une douloureuse passion, et les note avec soin, sans inquiétude pour sa vie dont il a déjà fait le sacrifice.

Les martyrs ne cherchent point à fuir. Ils ne se défendent point contre leurs bourreaux.

Aux injures et aux violences d'une populace avinée, nous dit le vénérable P. Pannetier, ils opposent la résignation et la douceur, et ils s'occupent uniquement de prier pendant les douze heures de leur détention dans cet horrible cachot.

Parallèle touchant et qui frappe le chrétien dans le récit de cette inique arrestation. — Jésus conduit devant Pilate fut, lui aussi, trouvé innocent par le proconsul romain qui essaya de le délivrer de ses bourreaux, comme le juge de paix de Caudéran voulut vainement arracher les malheureux prêtres des mains de leurs assassins !

Cette prison de Caudéran où furent enfermés les trois confesseurs de la foi se trouvait alors à l'endroit appelé la *Cape*, sur le chemin de Caudéran à Bordeaux, là-même où est aujourd'hui établie une auberge dite de *la Grotte*, au couchant et tout près du pensionnat du Sacré-Cœur.

Ce lieu fut témoin des angoisses des trois martyrs, de leurs souffrances et de leur invincible courage. Si nous en croyons l'auteur d'une relation de ces événements, M. l'abbé Caudéran, on les entendit pendant toute la nuit du 13 au 14 chanter des cantiques dans la chambre où ils étaient enfermés, et l'abbé Caudéran nous a affirmé « avoir entendu dire par un vieillard, qui était alors » un petit enfant, qu'il avait grimpé le long du mur » jusqu'à la haute fenêtre de leur cellule pour ten- » ter de les apercevoir (1). »

Disons cependant que cette affirmation de l'abbé Caudéran est difficile à concilier avec le récit du P. Pannetierz, car celui-ci déclare avoir été ar-

---

(1) L'*Aquitaine* — nᵒ du 7 octobre 1866.

rêté le matin et n'être resté que douze heures en prison. L'abbé Caudéran, faisant passer la nuit entière aux martyrs dans la prison de la Cape semble en conclure qu'ils ont dû y demeurer trente-six heures, puisque, arrêtés le matin, ils ont été transférés à Bordeaux seulement à sept heures du soir, et que par conséquent il leur a fallu passer deux jours en prison pour y avoir séjourné la nuit. Il nous semble que le P. Pannetier doit être plutôt dans le vrai, et que les trois prêtres arrêtés le matin du 14 juillet ont dû, le soir-même, être conduits à Bordeaux.

« Nous nous abandonnions aux décrets de la Providence, » reprend le P. Pannetier dans son récit, « nous acceptions avec courage les souf-
» frances qu'Elle nous destinait, et nous aimions à
» nous rappeler ce beau passage des actes des
» apôtres : *Ils sortaient du Conseil se réjouissant*
» *d'avoir été trouvés dignes de souffrir pour le nom de*
» *Jésus-Christ.*

» M. Langoiran répétait souvent ces paroles ;
» il ajouta que Dieu lui faisait la grâce d'éprouver
» les sentiments du grand saint Ignace d'Antioche
» lorsque pensant aux tourments qui lui étaient
» préparés, il s'écriait : *Si lorsque je serai exposé*
» *aux bêtes de l'amphithéâtre, elles m'épargnaient,*
» *comme d'autres martyrs, je les exciterais à me dé-*
» *vorer pour devenir le froment des élus.*

» Bientôt après, il me pria d'entendre sa confes-
» sion, et la fit avec les sentiments de la com-

» ponction la plus vive. Puis, ayant écrit avec un
» crayon les sommes qu'il avait eues en dépôt
» pour secourir les prêtres réduits à la misère, il
» me remit cet acte que je renfermais dans mon
» portefeuille.

» Vers les sept heures du soir, » continue le P.
Pannetier, « on nous fit sortir de prison pour nous
» conduire à l'Administration du département qui
» siégeait dans le palais de l'archevêché.

» Le long de la route, nous essuyâmes mille inju-
» res. Arrivés dans la cour du département, on joi-
» gnit les coups aux menaces et aux imprécations.

» Alors, je ne sais ni pourquoi ni par quel mou-
» vement, je m'élançai vers une salle.

» Dieu favorisa cette tentative irréfléchie ; per-
» sonne ne m'arrêta. Je trouvai quelqu'un à la
» porte qui m'accueillit et la ferma sur moi ; depuis
» ce moment, je ne vis plus rien de ce qui se
» passait. »

. . . .

Tel est le récit naïf et touchant fait par l'un des
acteurs de cette scène de carnage. Ce récit nous
a été conservé par l'abbé Barruel dans son livre
de l'*Histoire du clergé pendant la révolution française* (1). Ce livre parut huit ans après les événements
que nous racontons. C'est de là que l'abbé
Guillon et après lui M. Fisquet, M. l'abbé Pioneau et M. A. Vivie l'ont extrait. Tous les récits de

___

(1) Histoire du clergé pendant la révolution ; par l'abbé *Barruel*.
— Bruxelles. 1801 — pages 184 et suivantes.

l'assassinat de l'abbé Langoiran et de l'abbé Dupuy donnent cette simple et naïve relation écrite par le P. Pannetier lui-même, et nous nous serions reproché de ne pas placer sous les yeux de nos lecteurs les détails extraits d'une source aussi pure. Nous avons vainement cherché le manuscrit du P. Pannetier. Il n'existe pas à la bibliothèque de la ville de Bordeaux ; cette lacune est éminemment regrettable, car il est évident que le récit du bon religieux devait contenir de bien intéressants détails, que l'abbé Barruel se sera vu forcé de négliger dans l'extrait qu'il en a conservé à la postérité.

Ce que le P. Pannetier ne dit pas, c'est que le billet écrit au crayon par l'abbé Langoiran dans la prison de Caudéran était adressé à sa sœur à laquelle il fut plus tard remis, et qu'en chargeant le P. Pannetier de le rendre à sa destination, l'abbé Langoiran lui avait prédit qu'il ne périrait pas dans cette circonstance. Cette prophétie de l'abbé Langoiran au vénérable P. Carme contenait en quelque sorte une prédiction indirecte que néanmoins la couronne du martyre ne lui manquerait pas plus tard, et que le bon Dieu ne retarderait sa mort que pour ajouter quelque chose à la couronne de sa gloire.

Ce fait remarquable a été attesté depuis par l'abbé Thierry, qui fut plus tard vicaire général du diocèse de Bordeaux et dignitaire sacristain de l'église cathédrale de Saint-André.

MASSACRE DE L'ABBÉ LANGOIRAN 117

Nous allons suppléer autant que possible, à l'aide de nos notes personnelles et des souvenirs d'autres témoins, à ce qui manque ici au récit du P. Pannnetier.

Dès qu'à Bordeaux, les membres du club révolutionnaire apprirent l'arrestation de l'abbé Langoiran, ils envoyèrent à Caudéran de nombreux émissaires avec ordre d'ameuter contre lui la foule, et de le faire massacrer avec ses compagnons, au milieu du désordre inséparable d'un mouvement populaire.

Dans le cas où le meurtre des trois prêtres eut paru difficile à accomplir, les affidés du comité avaient mission de suggérer du moins l'idée de les conduire à Bordeaux où les attendaient d'autres assassins.

Pendant ce temps, les clubs s'étaient rassemblés, et la discussion s'échauffait au sujet des trois malheureux prêtres.

L'opinion générale était qu'ils devaient être massacrés. Mais les plus acharnés pensèrent que si leurs premiers ordres étaient ponctuellement suivis par leurs émissaires, et si ces victimes étaient massacrées à Caudéran, leur meurtre n'aurait pas assez de retentissement : Ils demandèrent donc et obtinrent facilement de l'administration municipale de Bordeaux un ordre de les amener devant elle.

Aussitôt que cet ordre eut été obtenu, les clubs firent afficher leur victoire dans tous les quartiers de la ville dans les termes suivants :

« *Langoiran est arrêté : On le traduira ce soir de
Caudéran à Bordeaux :* ON LE RECOMMANDE AUX
BONS PATRIOTES. »

Le but de la recommandation était facile à saisir. Les *Bons patriotes* n'en comprirent que trop bien la sanglante signification.

Le lendemain, qui était le dimanche 14 juillet, toute la commune de Caudéran était sous les armes ; le commandant de la garde civique, Piveteau, avait reçu de la municipalité bordelaise, l'ordre qui lui avait été arraché par les clubs, de faire conduire les malheureuses victimes au palais.

Cet édifice qui est aujourd'hui l'hôtel-de-ville, et qui était alors désigné sous le nom *de palais* était l'ancien palais des archevêques de Bordeaux.

Cet admirable résidence avait été construite de 1773 à 1778 par l'ordre de Mgr le prince Ferdinand de Rohan Mériadeck de Guémenée, archevêque de Bordeaux.

Les plans avaient été dressés par l'architecte Etienne, et la construction avait été suivie par M. Bonfin et par les frères Laclotte, architectes renommés de Bordeaux, habitant alors sur la place Fondaudège (1).

Ces architectes commencèrent à s'occuper du Palais Rohan en 1774, après la mort du célèbre ingénieur Etienne qui, comme nous venons de le dire, en avait fourni les plans.

---

(1) C'est aux frères Laclotte que l'on doit, dit Bernadeau, un quart des maisons construites à Bordeaux de leur temps ; c'est par leurs soins qu'ont été édifiés les plus beaux hôtels du XVIIIe siècle.

Le Directoire s'était donc emparé de ce palais comme des autres biens ecclésiastiques, et cet admirable monument, enlevé ainsi par la révolution à ses légitimes propriétaires, ne leur a jamais été rendu.

Le palais de Rohan a été témoin de bien des crimes et de bien des ignominies.

C'est sur ses marches que périrent, comme nous allons le voir, de saintes victimes, et c'est sans doute à toutes ces circonstances que nous devons attribuer la malédiction évidente qui plane encore sur ses murs et que nos républicains actuels appellent si facilement la fatalité.

Toujours est-il que le feu a souvent détruit tantôt une partie tantôt une autre de notre hôtel-de-ville, et que Dieu a souvent vengé ainsi lui-même la spoliation indigne dont nos évêques furent victimes de la part de la révolution, qui a baigné les premières assises de ce magnifique palais dans le sang même de ses légitimes possesseurs.

Cet hôtel si beau et si digne de servir d'habitation à nos archevêques, avait été construit, non seulement avec les deniers de la manse épiscopale, mais encore avec le patrimoine même du prince de Rohan. Cet illustre pontife, à qui nous devons toutes les rues et toutes les places qui portent encore à Bordeaux son nom, aurait certainement donné une autre destination à ses largesses, s'il avait pu prévoir qu'un jour cet édifice serait brutalement et iniquement enlevé à ses successeurs pour servir d'hôtel du département et plus tard d'hôtel-de-ville.

Le tribunal révolutionnaire ne fut installé que plus tard dans le palais des archevêques de Bordeaux. Le 15 février 1791, le tribunal criminel de la Gironde avait été établi dans le palais de Lombrière, et il y siégea jusqu'à sa réorganisation dans le local que le Sénéchal présidial de Guienne avait occupé depuis 1466. (Le Palais de Lombrière prit pendant la révolution le nom de Palais Brutus).

Le tribunal du district de Bordeaux installé le 18 novembre 1790, occupa les salles du Parlement du palais de Lombrière jusqu'au 18 novembre 1793. C'est alors seulement qu'il ouvrit ses séances dans la Maison Commune laquelle était établie sur les fossés à l'endoit où est aujourd'hui le Grand-Marché (1).

Quant au tribunal criminel et à la Commission Militaire, elle occupa à cette époque tantôt le grand séminaire (aujourd'hui hôtel des Monnaies, rue du Palais-Gallien), tantôt une partie du palais des archevêques, où habitait également l'administation départementale.

Le tribunal révolutionnaire, présidé par Lacombe.

---

(1) C'est par erreur que M. Vivie dans son *Histoire de la Terreur* indique comme siège de l'hôtel-de-ville pendant l'époque révolutionnaire la caserne actuelle des Fossés. L'hôtel-de-ville ne fut établi qu'en 1801 dans l'ancien collège des jésuites converti aujourd'hui en caserne de cavalerie et qui va, sous peu de temps, devenir le lycée de l'Etat. Nous reviendrons sur ce sujet quand nous parlerons plus loin de la mort de l'infâme Lacombe. Il ne reste plus de traces aujourd'hui des anciens bâtiments de l'hôtel-de-ville qui exista jusqu'en 1801 sur l'emplacement actuel du Grand-Marché.

siégea quelque temps dans la salle où ont lieu aujourd'hui les cours de la faculté des lettres dans la rue Montbazon.

C'est dans cette salle que le P. Pannetier et tant d'autres innocents furent condamnés à mort aux applaudissements des républicains de 1794.

Le palais des archevêques de Bordeaux, devenu l'*hôtel du département*, fut converti en 1801 en *résidence impériale*.

Il prit le nom de *Château royal* en 1815, et conserva ce nom jusqu'en 1835.

A cette époque, par suite d'une transaction entre la ville et l'état il devint l'*hôtel de la Mairie*, destination qu'il conserve encore et qu'il gardera sans doute jusqu'à ce que la main de Dieu le rende, elle-même, à ses légitimes possesseurs.

Mais le sang de l'abbé Langoiran et de l'abbé Dupuy répandu par la révolution est encore vermeil sur les marches de son perron déshonoré, et les échos de ses salons retentissent encore des nombreuses condamnations capitales prononcées par la commission militaire contre des innocents.

Tant de larmes versées, tant de crimes commis semblent avoir appelé la vengeance divine sur ce monument détourné de sa destination première par suite de la plus inique peut-être des décisions de l'Assemblée Constituante.

Les gardes nationales de Caudéran conduisirent donc leurs victimes vers Bordeaux.

Les trois prêtres, dont le calme admirable ne se démentit pas un instant, marchaient libres au milieu de cette troupe avinée, récitant des prières tout le long de la route.

Le chemin que l'on prit en quittant la prison de Caudéran longeait les murs de la propriété qu'on appelait alors les *Hosses de Gervais*, et qui est devenue aujourd'hui le couvent du Sacré-Cœur.

Cet endroit était alors complètement désert.

La troupe criant et vociférant arriva bientôt sur la petite place triangulaire qui existe encore aujourd'hui entre les propriétés Mabit et Cabrit.

C'est là qu'en souvenir d'une mission, nos pères avaient élevé, à l'ombre d'un ormeau plusieurs fois séculaire, une croix de pierre qu'on appelait dans le pays la croix de l'*Aure Bieilh*, c'est-à-dire la croix de l'ormeau vieux ou de l'arbre vieux.

A cette époque, la commune de Caudéran dépendait de la paroisse de Saint-Seurin, et les gens de Caudéran étaient, après leur décès, portés à l'église paroissiale. Le trajet étant très long, le clergé de Saint-Seurin ne se rendait pas à la maison mortuaire pour faire la levée du corps. On portait le pauvre défunt au pied de la croix de l'Aure Bieilh, et c'est là que le clergé de Saint-Seurin accomplissait les cérémonies prescrites par le rituel. C'est de cette destination donnée à la croix de l'*Aure Bieilh* que le petit chemin qui forme la branche nord du carrefour avait pris son nom de *Chemin des Morts* qu'il a gardé longtemps.

C'était en effet, le chemin suivi pour porter les morts à la *croix de l'Aure Bieilh*.

Ce nom sinistre fut plus tard échangé contre celui de *Chemin du Repos*, par allusion sans doute à la station que faisaient les porteurs au pied de la croix en attendant le clergé de Saint-Seurin.

Ce nom de Chemin du Repos a depuis été aussi enlevé à cette route.

On trouvait sans doute que cette allusion indirecte était encore trop attristante pour les habitants de Caudéran, et le chemin a pris le nom d'une propriété voisine.

Notre siècle ne pouvant détruire la mort a voulu autant que possible en éloigner le souvenir ou l'idée.

La croix de l'*Aure Bieilh* fut détruite avec bien d'autres choses pendant la révolution de 1793; mais, au moment de l'arrestation du P. Pannetier et de l'abbé Langoiran, elle existait encore.

Si l'on en croit une ancienne tradition, elle était alors couverte d'une multitude de cœurs en cuivre doré, humbles et naïfs *exvoto* des habitants de la commune, qui leur rappelaient souvent le souvenir de ceux qui n'étaient plus, et dont l'Eglise était venue recueillir la dépouille mortelle au pied même de cette croix.

En passant sous l'ormeau du carrefour de l'*Aure Bieilh*, bien souvent les yeux se portaient sur les cœurs de cuivre de la croix de la mission, et, en y voyant gravée une date tristement connue, les habitants des environs s'agenouillaient à l'ombre de la croix et récitaient quelques prières pour leurs parents ou leurs amis qui les avaient précédés dans l'éternité.

La révolution devait naturellement détruire ce souvenir ; d'autant plus, que les cœurs de cuivre doré devaient exciter la cupidité des tristes héros de cette néfaste époque.

La croix fut donc abattue, et les dernières assises du piédestal demeurèrent seules sur le carrefour comme un souvenir des mauvais jours de 1798. Les autres pierres du socle avaient été dispersées sur la place et y sont demeurées pendant de longues années. « Longtemps, dit l'abbé Caudéran, (1)
» bien longtemps j'ai joué sur la dernière assise au
» retour de l'école. Longtemps aussi la pierre
» principale, celle dans laquelle s'implantait la croix,
» est restée en travers du chemin, religieusement
» respectée par la population (2). Tout le temps
» que Caudéran a dépendu de la paroisse de
» Saint-Seurin, cette pierre a continué le rôle lugubre
» de la croix de l'*Aure Bicilh* : enfant, j'ai laissé un
» instant reposer sur elle le cercueil d'un petit
» camarade. Par mesure de sûreté publique, on
» ôta plus tard la pierre du milieu du chemin pour
» la reporter à la place primitive, mais depuis elle a
» été vendue. »

(1) Journal l'*Aquitaine*, numéro du 7 octobre 1866.
(2) Témoignage éloquent des ruines dont la première république a couvert la France toute entière !

L'abbé Caudéran n'est pas le seul à avoir conservé le souvenir de la *Pierre du Repos*.

Un ouvrier imprimeur de notre ville nous a affirmé qu'il se rappelle très-bien l'avoir vue fort longtemps sur la petite place triangulaire. Et, dans nos courses d'enfant, aux environs de Bordeaux avec le collége où nous fûmes élevé, elle servait bien souvent le jeudi de banc de repos, après nos jeux, au moment de reprendre le chemin de la ville.

La populace de Bordeaux, prévenue par les affiches du club de l'arrivée de l'abbé Langoiran, s'était portée en foule vers Caudéran ; mais ne sachant trop quelle route prendre pour aller au devant des prisonniers, elle s'était amassée à la croix de l'*Aure Bieilh*.

Quand vers sept heures du soir, l'ignoble cortége parut, débouchant des *Hosses de Gervais*, des cris et des vociférations retentirent de toute part.

A mort les prêtres ! à mort les brigands ! criait une foule dans le sein de laquelle beaucoup, sans doute, avaient éprouvé pour leur compte personnel la charité de ceux dont ils venaient aujourd'hui demander la mort.

Quelques uns ramassaient des pierres et les jetaient aux prisonniers ; d'autres, proposaient de les pendre aux bras de la croix. La garde civique de Caudéran qui les entourait eut toutes les peines imaginables à protéger les trois prêtres contre les fureurs de cette populace en délire qui voulait absolument s'emparer de leurs personnes.

A ce moment, les malheureux ne furent sauvés du massacre que par l'énergie du commandant Piveteau qui, le sabre au poing, déclara à la foule qu'ayant reçu de la république le mandat de conduire les trois prêtres à Bordeaux, il accomplirait sa mission coûte que coûte. Cette ferme attitude en ayant imposé à la populace, le cortège put alors continuer sa route vers Bordeaux au milieu des vociférations et des cris de mort des nouveaux venus. Quant aux trois martyrs, ils semblaient plutôt étrangers à l'horrible scène où leur vie était pourtant en jeu.

« Le calme et la sérénité de leur front » nous dit l'abbé Pioneau, « contrastait singulièrement » avec l'animation de tous les visages. Leurs regards » se portaient tantôt sur ce peuple qui les accablait » d'injures et dont ils plaignaient l'égarement, et » tantôt vers le ciel d'où ils semblaient vouloir » faire descendre des bénédictions sur leurs bour- » reaux » (1).

Ce fut au milieu de cette horrible escorte que les martyrs arrivèrent à Bordeaux par la rue Capdeville et les allées du Porge St-Seurin aujourd'hui allées Damour. Le cortège prit la rue Judaïque et arriva sur la place Dauphine. Là, les malheureux se virent tout à coup enveloppés par une nouvelle troupe d'hommes sinistres en haillons et de femmes

---

(1) Eloge de l'abbé Langoiran. Discours prononcé le 24 août 1861 à la distribution des prix du petit Séminaire de Bordeaux par M. l'abbé Pioneau, professeur de Rhétorique.

de mauvaise vie. Ce ramassis de gredins excités par des meneurs adroitement mêlés dans leurs rangs, se mirent à pousser des cris de mort contre les trois prêtres.

La nouvelle bande qui venait grossir les rangs des ennemis des malheureux prisonniers portait un immense écriteau au bout d'un bâton : on y lisait en grandes lettres rouges cette phrase homicide qui déjà s'étalait à tous les coins de rues de la ville : *On recommande Langoiran aux bons patriotes.*

La recommandation avait porté ses fruits. *Les bons patriotes* s'étaient souvenus de Langoiran. De tous côtés, des cris de mort s'élèvent contre le vicaire général non conformiste. La foule se rue de nouveau sur les prisonnier ; mais la garde civique résista courageusement à l'émeute et réussit à s'engager dans la rue Bouffard puis, tournant la rue Montbazon, elle put pénétrer avec les trois malheureux prêtres dans la cour de l'ancien palais des archevêques de Bordeaux qu'avait déjà habité l'abbé Langoiran et qui était devenu alors, comme nous le disions plus haut, l'hôtel du département.

La foule irritée et craignant de voir ses prisonniers lui échapper se précipita sur les portes du palais et empêcha de les fermer.

On peut les sauver et les soustraire à la vengeance du peuple ! A mort. — A mort ! hurlaient des voix furieuses.

Le rassemblement grossissait à chaque minute. La garde nationale de Caudéran voulut alors faire entrer ses prisonniers dans le grand vestibule du milieu. Mais en arrivant sur les marches mêmes du perron, l'abbé Dupuy fut frappé de plusieurs coups de sabre et tomba couvert de sang.

Rassemblant ses forces cependant, l'abbé Dupuy réussit à se relever et s'enfuit du côté du secrétariat : mais après avoir fait une centaine de pas, il chancella de nouveau et vint tomber dans les bras d'un honnête colonel de la légion des gardes nationales du quartier Saint-Michel.

La garde nationale avait en effet été convoquée ce jour-là, à l'occasion de la fête du 14 juillet ; mais, privée d'ordres, elle fut obligée d'être témoin du carnage dont elle frémissait d'indignation et auquel elle ne put cependant s'opposer ; les administrateurs qui avaient pourtant été prévenus n'ayant rien fait pour y mettre obstacle.

Un des misérables forcenés qui poursuivaient l'abbé Dupuy, croyant que sa victime allait encore lui échapper, vint lui passer son sabre au travers du corps pendant que le généreux colonel de la garde nationale le soutenait entre ses bras et cherchait à le sauver en lui faisant un rempart de son corps. L'histoire locale doit conserver, et conservera en effet, le nom de ce courageux citoyen. Il se nommait Dravenant et appartenait à la religion protestante.

« Il est doux pour l'historien catholique, » nous dit M. Fisquet rendant compte de cet épisode dans son livre de la *France Pontificale,* « il est doux » pour l'historien catholique d'avoir à raconter de

» pareils faits de nos frères dissidents, et ceux de
» Bordeaux pendant l'époque révolutionnaire nous
» en offrent beaucoup de ce genre. »

Une corde fut alors attachée aux pieds de l'abbé Dupuy étendu à terre et qui semblait mort. A l'aide de cette corde, les assassins le trainèrent sur la place : la douleur rappela dans ce corps meurtri un reste de sensibilité, et les assassins eurent la joie cruelle de le voir faire encore quelques mouvements qui indiquaient en lui un dernier souffle d'existence.

Le supplice de l'abbé Dupuy fut donc aussi prolongé qu'il était affreux. Aussi est-ce avec la plus entière vérité que, rapprochant le raffinement de cruauté des assassins de 1792 de la barbarie des païens envers les premiers martyrs, on a pu rappeler à ce propos, les paroles de S. Vigile évêque de Trente (1), écrivant à S. Jean Chrysostôme la relation du martyre de S. Alexandre d'Anaunie dans le Trentin, en l'an 397 :

(1) « *Junctis namque ac nexis corporibus, ac per publicum tractis more canum, vivus ille Alexander, innexis pedibus ducebatur per scopulos, partem membrorum palpitantium dimissurus donec ad loci vitæ inquam terminum duceretur.* » (Epistola S. Vigilii ad S. Johann Chrysost.— de SS. martyribus Sisinnio, Alexandro, etc).
Voir les Bollandistes. — S. Vigile évêque de Trente qui lui-même mourut accablé d'une grêle de pierres, l'an 400, tandis qu'il s'efforçait d'extirper les restes de l'idolâtrie, avait fait bâtir une église à l'endroit où avaient été martyrisés S. Alexandre, S. Sisinnius et S. Martyrius le 29 mai 397. On possède encore les lettres qu'il écrivit à S. Simplicien de Milan et à S. Jean Chrysostôme pour leur annoncer le martyre de ces saintes victimes, qui eut tant de rapport avec celui de l'abbé Dupuy.

« Après avoir joint son corps à celui de St-Sisi-
» nius, on les traîna avec des cordes par la voie
» publique comme de vils animaux. Alexandre qui
» vivait encore était tiré par les pieds à travers des
» pointes de rocher, comme s'il devait laisser à cha-
» cune d'elles un lambeau de ses membres palpi-
» tants, jusqu'à ce qu'il atteignît le terme de sa
» vie. »

Enfin l'un des assassins proposa à ces monstres de couper la tête à l'abbé Dupuy afin de la promener dans la ville.

Cette proposition atroce ayant été accueillie par des acclamations générales, tous se précipitèrent sur la victime, se disputant l'honneur de la mutiler.

Le plus jeune d'entre eux, ne se sentant pas la force nécessaire pour une pareille opération, prit un couteau et s'en servit pour faire dans la joue de l'abbé Dupuy une blessure béante dans laquelle il passa les doigts afin de tenir la tête assujettie pendant que ses compagnons la couperaient.

Quoi qu'il en soit, l'opération ne pût s'accomplir à la satisfaction de ces assassins, et ils se virent forcés de renoncer à cette inutile mutilation.

Le misérable qui frappa ainsi d'un coup de couteau à la joue le malheureux prêtre déjà presque mort, et qui ne craignit pas de tremper ses doigts dans le sang de sa victime, avait alors quinze ou seize ans.

Il vécut longtemps à Bordeaux.

Le corps de l'abbé Dupuy fut trainé dans la

ville, en passant par la rue des Remparts, la place Dauphine et le grand cours de Tourny, jusqu'à la hauteur de la place Fégère actuelle. Arrivés là, les assassins, las eux-mêmes de tant d'horreurs, abandonnèrent le cadavre défiguré........

M. l'abbé Langoiran avait déjà mis le pied sur les premières marches du perron lorsqu'il fut à son tour retenu par son habit, et reçut un coup dont il fut terrassé.

A ce moment, lisons-nous dans les relations de l'événement, il se fit un grand silence : ceux qui étaient éloignés de la scène de carnage et qui n'avaient pu voir commettre le meurtre demandaient avec étonnement ce qui venait de se passer.

« On vit alors, « dit l'abbé Pioneau (1), » une
» preuve éclatante de l'empire qu'exerce la vertu
» jusque sur les âmes les plus dépravées.
» Ces hommes qui depuis longtemps déjà se
» familiarisaient avec l'idée du meurtre, qui étaient
» encore tout couverts du sang de leur première
» victime, ces hommes, parurent cette fois étonnés
» de leur audace ; ils demeurèrent d'abord muets,
» immobiles, et il se fit un grand silence dans toute
» l'assemblée. Ceux qui environnaient le martyr
» purent saisir quelques paroles que murmuraient
» ses lèvres mourantes : c'était une prière pour ses
» bourreaux. »

L'abbé Caudéran, prêtre du diocèse de Bor-

---

(1) Eloge de l'abbé Langoiran, pages 23-24.

deaux, qui a écrit une relation de l'assassinat de l'abbé Langoiran, croit que le coup qui l'abattit lui fut porté justement par le nommé Piveteau, celui-là même qui comme commandant de la garde nationale de Caudéran avait été chargé de remettre les prisonniers au Directoire de Bordeaux.

Malgré toutes les recherches que nous avons faites, nous n'avons pu vérifier la vérité de l'assertion. L'abbé Caudéran n'a pas, du reste, été toujours très exact dans les détails de ce récit, car en faisant passer les martyrs sur la place Dauphine, le 14 juillet 1792, il ajoute qu'ils virent alors devant eux : « la guillotine dressée *sur la place de la Révo-* » *lution*, et qui, d'après l'expression énergique du » gascon bordelais, *platagnait* de sang, (ruisselait, » chantait sous les pieds) (1) : » tandis que la guillotine ne fut établie en permanence sur la place Dauphine, appelée alors encore « place Dauphine » et non « place de la révolution, » *que le 23 octobre* 1793, c'est-à-dire quinze mois après la mort de l'abbé Langoiran.

Les trois victimes du 14 juillet ne purent donc « voir cette guillotine *platagnant* de sang. »

La place Dauphine ne fut du reste jamais dénommée *place de la Révolution*. Elle prit pendant un temps le nom de *place de la nation*, mais l'arrêté qui la baptisait ainsi est daté seulement du 22 août 1792.

L'abbé Caudéran prétend aussi dans sa narration

---

(1) Journal l'*Aquitaine* : Trois épisodes sous la terreur : — n° 114 (7 octobre 1866) pages 156 et 157.

que les trois malheureux prêtres avaient été amenés de Caudéran à Bordeaux, *à la réquisition de Lacombe.* (Voir l'*Aquitaine:* 1866, n° 114) Or, chacun sait que Lacombe ne fut nommé président de la Commission Militaire que le 2 brumaire, an II (23 octobre 1793) le jour même où l'on établissait la guillotine : c'est-à-dire quinze mois après la date fatale du 14 juillet 1792. Quoi qu'il en soit, M. l'abbé Caudéran s'appuye sur la tradition caudéranaise, et aussi, dit-il, sur un livre intitulé *le martyrologe de 93* qu'il déclare « avoir eu entre les mains. »

Nous avons inutilement cherché ce livre dans les bibliothèques publiques de Bordeaux, de Paris et d'Anvers. Nous l'avons vainement demandé à tous ceux qui ont écrit sur ce lamentable sujet de la Terreur. Personne ne connaît cet ouvrage ; aussi en donnant ici le paragraphe du récit de l'abbé Caudéran relatif au commandant Piveteau, nous croyons devoir faire les plus expresses réserves. Les erreurs que nous avons déjà relevées dans les deux pages écrites par M. l'abbé Caudéran sur l'assassinat du 14 juillet 1792, nous commandaient d'en agir ainsi, et nous ne voulons pas cependant négliger les quelques informations réelles égarées dans son travail.

Voici donc le récit de l'abbé Caudéran :

« . . . . On s'engagea dans la rue Bouffard,
» mais la foule croissant toujours de plus en plus,
» *il fut impossible de franchir le tournant de la rue*
» *Montbazon* : C'est alors que Piveteau voyant

» qu'il ne pourrait aller plus loin, brandit son sabre
» et abattit la tête *du Père* Langoiran ; soudain une
» porte s'ouvre ; des hommes s'élancent dans la rue,
» s'emparent du P. Pannetier, et la maison se
» referme sur eux. On enfonce la porte ; mais on
» ne découvre personne.

» Furieux de se voir ainsi privés de deux victimes,
» les égorgeurs se jettent sur *le Père* Dupuy et
» l'écharpent. La garde civique de Caudéran épou-
» vantée s'enfuit à la débandade.

» L'action de Piveteau a été diversement inter-
» prêtée. *J'ai vu* dans une relation imprimée, *Le*
» *martyrologe de 93*, qu'on le traite de tigre forcené.
» Je comprends qu'au milieu de la lutte ceux qui
» ne furent que témoins oculaires, purent l'interpréter
» ainsi, mais *la tradition caudéranaise* veut qu'il n'ait
» agi que par pitié et sentiment du devoir.

» D'après une autre version, le P. Pannetier ne
» se serait sauvé qu'après avoir pénétré dans la
» cour du Palais, *en sautant par une arcade du*
» *pérystile*.

» La tradition a enregistré les châtiments qui
» punirent les coupables.

» La femme qui avait découvert les victimes
» mourut hydropique : son mari devenu fou passait
» sa journée entière à balayer les chemins. Le
» maire de Caudéran accusé d'incivisme périt sur
» l'échafaud.

» Quant à Piveteau, après une heureuse vieillesse
» il mourut tranquillement dans son lit, et le peuple

» a regardé cela comme une récompense de son
» énergie ; sa famille nombreuse est aujourd'hui
» l'une des plus honorables de la commune de
» Caudéran (1). »

En supposant réel, l'épisode du commandant Piveteau, nous trouvons pour notre compte, bien étrange que le fait de couper la tête à un prisonnier puisse jamais être raconté à la louange d'un soldat chargé de veiller à sa sûreté, et présenté comme un acte d'humanité.

Nous devons encore faire observer l'erreur commise par l'abbé Caudéran qui indique le coin de la rue Bouffard et de la rue Montbazon comme le lieu du crime, et la maison de la rue Bouffard comme ayant servi de refuge au P. Pannetier, alors que le récit de ce dernier écrivant la relation de l'épisode sanglant dans lequel il fut lui-même acteur, indique d'une façon péremptoire que les trois victimes parvinrent jusque dans la cour de la mairie actuelle. Nous lisons en effet dans sa relation (officielle celle-là,) la phrase suivante qui anéantit le récit de l'abbé Caudéran :

« Dans la route, nous essuyâmes mille injures.
» *Arrivés dans la cour du département* (qui siégeait
» dans le palais de l'archevêché), on joignit les
» coups aux menaces et aux imprécations.

» Alors, je ne sais ni pourquoi ni par quel mou-
» vement je m'élançai *vers une salle*. Dieu favorisa
» cette tentative irréfléchie : personne ne m'arrêta.

(1) L'*Aquitaine* — 1866. page 157.

» Je trouvai quelqu'un à la porte qui m'accueillit » et la ferma sur moi. Depuis ce moment, je ne » vis plus rien de ce qui se passait. »

C'est donc bien sur les marches de l'Hôtel-de-Ville actuel que fut accompli l'exécrable forfait dont nous nous occupons.

Les dernières paroles de l'abbé Langoiran avaient été : *Seigneur pardonnez-moi comme je leur pardonne !* C'est ainsi que sont morts depuis dix-huit siècles tous les martyrs de l'Eglise Catholique. Cette parole de pardon tombée des lèvres de la divine victime du Golgotha a toujours servi de modèle pour ceux qui eurent la gloire de répandre leur sang pour la défense de leur foi.

Nous venons de voir que les assassins stupéfaits de leur œuvre étaient restés eux-mêmes épouvantés de leur audace.

Mais les cris et les vociférations de la foule les rappelèrent bientôt à leur horrible besogne.

Le cadavre de l'abbé Langoiran fut décapité et sa tête mise au bout d'un bâton fut montrée au peuple, encore toute dégouttante de sang.

« A bas les chapeaux ! Vive la nation ! » hurlait le forcené qui agitait cet horrible trophée et la populace battait des mains et agitait ses chapeaux en répondant à cet appel par le cri de : *Vive la Constitution ! Mort aux prêtres ! A bas les réfractaires !*

Le frère du misérable qui porta ainsi au bout d'un bâton la tête sanglante du vicaire général, avait été prêtre et avait apostasié pour se marier.

Quant à ce forcené, il se nommait P...
C'était le fils d'un architecte de la ville.

Homme sans intelligence, sans mœurs et sans talent il n'avait pu continuer la profession de son père et s'était vu obligé de devenir un simple tailleur de pierres.

Il vécut longtemps à Bordeaux où il habitait le quartier Saint-Michel, et fut employé en 1820 à la construction du pont de Bordeaux.

Un de nos bons amis, vénérable vieillard de 84 ans, M. Marchandon (1), auteur d'un certain nombre d'ouvrages estimés, relatifs à l'histoire de Bordeaux, nous disait, il y a quelques mois, avoir connu ce misérable assassin. Il nous a aussi affirmé que le sang de l'abbé Langoiran découlant de la tête le long du bâton où les cannibales républicains l'avaient placée, inonda les mains et la figure du porte trophée P... et que par un effet de la vengeance divine, ce malheureux conserva sur son visage, depuis ce jour-là jusqu'à sa mort, des taches rouges qui donnaient à sa figure un aspect sanguinolent.

La main de la divine Providence avait ainsi, marqué elle-même au front d'un stigmate de réprobation le plus cruel parmi les cruels assassins de ces martyrs.

La vengeance de Dieu poursuivit longtemps la punition du forfait sur tous les membres de la famille de ce monstre sanguinaire. Lors du passage de

---

(1) M. P. Marchandon est décédé à Bordeaux le 25 mars 1877.

l'armée impériale à Bordeaux en 1808, le misérable fut frappé par la main de Dieu de la plus cruelle façon qui puisse atteindre un père, dans la personne de ses deux enfants.

Il ne nous est pas permis d'en dire davantage.

La tête de l'abbé Langoiran fut promenée dans toute la ville depuis huit heures du soir jusqu'à deux heures du matin.

Par un raffinement inouï de cruauté, cette tête fut présentée au bout d'un bâton à la fenêtre de la sœur même de l'illustre victime.

A ce moment, trente monstres au plus entouraient le sanglant porte trophée ; et cependant, les dix mille gardes nationaux rassemblés sous les armes à l'occasion de la fête ne tentèrent pas un mouvement pour interrompre cette ignoble tragédie. Il y a là plus que de l'indifférence ! Quand nous disons que pas un des gardes nationaux n'intervint, nous nous trompons. Un officier qui commandait une patrouille rencontra le hideux cortége et voulut s'interposer ; mais, quand il s'élança vers ces misérables brigands, il se vit abandonné par ses soldats et réduit à l'impuissance.

A la fin, les meurtriers fatigués de leur affreuse promenade s'arrêtèrent dans la rue Bouffard et jetèrent la tête de leur malheureuse victime à la porte d'un cabaret dans lequel ils entrèrent achever de s'enivrer.

La tête sanglante de l'abbé Langoiran demeura

toute la nuit sur le pavé de la rue. Ce ne fut que le lendemain matin que la municipalité de Bordeaux se décida à la faire enlever et apporter dans la cour du département.

Une pieuse et bien respectable légende est encore répandue à Bordeaux au sujet de cet événement.

On raconte que le pavé sur lequel avait été jetée la tête de l'abbé Langoiran, à la porte du cabaret de la rue Bouffard, conserva toujours l'empreinte en profil du visage du martyr.

C'est en vain que la municipalité donna ordre de le laver : L'image sanglante reparaissait toujours ineffaçable.

Le bruit s'en répandit bientôt dans la ville, et les gens religieux venaient en foule dans la rue Bouffard pour être témoins de ce fait merveilleux.

La municipalité craignit que ces rassemblements ne devinssent dangereux pour le repos public. Le pavé ensanglanté fut arraché et fut jeté dans les décombres de l'hôtel actuel de la mairie.

La municipalité croyait sans doute anéantir ainsi les traces de l'infamie commise ; elle ne fit qu'ensevelir dans les fondations du palais le témoin sanglant du meurtre qui deshonore à jamais ses murs.

Cette légende est à rapprocher du fait que nous avons reproduit plus haut, et qu'un témoin oculaire, notre ami, nous a plusieurs fois raconté, de la couleur sanguinolente que conservèrent jusqu'à la mort les traits de l'assassin de l'abbé Langoiran.

Quant au P. Pannetier qui se trouvait à côté de l'abbé Langoiran sur le perron de l'Hôtel-de-Ville au moment de cet affreux massacre, il réussit à y échapper d'une façon providentielle.

M. Montgardey qui, tout enfant assista à cette affreuse journée du 14 juillet, nous a affirmé tenir d'un témoin oculaire (Madame Montgardey mère), qu'une femme qui se trouvait à côté du P. Pannetier l'ayant interpellé, le Père répondit tranquillement « j'attends mon tour (1). » Cette femme le poussa alors dans une salle voisine et referma la porte sur lui. C'était, nous a dit M. Montgardey, la femme du jardinier de l'hôtel du département. Sa fille mariée à Bordeaux habite encore la ville.

Le P. Pannetier fut recueilli, nous a-t-on affirmé, par un négociant israélite de la rue Poitevine qui le cacha quelque temps dans sa cave.

L'assassinat des abbés Langoiran et Dupuy causa dans la ville une émotion des plus vives.

Un auteur républicain, peu digne de foi, Bernadeau, racontant en quelques phrases cet horrible massacre cherche à l'excuser en nous disant que les prêtres *non-conformistes* formèrent des réunions clandestines après l'arrêté du 27 février 1792, concernant la clôture des cinq Eglises qui leur avaient été primitivement concédées, et qu'une de ces réunions ayant été découverte *le 15 juillet* par la garde nationale de Caudéran, celle-ci s'empara de *trois prêtres qui y officiaient.*

(1) Le P. Pannetier aurait donc vu assassiner l'abbé Langoiran ; ce que ne dit pas le fragment de son récit qui nous a été conservé.

« On les conduisait à Bordeaux, nous dit-il, » lorsqu'ils furent arrachés au détachement par la » populace à l'entrée de l'hôtel du département.

» Un de ces prêtres fut assez heureux pour s'y » réfugier.; les deux autres furent massacrés sur le » champ par la multitude fréquentant les cabarets » qui coupa la tête à l'un d'eux et entreprit de la » promener en ville. » (Bernadeau : Histoire de Bordeaux : page 201).

Quelques légères variantes à cette narration furent introduites par l'auteur dans la seconde édition de son livre, après la réprobation (1) que souleva à Bordeaux ce récit fantaisiste. (Voir le même ouvrage : nouvelle édition. page 169.) Bernadeau ajoute froidement : *Ce fut là le seul crime commis à Bordeaux pendant la Révolution.* C'était mentir impudemment.

Et du reste, Bernadeau, qui figura au nombre des dénonciateurs pendant l'époque néfaste de la Terreur, était trop intéressé dans la question pour n'avoir pas cherché à déguiser la vérité et pour que son témoignage puisse être pris au sérieux.

Nous avons vu aussi par les détails ci-dessus que l'assassinat avait été préparé par les républicains. La populace habituée des cabarets put bien aider au meurtre, mais il avait été prémédité dans les clubs, et M. Marchandon dans son examen critique de l'histoire de Bordeaux par M. Berna-

---

(1) Examen critique de l'histoire de Bordeaux, de Bernadeau, par l'Ermite de Floirac : Bordeaux 1838 : page 25. Le pseudonyme de l'*Ermite de Floirac* appartenait à M. Marchandon qui l'a souvent employé.

deau, ajoute : *S'il en était besoin, nous pourrions nommer les assassins.*

Ce ne fut pas du reste le 15 juillet mais bien le 13, nous l'avons vu, que l'abbé Langoiran fut découvert chez M. de Lajarthe ; et c'est le soir du 14 qu'il fut assassiné.

Bernadeau a commis *à dessein* une erreur de date qui lui a permis, non pas de justifier les misérables meurtriers mais, du moins, de chercher à leur ôter l'odieux de la préméditation dans le crime. Il n'a pu réussir dans son œuvre de réhabilitation de l'assassinat.

Pendant ces événements, le frère de l'abbé Langoiran, *Thomas Langoiran*, dansait autour de l'arbre de la liberté que l'on venait de planter sur le quai en face de la place Royale.

Thomas Langoiran, né à Bordeaux le 7 août 1735 *avait été prêtre de la Congrégation de Saint-Maur.* Il avait apostasié à l'époque de la Révolution et s'était marié avec sa servante.

Au moment où on vint lui annoncer la mort de son frère, il présidait une séance de ce même *Club Révolutionnaire* qui avait demandé avec tant d'instance que Langoiran fut amené à Bordeaux et qui *l'avait recommandé aux bons patriotes.*

Les efforts que son frère avait faits pour le rappeler à l'observation des principes religieux et aux mœurs ecclésiastiques n'avaient fait qu'irriter la perversité de cette nature ambitieuse et passionnée.

Le vicaire général de Mgr de Cicé n'avait pas de plus grand ennemi que son frère Thomas.

Lorsqu'il apprit que l'abbé Langoiran venait d'être assassiné, Thomas Langoiran répondit froidement à la personne qui venait lui annoncer cette affreuse nouvelle : *Quand il y a une mauvaise branche dans un arbre, on fait bien de la couper*; et il ajouta tranquillement comme conclusion ces abominables paroles : *Les vengeances du peuple sont quelquefois terribles; mais elles sont toujours justes.* Puis il voulut reprendre la séance un instant interrompue, du *Club*. Un membre du comité révolutionnaire nommé *Ducourneau* entendant les paroles cyniques du frère de leur victime en fut lui-même révolté : Il se leva immédiatement en s'écriant à haute voix : *C'est aussi trop fort à la fin !* et suffoqué par son indignation, il quitta la salle.

Presque tous les membres du Club, entraînés par son exemple, désertèrent eux aussi cette criminelle réunion.

Thomas Langoiran vécut à Bordeaux jusqu'en avril 1820. Presque jusqu'à sa mort, il a été affilié aux sociétés révolutionnaires dont les réunions se sont souvent tenues chez lui.

Il s'était, nous l'avons dit, marié avec sa servante ! Il passa en jugement le 27 frimaire, an II (17 décembre 1793), devant la Commission Militaire révolutionnaire et fut acquitté par ce tribunal qui lui infligea cependant l'épithète d'*exécrable*.

Il avait osé dans sa défense se faire gloire de

ses sentiments républicains et rappeler l'infâme conduite qu'il avait tenue à l'âge de 58 ans, en dansant autour de l'arbre de la liberté tandis qu'on massacrait son malheureux frère.

La Commission Militaire en l'acquittant, s'appuya elle aussi sur ce honteux considérant (1).

Tandis que le club révolutionnaire semblait répudier un assassinat qui n'avait eu lieu cependant qu'à son instigation, la municipalité de Bordeaux restait sourde aux instances de M. de Lajarthe et de divers autres amis des généreux martyrs qui suppliaient d'envoyer un secours capable d'arrêter les assassins.

M. Courfon, général de la garde nationale, à qui on demandait seulement vingt hommes pour mettre fin à cette hideuse scène refusa de les fournir : et cependant, vingt hommes déterminés eussent suffi pour calmer cette foule en délire.

« Il fallait que tout fut odieux dans cette affaire, » lisons-nous dans l'abbé O'Reilly : On alla pré-
» venir le juge de paix de la section qui arriva sur
» le théâtre du meurtre avec son greffier, auquel il
» dicta gravement son procès-verbal constatant les
» faits, et puis se retira en regardant froidement
» les deux cadavres exposés dans la cour (2). »

---

(1) La commission militaire....... *convaincue surtout que l'accusé montra du courage contre son frère conspirateur* et que ce serait un deuil pour la patrie s'il périssait, le remet en liberté...... (Jugement du 17 frimaire, an II. — Dossier *Thomas Langoiran*. Archives de la cour de Bordeaux).

(2) Histoire de Bordeaux : par l'abbé O'Reilly. — Tome V : p. 227.

Pendant ce temps, l'autorité municipale, dont la mission était de prévenir de pareils attentats et d'en punir les auteurs, assistait tranquillement à la plantation de l'arbre de la liberté ! — Quelques membres de l'Administration paradaient au Champ-de-Mars avec la garde nationale, et les autres recevaient pompeusement au bruit des fanfares ce même Duranthon, dont l'abbé Langoiran avait si victorieusement réfuté les erreurs, et qui arrivait ce jour-là même de Paris, où il était allé chercher au ministère des sceaux de nouvelles instructions.

Duranthon descendant dans la cour du Département heurta, dit-on, du pied par mégarde le cadavre de l'abbé Langoiran dont il ignorait l'assassinat.

Dans un premier mouvement d'horreur, il reprocha ce crime aux administrateurs du district en leur disant qu'il ne pouvait être imputé qu'à leur faiblesse sinon à leur haine pour la victime.

L'autorité ne fit pas la moindre recherche pour découvrir les auteurs du meurtre de l'abbé Langoiran.

Personne ne fut arrêté, et les registres de l'Hôtel-de-Ville rendirent compte froidement de cette scène de barbarie, en indiquant ce crime atroce par ces seuls mots dont la froideur calculée semble indiquer tout à la fois une connivence avec les assassins et l'intention bien arrêtée d'ensevelir le souvenir du crime dans le silence de l'oubli : 14 juillet 1792 : *Mort de l'abbé Langoiran et autre*, TUÉS PAR DES GENS ÉGARÉS.

La république oublie facilement ses crimes et amnistie sans remords les assassins.

Les cadavres mutilés des malheureux martyrs de la foi demeurèrent jusqu'au lendemain délaissés dans un coin de la cour du Directoire du département, gisant dans une mare de sang.

La ville de Bordeaux, ordinairement si agréable et si paisible, parut le lendemain du crime, frappée de stupeur. Les habitants avaient fermé les portes et les fenêtres. « Outre la désolante solitude des
» rues, lisons-nous dans le livre de l'abbé O'Reilly,
» la tristesse régnait sur la physionomie des rares
» individus qui osaient sortir, et un silence morne
» mais expressif fit comprendre aux assassins et à
» ceux qui les avaient soldés, l'énormité de leur
» crime et l'indignation des honnêtes gens (1). »

Les administrateurs du Directoire essayèrent alors de se laver du reproche que semblaient leur adresser tous les bons citoyens.

Par leurs soins un arrêté fut affiché dans toute la ville, arrêté qui était leur propre condamnation, car ils y reconnaissaient « *qu'ils auraient pu s'opposer*
» *à l'attentat*, s'ils avaient déployé un peu plus de
» vigueur. »

Cet arrêté déclarait que le crime de la veille commandait « *plus de nerf* dans l'administration » ; mais les membres du district se contentaient d'ajouter *qu'ils abandonnaient les assassins aux remords de leur conscience !*

(1) O'Reilly. — 2ᵉ partie. Tome I. page 227.

Ceux qui réclament aujourd'hui l'amnistie pour les assassins de la Commune veulent sans doute eux aussi *les abandonner seulement aux remords de leur conscience!* La troisième République n'a rien inventé, on le voit, pas plus les otages que le pardon et la glorification de leurs assassins !

En même temps que le district affichait cette déplorable proclamation, il adressait à la municipalité l'étrange lettre suivante :

« Il y a une heure que *quelqu'un* est venu nous
» dire de votre part que vous alliez envoyer une
» bière pour enlever les corps qui sont dans la cour
» de l'Administration. Personne n'a paru, et les
» corps sont toujours là. Veuillez nous dire si vous
» avez donné des ordres à ce sujet. M. le procureur
» général syndic vient de *nous observer* (sic) qu'il
» serait TRÈS INTÉRESSANT que ces cadavres fussent
» *enterrés de manière à ce qu'on sut le moins possible*
» *où ils l'ont été.* Vous *sentirez* (sic) quelles sont les
» raisons qui ont suggéré cette observation à
» M. le procureur syndic, et nous croyons qu'elle
» doit être prise en très grande considération.
» Vous savez de quoi sont capables *des fanatiques.*

« 16 juillet, une heure du matin.

» *Les Administrateurs du Directoire du département :*

» *Signé :* Couzard. »

Que de réflexions inspire la lecture de cette déplorable lettre qui n'avait pas un regret pour les victimes ni un blâme pour leurs misérables assassins.

Elle trahit chez ses auteurs une seule préoccupation, celle de faire disparaître au plus vite les traces de l'assassinat, et de cacher les cadavres des victimes dans un lieu secret afin de les dérober aux entreprises *dont les fanatiques étaient capables.*

Peut-être craignaient-ils qu'on en fît des martyrs et qu'on vînt enlever leurs restes comme les reliques de saints morts pour leur foi. Tels les juifs après la mort du Sauveur furent trouver Pilate, lui demandant une garde pour son tombeau, de crainte que ses disciples ne vinssent la nuit enlever son corps pour faire croire à sa résurrection, *et que la dernière erreur ne fût pire que la première.*

Dieu lui-même se chargea de déjouer les calculs de ses ennemis.

Les deux saintes victimes furent enterrées secrètement dans une chapelle dépendant de la Maison Commune et qui était située à l'angle de la rue de Guienne actuelle. Le lieu de leur sépulture fut ignoré pendant huit ans.

En 1800, on entreprit de démolir l'Hôtel-de-Ville qui fut transféré de l'autre côté du cours des Fossés, dans les bâtiments où sont maintenant les casernes de cavalerie et où sera bientôt le lycée.

Cette année là, au mois d'avril, le jeudi de la deuxième semaine après Pâques vers cinq heures du soir, des ouvriers étaient occupés à dépaver l'intérieur de cette chapelle, qui depuis la Terreur était abandonnée et n'avait même plus de toiture.

La municipalité en avait ordonné la démolition pour établir sur cet emplacement le Grand-Marché actuel qui fut construit pour la première fois en 1801 (1).

Un ouvrier enleva du sol avec sa pioche un lambeau d'étoffe de laine noire; au second coup de son instrument il ramena des débris humains.

Le bruit de cette découverte se répandit dans la ville, et bientôt la population accourut de toute part. Des fouilles furent opérées d'une façon plus sérieuse, et on trouva à cinquante ou soixante centimètres de profondeur les corps des deux martyrs.

« Leurs vêtements étaient conservés, nous dit
» l'abbé Guillon; leurs chairs n'étaient que desse-
» chées et la peau couvrait encore ces squelettes.

« L'un avait même assez de cheveux pour laisser
» apercevoir une tonsure encore bien marquée. »

C'était le corps de l'abbé Dupuy qui n'avait pas été décapité.

La tête de l'autre gisait à côté du tronc, et on reconnut le vénérable abbé Langoiran.

« Les magistrats intervinrent, lisons-nous dans
» l'abbé Guillon, et peu sensibles ou peut-être
» mortifiés par cette découverte, ils firent entasser
» les précieux restes dans un sac qui, par leur ordre,
» fut transporté au lieu des sépultures communes

(1) Voir Bernadeau : — Antiquités bordelaises : — Le Viographe bordelais.

» afin que les catholiques ne pussent plus les
» discerner et les honorer d'un culte particulier.

» Quelques personnes pieuses furent cependant
» assez habiles pour dérober des fragments de ces
» deux martyrs. Chacun voulait en posséder un
» morceau ! »

L'abbé Guillon ajoute qu'il possède lui-même un fragment de ces précieuses reliques, qui lui fut donné le 26 juillet de cette même année 1800.

Les renseignements que nous avons recueillis auprès de M. Montgardey ne sont pas complètement d'accord avec ceux que donne sur ce point M. l'abbé Guillon.

Mais ce dernier n'étant pas sur les lieux n'a pu écrire que d'après ce qu'il a appris de côté et d'autres, tandis que M. Montgardey, successivement sacristain des paroisses de St-Martial, Saint-André et Saint-Michel, a vu de ses yeux les événements qu'il raconte.

Sa mémoire du reste a été aidée par les souvenirs du P. Soupre auprès duquel il a longtemps vécu à l'église St-Martial et à celle de St-Michel.

D'un autre côté encore, M. l'abbé Pioneau dans sa brochure sur la mort de l'abbé Langoiran semble donner raison à la version de M. Montgardey.

D'après ce dernier, les restes de l'abbé Langoiran et de l'abbé Dupuy furent mis ensemble dans une caisse pour être acheminés vers le champ commun du cimetière : mais M. l'abbé *Catherineau*, qui fut plus tard curé de Gironde, et qui avait été lui aussi confesseur de la foi, réussit à se faire donner la caisse et la fit transporter à Gironde.

Plus tard, il parla de ce précieux dépôt à M. l'abbé Gignoux de vénérable mémoire, alors vicaire général du diocèse.

M. l'abbé Gignoux reçut cette caisse des mains de M. Catherineau, et la fit transporter à l'église de St-André dans le caveau où reposent les restes de Mgr Gazailhan, dans la chapelle du Sacré-Cœur.

M. l'abbé Lavielle, aujourd'hui décédé, avait eu souvent l'occasion de causer de tous ces détails avec M. Montgardey.

M. l'abbé Gignoux attendait, paraît-il, une occasion favorable pour dresser un procès-verbal de cette affaire et l'envoyer à Rome ; mais la mort le surprit avant qu'il ait pu donner suite à son projet, et les corps des deux martyrs de la foi reposent encore dans la chapelle du Sacré-Cœur de l'église St-André (1).

Mgr Champion de Cicé, archevêque de Bordeaux, qui au mois de juillet 1792 était réfugié à Soignies dans le Hainaut rendit à ces deux véné-

---

(1) Voir à l'appui de cette version les lignes que nous trouvons dans l'ouvrage de M. l'abbé Pioneau :

« Le diocèse de Bordeaux est en possession des précieux restes de
» l'abbé Langoiran : ils nous ont été conservés par les soins d'un prê-
» tre (M. Catherineau, ancien curé de Gironde), qui fut lui aussi
» confesseur de la foi. » (Éloge de l'abbé Langoiran, prononcé en 1861. page 25.)

rables prêtres un témoignage qui, dans les premiers siècles de l'Église, eut servi de canonisation.

S'abandonnant à toute sa douleur, il adressa à ce sujet à ses diocésains, dès le 10 août 1792, une lettre pastorale datée du lieu de son exil : lettre touchante dans laquelle il leur annonçait, pour ainsi dire d'une voix prophétique, les maux dont cet horrible attentat semblait devoir être l'avant-coureur.

« Que de larmes amères, disait-il, ne doit pas
» faire couler de vos yeux et des miens; que de
» terreur dans la vue des jugements de Dieu sur
» nous, ne doit pas nous inspirer, Nos Très-Chers
» Frères, l'assassinat horrible de ces deux minis-
» tres du Seigneur, dont Bordeaux vient d'être le
» théâtre.

« Étrangers à tout débat politique, leur seul
» crime, au jugement de leurs bourreaux, fut d'être
» fermes dans leur foi et fidèles à leur conscience.

« Ils n'étaient connus que par la pureté de leurs
» mœurs, leur piété, leurs bonnes œuvres !

« On les a arrachés de l'asile où ils s'étaient re-
» tirés dans le dessein d'y prier pour eux et pour
» leurs frères.

« *Ma maison a été choisie pour le lieu de leur sup-*
» *plice...* Nous ne jouirons plus du spectacle de
» leurs vertus! Je perds dans MM. Langoiran et
» Dupuy d'utiles coopérateurs.

« Les lumières et le zèle du premier vous étaient
» connus. Il ne les a point démentis dans le mo-

» ment de son passage de cette vie à l'éternité.

« Ils sont morts l'un et l'autre avec un courage
» et une résignation dignes des premiers chrétiens
» et des premiers martyrs; et les dernières paroles
» de M. Langoiran ont été une prière pour ses
» bourreaux.

« Ah! du moins, Nos Très Chers Frères, que le
» courage de ces généreuses victimes, ce courage
» calme, tranquille, inspiré d'en haut et supérieur à
» la nature autant que la rage des bourreaux semble
» être profondément au-dessous d'elle, que ce
» contraste puisse saisir, pénétrer, déchirer vos
» âmes!.. »

Telle fut l'oraison funèbre que Mgr de Cicé crut devoir faire des deux martyrs de la foi. (1).

(1) Nous voudrions pouvoir espérer avec M. l'abbé Pioneau, qu'un jour Bordeaux élèvera enfin un monument à la mémoire de ces *deux illustres victimes de nos dissensions politiques et religieuses*. Nous voudrions pouvoir espérer que notre cité paiera bientôt de cette façon la dette de sa reconnaissance et de son repentir.

Mais hélas! le jour où s'élèvera ce monument expiatoire ne paraît pas devoir luire de longtemps; si du moins nous nous en tenons aux prévisions humaines.

Le Conseil municipal de Bordeaux vient en effet, au mépris de l'art et du bon sens, de décider que notre admirable statue de Louis XVI serait reléguée dans un coin du Musée qu'on construit dans le jardin de la mairie actuelle, donnant pour prétexte de cette décision la crainte de voir déposer parfois quelque couronne aux pieds du roi martyr.

En même temps, pour faire comprendre aux moins clairvoyants à quelles mesquines et honteuses préoccupations de parti il avait obéi en votant une mesure qui offense la raison tout autant que l'équité, ce même Conseil municipal, qui refuse un emplacement pour y élever la statue d'un roi bienfaiteur de Bordeaux, et qui dispose avec un sans gêne républicain, d'une œuvre qui après tout n'est pas tout à fait sa propriété exclusive, puisqu'elle a été achetée avec le produit d'une souscription due à l'initiative privée, ce même conseil municipal, disons-nous, a décidé la prochaine érection sur une de nos places publiques d'un monument à la mémoire des *Girondins qui votèrent la mort de leur roi !*

Quand une ville glorifie ainsi les assassins, peut-on espérer lui voir honorer leurs victimes !

Et cependant, la statue de l'abbé Dupuy et celle de l'abbé Langoiran mourant en priant pour leurs meurtriers, pourraient être placées avec avantage dans la grande cour d'honneur de notre Hôtel-de-Ville, au pied de ce perron sur la première marche duquel ils furent sacrifiés.

Il y aurait là, nous semble-t-il, tout à la fois une expiation et une éloquente leçon d'histoire.

CHAPITRE V

LE P. PANNETIER A BORDEAUX DE 1792 A 1794

REVENONS maintenant au P. Pannetier qui, comme nous l'avons vu, avait providentiellement échappé à la fureur des assassins.

Recueilli par le négociant israelite de la rue Poitevine que le bon Dieu avait mis sur sa route au moment de la mort de l'abbé Langoiran, le saint prêtre vécut quelque temps caché dans la cave de son libérateur.

Malgré les instances de celui qui lui avait sauvé la vie, le vénérable religieux excité par son zèle refusa de suivre les conseils de la prudence.

Tandis que les prêtres fidèles redoublaient de précautions pour échapper aux recherches de leurs ennemis, il parcourait les rues de Bordeaux pour aller où l'appelaient les besoins des fidèles, et « les » bonnes femmes de la ville, nous rapporte M. l'abbé » Caudéran, ne manquaient pas de dire en le

» voyant : *Voilà celui qui a échappé au massacre*
» *de l'abbé Langoiran et de l'abbé Dupuy.* »

La Révolution avait marché !

Un mois après la mort de l'abbé Langoiran, le costume ecclésiastique était interdit dans les rues de Bordeaux, même aux prêtres assermentés, et le Grand Séminaire (l'Hotel de la Monnaie actuel) était désigné pour servir de prison aux prêtres réfractaires qui n'avaient pas encore pris la route de l'exil.

Le P. Pannetier signalé à ses ennemis par la notoriété qui s'était attachée à sa personne ne tarda donc pas à être enfermé de nouveau.

Le P. Les Baseilles qui réimprima plus tard le livre du P. Pannetier relatif à la dévotion du scapulaire du Mont-Carmel nous dit à ce sujet, dans une notice qui précède l'ouvrage, que le P. Pannetier fut enfermé par voie de sureté, et qu'il ne sortit de prison que sur les instances de sa sœur dont l'âge et la pauvreté réclamaient son secours.

Le P. Les Bazeilles a longtemps vécu dans l'intimité du P. Pannetier.

» Nous avons eu, dit-il, le bonheur de vivre
» ensemble plusieurs années. Vénérable aux yeux
» de toute la communauté pendant sa vie, digne
» depuis sa mort du culte des fidèles, nous ne
» craindrions pas de l'assurer de concert avec
» toute la ville de Bordeaux, s'il nous était permis

» de prévenir le jugement de l'Eglise sur sa dernière
» destinée (1).

Il paraît, si nous en croyons le P. Les Bazeilles
que « le P. Pannetier avant de sortir de prison
» adressa au Directoire du département une lettre
» dans laquelle il déplorait de n'avoir pas été
» trouvé digne de sceller avec ses compagnons
» son attachement à sa foi par l'effusion de son
» sang. Il déclarait en même temps qu'il était
» déterminé à se mieux préparer dans l'avenir à
» boire jusqu'à la lie le calice de la persécution,
» lorsque la Providence jugerait le moment venu
» de mettre sa fidélité à une nouvelle épreuve. (2) »

Nous avons vainement fouillé les archives départementales pour y rechercher cette lettre du P. Pannetier au Directoire du district.

D'après l'analyse qu'en donne le P. Les Bazeilles, qui ayant vécu avec le P. Pannetier a dû en avoir connaissance, cette lettre devait être touchante, et nous regrettons de tout notre cœur que ce document précieux ait été sans doute égaré ou détruit.

Nous y retrouvons la trace de la préoccupation constante qui assaillit le P. Pannetier dans les deux dernières années de sa vie ; c'est-à-dire le souvenir de la prédiction de l'abbé Langoiran, qui en lui assurant qu'il ne devait pas périr au milieu des

---

(1) Préface de l'Instruction pour la confrérie du Mont-Carmel du P. Pannetier par le P. Les Bazeilles. — à Lyon, chez Rusand éditeur, 1834.

(2) *Idem.*

événements du 14 juillet 1792, avait semblé lui annoncer que les palmes glorieuses du martyre ne lui seraient cependant pas refusées.

Nous avons vu plus haut que le P. Pannetier a écrit lui-même la relation de son arrestation avec l'abbé Langoiran et l'abbé Dupuy, et nous a par là conservé le souvenir pour ainsi dire vivant du martyre de ces deux saints prêtres.

Mais le P. Pannetier, par un sentiment de modestie et d'humilité bien naturel chez un aussi saint religieux oublia complètement dans sa narration de s'occuper de sa propre personne et arrêta son récit au moment de la mort de ses deux compagnons de captivité : jugeant peut-être que sa propre histoire ne présentait pas le même intérêt. Tel S. Flavien qui nous conserva lui aussi le récit du martyre de ses compagnons S. Montan et S. Lucien, récit qu'un autre historien fut obligé de continuer pour raconter la mort de S. Flavien lui-même (1).

Déjà dix-huit mois s'étaient écoulés depuis la mort de l'abbé Langoiran et on était arrivé au mois de novembre 1793.

Les proconsuls que la convention avait envoyés

---

(1) « Hæc omnes de carcere scripserunt ; sed quia necesse erat
» omnen actum martyrum beatorum pleno sermone complecti, quia
» et ipsi de se per modestiam minus dixerant ; et Flavianus quoque
» privatim hoc nobis munus injunxit, ut quidquid litteris eorum dusset
» adderimus necessario reliqua subjunximus. »
(Ruinard : *Passio sanctorum Montani, Luci et aliorum*. n° XII).

à Bordeaux avaient répandu dans la ville une indicible terreur. Toute religion était bannie et les prêtres insermentés étaient dans l'obligation étroite de se cacher ; le décret de mort rendu contre eux étant exécuté avec la dernière rigueur.

Le service religieux était interrompu. Les églises étaient fermées. Le sang de Jésus-Christ ne coulait plus en France sur l'autel, si ce n'est dans l'ombre de quelques caves ou dans le refuge de quelques greniers. La France avait renié son Dieu et les quelques âmes généreuses qui n'avaient pas voulu apostasier leur foi étaient, à l'exemple des premiers chrétiens, obligés pour accomplir les actes de leur religion, de se réfugier dans des retraites qui souvent, hélas ! n'étaient pas assez sûres pour les sauver de l'échafaud.

Le P. Pannetier qui jusque là avait circulé dans la ville se vit forcé de se cacher à son tour, mais cependant la crainte ne l'empêcha jamais de se rendre au chevet des malades ni d'aller porter des consolations aux familles affligées par la perte de quelque membre, frappé par l'inique tribunal révolutionnaire.

On le rencontrait donc encore quelquefois dans les rues de la ville allant administrer aux malades les derniers sacrements de la religion, et portant à chacun des paroles de paix, d'espérance et de zèle.

Son exemple enflammait le courage de tous et il fut un des instruments de la Providence pour réconforter les faibles et fortifier ceux dont la vertu chancelait parfois au milieu des persécutions sanglantes de cette lamentable époque.

Le souvenir de l'abbé Langoiran était toujours présent à son esprit ; il se souvenait avec attendrissement des circonstances qui avaient accompagné l'arrestation de ce saint prêtre, et commentait souvent la prédiction que lui avait faite l'abbé Langoiran qu'il échapperait au massacre de 1792 pour porter à Mlle Langoiran le témoignage des dernières volontés de son frère. Il en inférait que Dieu l'avait par là même, fait avertir qu'il eût à se préparer pour une autre occasion, et depuis quelque temps déjà il était persuadé que son heure était proche.

Sa sœur Cécile, venait de mourir dans une maison de la rue du Cahernan où elle avait été recueillie par sa cousine Mlle Thiac, pauvre ouvrière comme elle, qui avait cependant trouvé moyen d'exercer ainsi la charité chrétienne.

Le vénérable religieux se voyait par là dégagé du dernier lien qui put le retenir ici-bas, et il s'attendait à être d'un moment à l'autre appelé par le bon Dieu.

On l'entendait souvent dire que Notre Seigneur l'avertissait qu'il n'échapperait point aux recherches très actives que la Commission Militaire faisait opérer dans la ville pour retrouver les prêtres réfractaires à la loi du serment.

D'avance, il avait fait au bon Dieu le sacrifice

de sa vie, et il ne songeait plus qu'à se préparer de son mieux à ce redoutable moment.

Cette sorte de pressentiment, qui ne l'abandonnait pas un instant, avait, semble-t-il, un coté vraiment surnaturel.

Une voix intérieure l'engageait à songer sérieusement à la mort ; cette voix paraissait avoir quelque chose de prophétique, car des témoins ont affirmé l'avoir entendu souvent annoncer avec confiance que la Très-Sainte Vierge lui obtiendrait de Dieu la faveur de mourir pendant le temps de l'octave du Mont-Carmel, c'est à dire entre le 16 et le 23 juillet.

Cette confiance dans la bonté de la Très-Sainte Vierge à laquelle il avait dévoué sa vie entière, et à laquelle, on s'en souvient, il avait dans son amour dédié son « Histoire de S. Simon Stock » et ses autres écrits était chez lui absolue. Il annonça plusieurs fois avec une quasi certitude que sa vie s'achèverait pendant cette période du mois de juillet.

« Souvent, lisons-nous dans l'abbé Guillon, il
» répétait avec consolation ces paroles de S. Paul
» à son disciple Timothée.

« *Pour moi, je suis à la veille d'être sacrifié et le*
» *temps de ma mort approche.*

« *J'ai bien combattu. J'ai achevé ma course : J'ai*
» *gardé le dépôt de la foi. Il ne me reste qu'à attendre*
» *la couronne de justice qui m'est réservée et que le*
» *Seigneur, comme un juste juge, me rendra en c*

» *grand jour, et non-seulement à moi, mais encore à*
» *tous ceux qui aiment son avénement* (1). »

(Abbé Guillon : Les martyrs de la Foi sous la Terreur. — Tome IV, pages 181 et suiv.)

On était arrivé à la fin de l'année 1793.

Depuis trois mois l'échafaud était en permanence sur la *place Nationale* de Bordeaux (place Dauphine actuelle) et le sang de nombreuses victimes avait déjà coulé.

Dans un moment de délire, Paris énivré du poison de la philosophie voltairienne avait arraché Dieu de ses autels.

L'antique cathédrale de Notre-Dame où tant de générations étaient venues s'agenouiller devant le Dieu de Clovis, de Charlemagne et de S. Louis, était devenue *le temple de la Raison*. Et *la Raison* était figurée par une comédienne ! comme si la Providence avait voulu jeter par leurs propres mains cette sanglante ironie à la face de nos orgueilleux réformateurs.

A la suite de la capitale, *cinquante mille temples de la Raison* avaient été ouverts dans la province.

Poussé fatalement par une aberration épouvantable, dont les annales de l'humanité ne nous ont pas laissé d'exemple, le peuple Français apostasiait sa foi en portant son adoration à la créature divinisée ; la malheureuse France, cette fille aînée de l'Eglise, honteusement fanatisée pour

---

(1) S. Paul : IIe épitre à Timothée. — Chap. IV, versets 6, 7 et 8.

le mal, brûlait un encens sacrilége aux pieds de quelques misérables filles d'une trop facile vertu.

Bordeaux avait suivi le torrent infernal qui semblait emporter le pays.

La terreur régnait dans la ville. Tandis que l'échafaud s'élevait sur la place Nationale, tous les temples de Dieu étaient fermés. Le culte de la Raison allait remplacer dans l'Eglise de Saint-Dominique (aujourd'hui Notre-Dame du Rosaire) le culte du Christ.

Une honteuse prostituée, l'actrice *Duchaumont*, debout sur les autels du vrai Dieu allait être reconnue par les républicains comme leur divinité.

Le buste du dégoûtant et exécrable Marat, remplaçait l'image du Sauveur des hommes, et une comédienne presque nue recevait des héros de ces saturnales l'encens dû à la divinité.

Disons le cependant : L'actrice Duchaumont, succombant sous le poid de la honte et du remords, mourut bientôt après la parodie sacrilége de la fête de la Raison qui fut célébrée à Bordeaux le 10 décembre 1793, « n'éteignait pas, nous dit l'abbé » O'Reilly, par sa mort qui la dérobait aux re- » gards des hommes, le souvenir de sa conduite » impie (1). »

Etrange revirement des choses de ce monde ! Lorsqu'en 1801, les églises de Bordeaux furent enfin rendues au culte catholique, ce fut l'église

---

(1) Histoire de Bordeaux, par l'abbé O'Reilly : tome VI. (II⁰ partie, tome II, page 20).

Saint-Dominique, aujourd'hui Notre-Dame, celle-là même qu'avait profanée la fête de la Raison qui, par un concours de circonstances imprévues et impossibles à prévoir, fut désignée pour servir de cathédrale provisoire; ce fut dans son enceinte que le nouvel archevêque de Bordeaux, Mgr d'Aviau Du Bois de Sanzay, vint inaugurer à nouveau la religion de nos pères.

Par une autre circonstance providentielle, ce fut le quinze août, c'est-à-dire le jour même de la fête de la Sainte-Vierge Immaculée que le sacrifice divin fut de nouveau offert sur cet autel, un instant profané par la déesse de la Raison.

Arrivé à cette période de notre histoire, nous croyons le moment venu de dire quelques mots de ce tribunal à jamais exécrable qui prit le nom de *Commission Militaire*, et qui répandit le deuil dans un grand nombre de familles bordelaises, en envoyant tant d'innocentes victimes rougir de leur sang l'échafaud de la place Dauphine.

CHAPITRE VI

QUELQUES MOTS SUR LA COMMISSION MILITAIRE

DE LA GIRONDE

LE 23 octobre 1793, le terrible tribunal républicain que présidait Lacombe avait été installé par Ysabeau et par Tallien.

L'histoire nous a conservé le procès-verbal de l'installation de ce tribunal qui prit le nom de Commission Militaire. Elle a également enregistré le discours effroyable que prononça à cette occasion son farouche président, discours souvent interrompu par les acclamations des sans-culotte. Elle nous a fait connaître aussi les noms des juges infâmes qui la composèrent.

C'était d'abord Lacombe, instituteur public, celui dont le nom abhoré dans Bordeaux est encore aujourd'hui synonyme d'infâme et d'assassin.

C'étaient encore :
Un comédien, nommé Jean-Charles PARMENTIER.
Un commis courtier de vins, Guillaume BARSAC.
Un droguiste de La Réole, Antoine MARGUERIÉ.
Un ouvrier doreur, Jacques MOREL.

Un boulanger, Jean REY, qui, après avoir fait faillite à Montauban, était venu à Bordeaux ouvrir dans la rue Monbazon un café voué d'avance à la honteuse clientèle des prostituées du quartier, et qui après avoir aidé Lacombe dans ses exactions et dans ses crimes, vint comme lui expier sur l'échafaud, le 25 octobre 1794, le sang qu'il l'avait aidé à verser et l'or des victimes qu'il avait partagé avec lui. C'était enfin, en dehors des juges, François *Gauthier Giffey*, le greffier.

Rey, *Parmentier* et *Barsac* furent remplacés, le 16 pluviôse, an II (5 février 1794), lors de la réorganisation de la Commission Militaire par BARREAU, *professeur au collège de Libourne*. ALBERT, *ouvrier mégissier*, et LACROIX, *tonnelier de La Réole*.

Lacombe en prenant possession de son fauteuil de président avait prononcé les paroles suivantes : « Le sang de nos frères versé par torrent demande » vengeance. Ses cris ont été enfin entendus... or- » ganes de la loi, nous serons impassibles comme » elle ; aucune considération ne pourra nous arrê- » ter. Et si, dans cette Commission, il se trouvait un » être assez lâche pour ne pas condamner son père » à mort, s'il était coupable, que le perfide tombe » lui-même sous le glaive de la loi. »

Ces paroles emphatiquement sanguinaires avaient été accueillies par d'immenses acclamations.

A la suite de ce discours, la Commission fit immédiatement comparaître devant elle le premier accusé. C'était Lavau-Gayon, ancien chef d'administration de la Marine à Bordeaux. Il avait 39 ans.

Après un semblant d'interrogatoire, Lacombe prit la parole :

« Nous sommes fixés, dit-il ; et la Commisston » ayant constaté l'identité de l'accusé le condamna » à mort. »

Une demi-heure plus tard, la tête de *Lavau-Gayon* tombait aux applaudissements de la foule.

Par une amère ironie, le brouillon de ce premier jugement rendu par la Commission Militaire porte en tête, à la marge, ces mots étranges : Procès-verbal d'installation! Cela promettait, en effet!

Tels étaient les hommes qu'avait choisis la République pour tenir entre leurs mains la vie de toute une population. Tels furent, à la honte éternelle de ce régime, les juges qui servaient d'instrument à Ysabeau et à Tallien, et qui inondèrent Bordeaux de torrents de sang.

Cette terrible association des sept bandits avait été surnommée par le peuple la *Commission des Sept Péchés Capitaux,* comme pour indiquer que chacun de ses membres recelait en lui tous les vices.

La Commission Militaire rendit quelques rares verdicts d'acquittements, mais à partir du 4 février

1794, jour où le tonnelier Lacroix vint y siéger, pas un de ces verdicts ne fut pris à l'unanimité des juges, car le misérable Lacroix se faisait gloire *de voter toujours pour la mort* lors même que les autres juges acquittaient l'accusé : *de peur de se tromper*, disait-il (1).

Les crimes que commit cette épouvantable Commission sont presque aussi nombreux que les jugements qu'elle a rendus. Tout ce qui était honnête dans Bordeaux commença à trembler devant Lacombe.

C'était un crime d'être riche, car la Commission Militaire convoitait les richesses de ses victimes, et son président ne dédaignait pas, à l'occasion, de s'emparer des biens de ceux qu'il envoyait à la mort

Parmi les six cents et quelques dossiers que nous a légués cette infâme parodie républicaine de la justice, dossiers que nous avons eu la douloureuse curiosité de compulser, il en est qui nous ont accablé de dégoût.

Dans quelques tribunaux révolutionnaires de cette néfaste époque, nous avons pu trouver facilement, bien des jugements iniques : le couteau de la guillotine frappa, on le sait, bien des innocents, mais du moins les formes extérieures de la justice étaient respectées par un reste de pudeur.

On tuait, mais on cherchait un prétexte pour motiver *la tuerie*. Lacombe, lui, n'avait pas besoin de prétexte !

(1) Voir O'Reilly, *Histoire de Bordeaux*, Tome VI.

Quelques-uns de ses jugements étaient empreints de trop de scélératesse pour ne pas exciter une horreur générale.

Les proconsuls avaient bien choisi et trouvé l'homme qu'il leur fallait pour opérer, suivant leur immonde expression *le scrutin épuratoire de la guillotine!*

La mort, du reste, ne faisait pas longtemps attendre les condamnés.

A la sortie de l'audience, ils étaient conduits à l'échafaud, et la Commission Militaire mérita bien le titre de *Tribunal expéditif* que Tallien et Ysabeau osaient lui donner dans une lettre qu'ils écrivaient, le 29 brumaire, an II. (*Moniteur du 12 frimaire, an II.*)

On vit à cette époque des proclamations signées par Julien, ce jeune tigre de 19 ans qui fut un moment le maître absolu des destinées de Bordeaux, proclamations dans lesquelles on lisait des phrases comme celle-ci : *Le sang est le lait des enfants de la liberté!*

Lacombe ne laissa pas manquer la République *de ce lait* qu'elle aimait!

Un moment seulement, pendant la Terreur, les frères Peyrussan, les deux bourreaux de Bordeaux, purent se reposer *de leurs augustes travaux* (1); ce

---

(1) Expressions employées par Lacombe en s'adressant aux bourreaux, lorsque le 6 juin 1794 ils comparurent à leur tour devant la Commission Militaire pour être, dans une atroce parodie, accusés à leur tour de barbarie. -- Les deux frères Peyrussan avaient alors l'un 30 ans et l'autre seulement 20 ans !

fut pendant les cinq jours que la Commission Militaire alla passer à Libourne.

Lacombe y prononça soixante jugements et cinq condamnations à mort.

Dans ce court espace de temps, il trouva moyen de « destituer les autorités, de présider le club et » de faire à l'Hôtel-de-Ville des orgies auxquelles » rien ne manqua, pas même la profanation des » vases sacrés ravis aux églises (1). »

Nous ne voulons et ne pouvons du reste, que

(1) *La Justice Révolutionnaire à Bordeaux : Discours prononcé le 3 novembre 1865 par M. Fabre de La Bénodière, substitut du procureur général (aujourd'hui conseiller à la cour d'appel de Bordeaux.)* En faisant cette citation du remarquable discours de M. Fabre de La Bénodière, nous croyons devoir déclarer ici que nous sommes loin d'accepter, en leur entier, les théories et les principes de l'éminent magistrat sur la Révolution.

Nous croyons surtout devoir énergiquement protester pour notre compte contre les paroles suivantes que nous avons trouvées dans ce même discours : « *Je suis de mon pays et de mon siècle : Je sais que notre société, suivant une auguste parole* (Louis Napoléon Bonaparte : préambule de la constitution du 14 janvier 1852) *n'est autre que la* FRANCE RÉGÉNÉRÉE PAR LA RÉVOLUTION *et organisée par le génie de l'Empereur.* » (*La Justice Révolutionnaire à Bordeaux*, page 7).

Si l'opinion libérale a pu applaudir à de telles paroles, l'Eglise les a dès longtemps condamnées. Elles ne peuvent être acceptées aujourd'hui par aucun chrétien ; et, d'accord avec l'Eglise Catholique, nous faisons profession de croire que la Révolution, dont l'unique but est de détruire, *n'a jamais rien régénéré ici-bas*. La Révolution est l'éternelle ennemie de l'Eglise parce que le désordre sera toujours l'ennemi de l'ordre, et le S. Père a souvent élevé la voix pour flétrir et anathématiser la Révolution. Aussi cette apologie des principes de 89 nous paraît elle profondément déplorable ; pour notre part, nous regretterons toujours d'avoir pu trouver en 1865, sous la plume d'un magistrat, l'éloge étrange de principes qui ont été la cause de tous les malheurs de la France depuis 80 ans, *au moment surtout* où du haut du Vatican, le S. Père dans une encyclique mémorable venait de les condamner solennellement.

jeter ici un rapide coup d'œil d'ensemble sur *les travaux* de cette sanglante Commission Militaire de Bordeaux dont le président, craignant de manquer d'accusés à envoyer à l'échafaud, écrivait le 21 prairial, an II, au Comité de surveillance *de lui envoyer de la besogne* (1).

Au milieu des dossiers nombreux que nous avons compulsés, nous avons trouvé celui de M. MESTRE dans lequel, avec un cynisme effrayant, on condamne l'accusé en même temps *qu'on le reconnaît innocent* MAIS RICHE !

Voici un extrait du dossier de ce malheureux :

Etienne Mestre, 70 ans, négociant à Bordeaux : *Rien à sa charge*, MAIS IL EST RICHE de 400,000 livres! (Note du Comité de surveillance) Condamné à 150,000 livres d'amende. (29 pluviôse, an II. 17 février 1794).

Le jugement ne dit pas quel fut celui des deux proconsuls de Bordeaux qui fut chargé de percevoir les cent cinquante mille livres ; mais, ce qu'on peut affirmer, c'est que Tallien, d'abord employé à 800 livres d'appointements, acheta plus tard des terres considérables en Normandie, tandis que l'hôpital, qui devait être créé avec le montant des amendes infligées par la Commission Militaire, n'a jamais été édifié.

---

(1) Extrait d'une lettre autographe de Lacombe, du 21 prairial, an II : « La Commission Militaire séant à Bordeaux invite le Comité de
» Surveillance *à lui envoyer de la besogne*, ET LUI OFFRE DE L'AIDER EN
» CAS DE BESOIN. » (Archives départementales).

Aussi, Tallien n'eut-il rien à répondre lorsqu'il fut plus tard interpellé en ces termes à la Convention, par son collègue Cambon :

« Viens donc m'accuser, Tallien. Je n'ai rien
» manié. Je n'ai fait que surveiller. Nous verrons
» si dans tes opérations tu as apporté le même
» désintéressement... Nous verrons si, lorsque au
» mois de septembre tu étais à la Commune, tu
» n'as pas donné *ta griffe* pour faire payer une
» somme de *un million cinq cent mille livres dont la*
» *destination te fera rougir......* tu as administré
» Bordeaux et tu n'as pas rendu compte. » (Convention nationale. Séance du 18 brumaire an III).

Nous avons déjà dit que la richesse et la vertu étaient deux crimes irrémissibles devant les républicains de 1793. Faut-il en donner encore de nouvelles preuves ?

En feuilletant le *Moniteur* de cette terrible époque pour y parcourir les comptes-rendus de la Convention, nos yeux se sont arrêtés sur les lignes suivantes qui contiennent un aveu cynique des mobiles qui guidaient alors les proconsuls :

Séance de la Convention nationale du 15 brumaire, an III. « LEGENDRE : J'interpelle mon collègue
» Bourdon de dire si, en visitant les prisons, nous
» n'avons pas trouvé un très-grand nombre d'indi-
» vidus qui ressemblaient plus à des spectres qu'à
» des hommes : des vieillards aux yeux caves et
» enfoncés qui étaient couverts de la crasse de la mi-
» sère ; *des sourds, des muets, accusés de conspiration.* »

« Bourdon (*de l'Oise*). *Tout cela est vrai.* On
» avait emprisonné ces hommes PARCE QU'ILS
» ÉTAIENT VIEUX ET RICHES. »

Quant au farouche président de la Commission Militaire de Bordeaux, rien ne trouvait grâce devant lui.

Tous les moyens de défense employés par les accusés devenaient dans sa bouche un nouvel argument pour les condamner.

Leurs paroles ou leur silence étaient également relevés à leur charge.

Xavier-Constantin PERRY, homme de loi, qui comparut devant lui et fut condamné à mort le 16 frimaire, an II (6 décembre 1793), chercha à se disculper; Lacombe écrivit de sa main sur la chemise de son dossier les paroles suivantes qu'il adressa au malheureux accusé (1) : *Le soin que tu* « *parais prendre pour te blanchir est un crime de* » *plus.* »

Quelques mois plus tard, le 4 messidor, an II (22 juin 1794), *Pierre* BIZAT, avoué, refusait de répondre aux injures du sanguinaire président : « *Ton silence,* » lui disait Lacombe, « *porte le ca-* » *ractère de la perfidie.* »

Pour ce qui regarde la haine du tribunal révolutionnaire envers les prêtres et envers la religion Catholique, nous croyons l'avoir déjà suffisamment prouvé.

La plupart des dossiers déposés au greffe de la

(1) Dossier *Perry*. — Notes d'audience. — Greffe de la Cour d'Appel

Cour d'assise de la Gironde contiennent à ce sujet des déclarations tout à fait explicites.

Le 2 thermidor, an II (20 juillet 1794), le Conseil général du département s'était réuni et Ed. Dégranges, l'un de ses membres, prononçait un long discours dans lequel nous lisons :

« Si des prêtres, ennemis des lois, foulent en-
» core le sol de la liberté, que le patriotisme se
» rassure. Les navires sont prêts : bientôt ils iront
» succomber sous le poids du remords dans des
» asiles solitaires où la contagion ne pourra attein-
» dre qu'eux-mêmes. »

A ce moment, lisons-nous dans les relations de l'époque, les prisons de Bordeaux regorgeaient de prisonniers. Elles contenaient plus de deux mille personnes dans le nombre desquelles on comptait 582 prêtres destinés à la mort où à la déportation ; sans parler des pontons de Blaye et des prisons de La Réole, de Libourne, de Cadillac, de Bazas et de Lesparre.

Aussi le terrible Julien, se préoccupant de trouver un lieu propice pour y enfermer de nouvelles victimes, écrivait-il à ce sujet, le 9 thermidor, an II, aux administrateurs du district du département.

Dans sa lettre, le jeune tigre leur recommande « de donner les premiers soins à préparer la mai-
» son du ci-devant Grand-Séminaire (1) pour y ras-
» sembler toutes les religieuses non assermentées

---

(1) L'hôtel actuel de la Monnaie, rue du Palais-Gallien.

» que la loi met au rang des personnes suspectes,
» et qui, à ce titre doivent être recluses jusqu'à la
» paix.

« Vous emploierez, dit-il, ces fanatiques à des
» travaux utiles à la République, et vous garantirez
» les faibles qui les entouraient, des insinuations
» perfides que ces élèves du mensonge répandaient
» dans la vue de ralentir les progrès de la raison...

Il observe, « qu'il est aussi très-urgent d'en user
» de même *à l'égard des filles publiques que l'immo-*
» *ralité et l'esprit de débauche rendent non moins dan-*
» *gereuses à la société que les premières*, etc. (1).

Les proconsuls s'occupaient, on le voit, de protéger les faibles !

Mais que dire de ce parallèle touchant établi entre les saintes épouses du Seigneur et les prostituées qui *sont non moins dangereuses les unes que les autres,*

Ah ! la République avait à Bordeaux de dignes représentants en 1793 !

Nous disions plus haut que la Révolution de 1793 avait eu surtout en vue la destruction de la religion Catholique.

Cette proposition a été plusieurs fois combattue par le libéralisme moderne.

On a dit que si la haine de la religion a paru entrer quelquefois *pour quelque chose* dans les

(2) Extrait du registre du district de Bordeaux. (*Archives départementales.*)

massacres de 1793 et de 1794, ce n'a jamais été qu'une apparence, mais que le vrai mobile des persécutions subies par les prêtres a été que justement les plus zélés défenseurs de la religion cherchaient à entraver les vues des réformateurs.

Il n'y eut point, nous dit-on, de décret pour proscrire la religion Catholique et ce fut surtout l'attachement à la royauté que combattirent et que punirent les coryphées de la République.

Quant à la religion Catholique, elle fut seulement mise sur le pied de l'égalité avec les autres religions, et chacun fut libre d'en suivre à son gré les pratiques.

Ceux qui soutiennent cette thèse absurde oublient sans doute les évêques et les curés chassés de leurs diocèses et de leurs presbytères ; — le pillage des couvents, les massacres des prêtres, la déportation des uns et l'emprisonnement des autres ; — la mort devenant par une loi la sanction pénale *du crime* de ceux qui avaient refusé de prêter au pouvoir civil un serment que réprouvait leur conscience.

Ils oublient aussi le décret de la Convention nationale du 17 brumaire, an II (7 novembre 1795) qui chargeait le comité de l'instruction publique de préparer un projet de loi *pour substituer un culte raisonnable au culte catholique*, et la fameuse déclaration qui trois jours après annonçait à la France que la loi ne *reconnaissait plus d'autre culte* que celui d'une liberté fondée sur l'athéisme et la dissolution.

L'athéisme! Ah! la révolution de 1793 avait trouvé moyen de le diviniser, et l'image de cette nouvelle divinité intronisée dans nos églises profanées, et jusque sur nos autels souillés par son contact impur était représentée par une immonde prostituée demi nue qui avait osé prendre le nom de *la Raison*.

Devant cette infâme déesse, nos philosophes qui ne voulaient d'autre Dieu que la matière, venaient honteusement fléchir le genou, et abjuraient aux pieds de leur flétrissante idole les restes de tous sentiments religieux.

Les objets du culte étaient proscrits comme emblêmes séditieux.

Ceux qui avaient tenté de conserver en secret dans leurs maisons quelque image de piété étaient conduits devant le tribunal révolutionnaire et de là trainés à la mort.

C'était bien la haine de la religion qui avait dicté leur sentence ; et leur sang en coulant, avait bien réellement fait d'eux des martyrs.

Aussi, « cachait-on un crucifix, comme les » voleurs cachent leurs larcins » nous dit La Harpe.

Celui chez qui on eut trouvé un bénitier eut été perdu! L'espérance même était interdite. On ne pouvait ni prier Dieu en cachette, ni lui demander la résignation, en ensevelissant le secret de ses prières dans les profondeurs de sa demeure ; car, reprend M. Fabre de la Benodière « l'œil

» clairvoyant du sans-culotte venait aussitôt vous y
» surprendre. »

Dans un manuscrit de M. l'abbé O'Reilly dont nous devons la communication à l'amitié de M. Marchandon, nous avons trouvé en tête d'une liste des victimes de la Commission Militaire ces mots qui résument le but poursuivi par ce tribunal de sang : « La liste que nous allons publier est en
« quelque sorte *comme les annales de la persécution*
» *catholique.* » Sans doute, quelques-unes des victimes joignaient à leur titre de catholiques des convictions royalistes dont la République leur faisait un crime; « mais, reprend l'abbé Guillon, des
» martyrs aussi dans les premiers siècles ont été
» condamnés pour rebellion à l'empereur, et ce-
» pendant, l'Eglise honore leur mémoire.

» Combien d'entre eux qu'on ne conduisit au
» supplice que parce qu'ils étaient accusés d'être
» les provocateurs de séditions ou parce qu'ils
» avaient refusé de jurer par le nom et la fortune
» de César. »

» L'Eglise les a pourtant placés sur ses autels,
» leur rendant ainsi l'honneur que la condamna-
» tion de leurs bourreaux avait cherché à leur
» enlever. (1)

La Révolution de 1793 cherchait elle aussi à deshonorer ses victimes.

Après que la Constitution civile du clergé eut organisé le schisme en France, tous les moyens de

(2) Les martyrs de la foi sous la Terreur.

séduction furent mis en œuvre pour *décatholiciser* le pays : mais un bien petit nombre de prêtres se laissa entraîner à l'hérésie nouvelle, et *ce petit nombre ne fut pas choisi !*

D'ailleurs, après l'envahissement des biens de l'Eglise, lorsqu'on eut fixé le traitement dû aux bénéficiers dépouillés, et qu'ils eurent commencé à jouir de ce traitement, la République voulut apporter certaines conditions au paiement de cette dette sacrée, comme si cette minime rente n'eut pas été une mince compensation des biens que le clergé s'était vu enlever ; comme si le traitement accordé par l'Etat, eut été une récompense de services rendus ou à rendre, et non une rente de la dette qu'il avait contractée envers ceux qu'il avait dépouillés au mépris de toute justice.

Ce titre du clergé à un traitement annuel de l'Etat, titre que l'on veut aujourd'hui remettre en cause, était pourtant fondé sur le droit des gens, et aussi sur la volonté expresse et absolue des pieux donateurs de ces biens dont la république s'était emparée; c'est-à-dire, qu'il s'appuyait sur toutes les lois de justice naturelle, divine et humaine. On voulut donc mettre des conditions au traitement, et comme la question d'argent était une des plus grosses préoccupations des gouvernants de cette époque, ils trouvèrent une entrave au paiement de la dette d'honneur qu'ils avaient contractée.

Un serment opposé à la conscience et aux principes religieux de ceux qu'on prétendait y soumettre, fut décrété sous le vain prétexte qu'il était juste *que les pensionnés de la Nation* lui donnassent cette marque de leur prétendu civisme.

Le clergé catholique placé entre sa conscience et son intérêt demeura fidèle à son devoir et opta pour sa conscience.

Le lendemain, les prêtres catholiques ne furent plus que des *réfractaires*, des rebelles aux lois, des *non-conformistes*, comme on disait alors. Ils furent mis hors la loi et leur mort fut décretée.

« Les véritables motifs de cette persécution
» barbare, s'écriait La Harpe, je les sais aussi bien
» que vous même. Vous avez voulu détruire la
» religion catholique à quelque prix que ce fut.

» Oui, continue l'auteur que nous citons, oui, il
» fallait en pillant et profanant les lieux saints,
» poursuivre les ministres du culte. La logique des
» scélérats est d'appeler toujours un crime à la
» suite d'un autre crime, comme pour couvrir l'un
» par l'autre : Et telle était la stupidité des bandits
» mis en œuvre par les monstres, qu'en massacrant
» les prêtres, ils semblaient justifier à leurs propres
» yeux le pillage des temples et des autels.

» Le signal fut donné dans toute la France de
» courir sus aux prêtres comme à *des ennemis*
» *publics qui ne méritaient aucune pitié* ; — *qui ne res-*
» *piraient que le sang*...... etc., etc... Ce sont là
» les propres termes répétés alors sans cesse et
» partout (1). »

(1) La Harpe : du Fanatisme pages 14-15.

C'était à la religion que les misérables en voulaient évidemment.

En frappant le clergé, ce n'était pas à son autorité que s'adressaient les proconsuls de la république. Ce n'était pas ses richesses qu'ils convoitaient, puisqu'ils avaient déjà dépouillé les églises et les couvents. Les prêtres n'avaient plus que leur personne et leur liberté : ils n'étaient point à craindre, mais on redoutait leur influence :

« Il fautg uillotiner dix prêtres par décade, écrivait Joseph Lebon à Arras. *N'ayez égard ni à leurs vertus, ni à leurs infirmités, ni à leur âge. Plus ils sont vieux, plus leur aristocratie est enracinée.* »

Comment s'étonner après cela de voir les conseils ainsi donnés être *patriotiquement* suivis par la populace exaltée.

Nous lisons dans les récits du temps que deux ecclésiastiques du diocèse de Reims furent dépouillés de leurs vêtements et jetés dans les flammes d'un bûcher que les cannibales entouraient en dansant leur horrible *Carmagnole*.

La mort par la guillotine paraissait sans doute aux bourreaux trop vulgaire et trop douce pour leurs victimes.

Mais nous ne voulons pas aller chercher au loin nos exemples.

Les horreurs commises par la Commission Militaire qui épouvanta Bordeaux suffiraient amplement pour prouver ce que nous avançons, et c'est seulement autour de nous que nous voulons chercher les victimes, parce que nos lecteurs pourront plus facilement contrôler la vérité de nos affirmations.

En compulsant les dossiers de la période républicaine, nos yeux sont tombés sur la lettre suivante qui fait partie du dossier de *M. de Fumel*, lequel comparut devant la terrible Commission, le 9 thermidor, an II (27 juillet 1794).

« P. Barbé, *Délégué de la République aux Membres du Comité du Salut public, séant à Bordeaux :*

» Républicains, mes frères,

» Je *t'*écris pour *te* prévenir qu'il y a à Haut-Brion *un aristocrate non sermenté* qui dit la messe pour FUMELLE. Celuy qui porte la lettre t'instruira : il est de la maison de Haut-Brion *nottre* (sic) autre bien national.

» FAIS MOY GOBER CET ANIMAL NOIR SUR LE CHAMP.

» La Tresne : 3 novembre 1793. »

L'animal noir, c'était le prêtre qui n'avait pas voulu trahir ses serments ; suivant l'expression pittoresque de Barbé, *on le gobait*, sans oublier, bien entendu, ceux ou celles qui lui avaient donné asile.

Le 28 brumaire, an II, (18 novembre 1793) la Commission condamnait *François Lestrade*, boulanger, âgé de 43 ans... *pour avoir clandestinement fait baptiser son enfant !*

« Un instituteur nommé *Momus*, convaincu

» d'avoir fait mettre ses élèves à genoux, de leur
» avoir fait réciter des litanies et d'avoir ainsi avili
» leur âme en leur faisant sucer le lait de la
» superstition et du fanatisme (1) comparut
le 11 messidor, an II, (29 juin 1794), devant la
Commission Militaire.

Son crime était grand! mais ce jour là, le farouche et sanguinaire Lacombe était sans doute dans un moment de *douceur*, car le malheureux instituteur ne fut *condamné qu'à la réclusion jusqu'à la paix!*

Le 4 brumaire, an II (25 octobre 1793) la Commission militaire envoyait à la mort le noble maire de Bordeaux M. SAIGE. — Avec lui se trouvait un prêtre *Pierre* DUMONTEIL, natif d'Excideuil (Dordogne) coupable *d'avoir dit la messe dans Bordeaux* et de s'être introduit auprès des malades et des mourants *pour leur porter les consolations de son ministère*.

C'est ainsi que la Commission Militaire entendait la liberté des cultes!

Le 19 frimaire, an II, *Jean-Baptiste* FAUQUIER, âgé de 79 ans, ancien conseiller au parlement de Bordeaux, comparaissait devant le sanguinaire tribunal. Le greffier avait commencé la lecture de l'acte d'accusation (toujours le même), lorsqu'il fut interrompu par le farouche Lacombe. « En voilà assez, s'écria-t-il, ce qu'on vient de lire suffit pour établir que nous sommes en face d'un ennemi juré de la révolution. » Et Fauquier fut

(1) **La Commission Militaire** se piquait d'avoir un style poétique.

envoyé à la mort sans avoir pu prononcer un seul mot. C'était là, la liberté de la défense!!

Il serait facile de multiplier les exemples de l'acharnement des Terroristes contre la religion. Mais un volume entier ne suffirait certainement pas, si nous voulions donner tous les traits de ce genre dont sont parsemés les six cents et quelques dossiers existant encore au greffe de la Cour d'assises de la Gironde.

Cependant, pour prouver que la Commission Militaire n'agissait pas sans ordres supérieurs, et qu'elle n'était que l'instrument des haines des proconsuls, citons encore un extrait d'une lettre d'Ysabeau à la Convention, en date du 21 ventôse, an II, lettre qui fut lue à la séance du 24, et que nous retrouvons dans le *Moniteur* du 26 ventôse (16 mars 1794).

. . . . « Les arrestations con-
» tinuent à Bordeaux. La guillotine a fait justice
» avant-hier d'un prêtre assermenté coupable de
» royalisme ; aujourd'hui, *il y passera une religieuse.*
» Voilà la réponse à nos modérés, qui avaient semé
» le bruit que la peine de mort était abolie. »

Les représentants croyaient avoir besoin de se défendre de *l'accusation de modérantisme!* La Convention ne devait cependant rien trouver à redire dans leur conduite ! Ils avaient assassiné un prêtre la veille ! Ils se proposaient de martyriser le jour même une religieuse ! Ils étaient dignes du mandat qui leur avait été confié !

Le prêtre auquel la lettre d'Ysabeau faisait allusion, était l'abbé *Jean Duranty*, curé de Noaillan. Il comparut devant la Commission Militaire de Bordeaux le 19 ventôse, an II (9 mars 1794). Il fut condamné à mort pour n'avoir pas prêté le serment ; *avoir caché son argenterie afin de la soustraire à la Nation ; avoir autrefois correspondu avec l'abbé Langoiran* (assassiné, on le sait, en 1792), *et avoir prié pour le repos de l'âme de Louis XVI!* (1)

Nous voudrions continuer nos citations; malheureusement le cadre que nous nous sommes imposé ne comporte pas de bien longs développements de détails, et ce n'est qu'incidemment que nous pourrons parler désormais des actes de cette sanguinaire Commission qui, d'après la parole même de Lecointre, *a commis autant d'assassinats juridiques qu'elle a rendu de jugements.* (2)

(1) Greffe de la Cour d'appel de Bordeaux : dossier Duranty.
(2) Convention Nationale — séance du 9 frimaire, an II.

CHAPITRE VII

Le P. Pannetier devant Lacombe.

LE titre de Catholique était donc devenu un crime ; la Commission Militaire présidée par l'infâme Lacombe, envoyait chaque jour à la mort, avec des prêtres convaincus d'avoir dit la messe en secret dans l'ombre de quelque cave, les citoyens qui n'avaient pas craint de leur offrir un asile dans leur demeure.

La persécution, nous l'avons vu, n'empêchait pas le P. Pannetier de parcourir la ville,

Il s'était réfugié dans la rue du Cahernan (1) au numéro 34, dans la maison où était morte sa sœur Cécile, et où habitait une de ses cousines, made-

---

(1) La rue du Cahernan se composait de la partie de la rue Sainte-Catherine actuelle comprise entre la rue des Ayres et le Cours des Fossés.

Le n° 34, de la rue du Cahernan porte dans la rue Sainte-Catherine actuelle le n° 159. (Voir l'ouvrage : *Concordance des anciens numérotages des maisons de Bordeaux*. Bibliothèque de la Ville de Bordeaux.)

moiselle Thérèse Thiac; mais il se rendait parfois, sous un déguisement ou sous un autre, dans divers quartiers de la ville, et surtout dans la maison de la rue Sainte-Eulalie portant le numéro 14, dans l'appartement où habita plus tard le vénérable abbé Chaminade.

Là, il célébrait la messe au troisième étage, dans une chambre qui pouvait contenir une trentaine de personnes. Cette bien modeste chapelle fut plus tard, après l'époque de la Terreur et jusqu'en 1797, desservie par l'abbé Mélac, ancien aumônier de l'hôpital, décédé en 1804, qui avait refusé d'émigrer.

M. Montgardey, à l'obligeance duquel nous devons ce renseignement, se souvient parfaitement d'y avoir fait sa première communion; mais il n'a pu nous dire si ce fut de la main du P. Pannetier, quoiqu'il nous ait assuré avoir assisté quelquefois à la messe du vénérable religieux. Beaucoup d'autres prêtres, du reste, trouvaient un asile dans cette hospitalière maison; entre autres, M. l'abbé Lafargue, et M. l'abbé Boyer, ancien aumônier de l'hôpital, le même qui devenu Vicaire Général du diocèse, rétablit en 1820, les reliques de S. Simon Stock sur nos autels.

Les débats du procès du P. Pannetier nous apprennent aussi que le vénérable religieux se rendait souvent au couvent du Bon-Pasteur qui fut *dépeuplé* par le féroce Lacombe, le 16 messidor, an II, (4 juillet 1794.)

Le procès des religieuses du Bon-Pasteur, est

demeuré à Bordeaux, dans le souvenir des habitants, comme un des événements les plus terribles de cette lamentable époque.

Nous allons, en quelques pages, relater le récit de la mort de ces saintes filles qui donnèrent l'hospitalité chrétienne au P. Pannetier, et qui puisèrent sans doute dans ses exhortations et dans celles du prêtre Cazeaux qui périt avec elles, le courage de confesser leur foi, et de braver la mort dans les conditions terribles où la Providence la leur présenta (1).

La maison du *Bon-Pasteur* était située dans la rue du Grand-Cancera (2) au n° 14 (c'est aujourd'hui la rue du Cancera).

Elle avait été signalée à Lacombe comme donnant asile à des prêtres non conformistes.

Dans le courant de juin 1794, les espions du Comité envahirent la maison et mirent en arrestation tous ses habitants.

C'étaient de malheureuses femmes! mais Lacombe voyait partout des ennemis de la République, dès qu'il soupçonnait de l'attachement à la religion Catholique.

Une des religieuses était hors de la maison au

---

(1) Nous avons extrait les renseignements qui vont suivre des documents officiels que M. Vivie a eu l'extrême obligeance de mettre à notre disposition, et qu'il a recueillis lui-même, au prix de plus de vingt ans de recherches ardues.

(2) *Cancera* est un mot dérivé du latin *Cancer* qui signifie *voûte*. Ce nom indique qu'il y avait autrefois dans la rue du Cancera quelque voûte ou quelque aqueduc remarquable. (Voir *Bernadeau*).

moment de l'arrestation de ses compagnes. Elle avait été chargée de faire les approvisionnements de la petite communauté. Cette circonstance lui sauva la vie !

Elle revenait au logis, quand elle apprit la perquisition qui avait eu lieu dans le couvent; elle se cacha alors et réussit à échapper aux recherches du club révolutionnaire.

Elle vécut longtemps à Bordeaux :

« *Elle est encore au milieu de nous, écrivait en* 1849 » M. Marchandon, *et jouit d'une honnête existence,* » *grâce à la charité de M. le Curé de Ste-Eulalie* (2).

Les agents du Comité avaient arrêté au *Bon-Pasteur* onze femmes et un domestique, fortement soupçonné d'*avoir servi la messe, — crime alors puni de mort !*

Le Comité fit garder la maison par six républicains dans le but d'en faire une sorte de *souricière* où viendraient se faire prendre d'autres victimes. Dans ce but, les habitantes ne furent pas conduites en prison, mais bien consignées dans leur propre domicile. On avait espéré y arrêter le P. Pannetier qui avait été signalé comme fréquentant la maison. Mais déjà, à cette époque, le vénérable Carme était presque infirme, et ne pouvait plus guère sortir. Il réussit à échapper encore une fois à ses ennemis. Hélas! il devait périr quinze jours après !

(2) *Bordeaux sous le régime de la Terreur*, par M. Marchandon, page 41.

Le 30 juin 1794, Chandru, l'un des commis-greffier de la Commission Militaire, *vint au Bon-Pasteur apposer les scellés sur tous les papiers et effets appartenant aux citoyennes logées dans ladite maison.* (Ce sont les termes même de son procès-verbal.)

Après en avoir confié la garde à deux patriotes : Jacques Costes et François Jumau, il conduisit lui-même les onze femmes et leur serviteur *dans la prison des Orphelines* (rue Ste-Eulalie).

Il y avait quatre jours que les victimes attendaient là un jugement dont le résultat n'était pas douteux, lorsque le 4 juillet, Jean Berlan, agent de la Commission Militaire, *spécialement nommé par elle pour poursuivre les contre-révolutionnaires renfermés dans la maison habitée par les ci-devant religieuses du Bon-Pasteur* se rendit rue du Grand-Cancera pour y faire une nouvelle visite domiciliaire.

Une lâche dénonciation y avait déjà conduit un notable de la municipalité nommé Gignous, qui venait d'y découvrir un prêtre caché dans une retraite pratiquée dans la chambre de l'une des religieuses. C'était l'ancien Provincial des Récollets, le P. Cazeaux ; Gignous s'empressa de le conduire devant le Comité de la police du Conseil général.

Pendant ce temps, Berlan courait interroger les douze prisonniers des *Orphelines*.

Les onze religieuses et le domestique déclarèrent unanimement ne pas connaître le prêtre Cazeaux.

Quant à celui-ci, il fut, le jour même, interrogé

par trois officiers municipaux : Abraham, David et Nicolas, et répondit à leurs questions :

Qu'il n'avait pas prêté le serment. — Qu'il était caché dans la maison du *ci-devant Bon-Pasteur* depuis treize mois. — Qu'il ignorait si d'autres prêtres se trouvaient dans la maison, mais qu'il n'en avait jamais vu. — Qu'il avait célébré la messe dans le couvent, et y avait fait généralement ce que son ministère lui prescrivait de faire : que cependant il n'avait pas administré le baptême ni le mariage, etc.

Cet interrogatoire sommaire fut transmis à Lacombe. Le jour même, la Commission Militaire faisait comparaître devant elle les treize accusés de *fanatisme*. Le P. Cazeaux comparaissait comme prêtre refractaire ; les douze autres comme coupables de lui avoir donné asile.

Les malheureuses victimes firent à leur bourreau des réponses admirables qui portèrent à son comble la fureur du président de la Commission Militaire.

Les onze religieuses et leur domestique déclarèrent de nouveau unanimement ne pas connaître le P. Cazeaux.

Lacombe essaya vainement de leur faire avouer *leur crime*.

« *Cesse d'interroger ces femmes*, lui dit fièrement » Cazeaux ; *elles sont comme moi décidées à se taire* » *et à mourir !*

« Scélérat, s'écria Lacombe furieux, il n'est pas » de tourment que tu ne mérites d'éprouver !

» tu as égaré des femmes qui seraient peut-être
» devenues de bonnes citoyennes ! Je n'ai pas
» d'expressions pour te désigner... »

Puis, voyant qu'il n'y avait rien à attendre de ce héros de la foi, le farouche président voulut obtenir quelques renseignements des religieuses. Il leur offrit la liberté si elles voulaient dénoncer les prêtres qu'elles sauraient encore être cachés.

Un silence méprisant accueillit cette nouvelle tentative. Alors Lacombe s'adressa directement à *Marie Tifrey* religieuse converse, âgée de 74 ans :

— « Veux-tu faire des aveux, » lui dit-il.

— « Je veux mourir dans la religion catholique, « apostolique et romaine, » répondit simplement la vieille religieuse.

Cette belle réponse fut le signal de la condamnation des treize accusés.

Une demi heure plus tard la charette déposait sur l'échafaud de la place Dauphine les nouveaux martyrs de la foi catholique. La Commission Militaire était, on le voit, expéditive !

Racontons maintenant le douloureux épisode qui signala l'exécution de ces saintes victimes.

Cazeaux mourut le premier ; il avait 56 ans. *Léonard Pauze*, le domestique du couvent, vint immédiatement après mêler son sang au sang du confesseur de la foi.

Six religieuses eurent le même sort ; c'étaient :

Marguerite Launai, âgée de 53 ans.

Jeann Leberre, âgé de 35 ans.

Jeanne Sauve, âgée de 58 ans.
Anne Gertrude Blutel, âgée de 40 ans.
Françoise Austray, âgée de 36 ans.
Et Françoise Beauretour, âgée de 66 ans.
Il y avait encore cinq exécutions à faire.

A ce moment la guillotine se brisa, et on ne put arriver à la faire fonctionner.

Les cinq dernières religieuses étaient sur l'échafaud sanglant ! Après une longue et douloureuse attente, il fallut se décider à les ramener à la prison des Orphelines. Les frères *Peyrussan* qui étaient alors les exécuteurs de la commune de Bordeaux s'étaient déjà signalés par leurs habitudes de cruauté envers les condamnés à mort. Ils étaient souvent ivres au moment des exécutions. Ils firent brutalement remonter dans la charette les cinq religieuses : c'étaient :

Jeanne Alix, âgée de 65 ans ;
Marguerite Milon, âgée de 37 ans ;
Marie Tifrey, âgée de 74 ans ;
Marie Dubert, âgée de 65 ans,
Et Claire Mimault, âgée de 35 ans.

En passant dans la rue Sainte-Catherine, devant l'église Saint-Mexant (1), l'exécuteur tirant de sa poche un crucifix de cuivre le plaça avec moquerie près du visage de ces malheureuses femmes.
— « Tiens, dit-il à l'une, reconnais-tu le bon Dieu » que tu aimais tant ? Tiens le voilà ! »

Il s'adressait alors à Marie Milon.

(1) A l'endroit où est aujourd'hui le Magasin Universel.

Celle-ci garda le silence et jeta sur le bourreau un regard de colère et d'indignation.

— « Baisez le Christ que voilà, » dit alors Peyrussan en s'adressant à Marie Dubert ; et au moment où la vieille religieuse, heureuse au fond de l'occasion qui lui était offerte d'appuyer encore une fois ses lèvres sur ce signe vénéré, s'avançait pour obéir à l'invitation du bourreau, l'exécuteur, en riant, retourna le crucifix sur le dos et lui en appliqua un coup sur la bouche.

De quelque manière que vous me le présentiez dit alors avec fermeté et douceur la pauvre religieuse. *c'est toujours le Christ Sauveur !*

A cette sublime parole, des cris d'indignation se firent entendre contre le bourreau, et celui-ci cessa prudemment le cours de ses inutiles cruautés. L'héroïsme de la réponse avait frappé d'admiration les ennemis même des victimes ; mais un citoyen plus indigné que les autres, le sieur André Pascaud, chaudronnier, âgé de 59 ans, habitant la rue Ducasse, courut à la municipalité et y dénonça les frères Peyrussan dans des paroles énergiques et courageuses « *témoignant sa surprise*, lisons-nous dans sa » dénonciation, *qu'on se permette d'inquiéter des gens* » *que la loi avait frappés.* »

A peine les religieuses arrivèrent-elles à la prison des Orphelines, qu'on vint annoncer la réparation de la guillotine. Immédiatement, on reconduisit les malheureuses vers la place Dauphine. Une heure après, elles avaient toutes rejoint dans le Ciel leurs compagnes, et le P. Cazeaux.

Quant au bourreau, sa mise en jugement fut demandée par Lacombe. Ce n'était pas la première fois qu'il se livrait ainsi sur ses patients à ses instincts de cruauté ! Mais nous ignorons si la procédure suivie contre lui eut des suites ; le greffe de la cour n'a pas conservé trace de la condamnation qu'il avait si justement méritée.

Le P. Pannetier continuait à se rendre dans tous les lieux où son zèle lui montrait une âme à sauver. Mais bientôt le danger devint encore plus imminent. D'un autre côté, les infirmités s'étaient abattues sur lui, et lui rendaient difficile de pouvoir se soustraire aux recherches dont il était l'objet.

Son déguisement ne le protégeait que d'une façon très incomplète.

Il y avait déjà quelques jours qu'il n'était pas allé au Bon Pasteur lorsque les religieuses de cette maison avaient été arrêtées.

Il dut se résigner à se cacher complètement. Il céda alors aux instances de sa cousine Mlle Thérèse Thiac.

Un menuisier nommé *Fauché* fut chargé par cette dernière de faire dans la maison de la rue du Cahernan *une cache* où le saint prêtre se réfugia et s'astreignit à une réclusion complète. On ne le vit plus dans les rues de la ville, et bientôt le bruit de sa mort se répandit de tous côtés. Deux révolutionnaires forcenés dont l'un était son parent, et qui étaient l'un et l'autre poussés par le désir de s'emparer du peu qu'il possédait, avaient fait courir le bruit de son départ et de sa mort à l'étranger.

Ils profitèrent de ces bruits pour venir faire une perquisition dans son domicile, sous le prétexte de s'assurer de sa succession.

L'histoire nous a conservé dans le *Livre rouge de Bordeaux*, (recueil des noms des dénonciateurs des victimes de cette époque), le souvenir haïssable des malheureux qui vinrent ainsi vérifier cette parole de Jésus-Christ : Le temps viendra où le frère livrera son frère à la mort : « *frater fratrem tradet ad mortem* (1). »

L'un de ces deux dénonciateurs se nommait *Lagonère* ou *Lagoanère* et l'autre *Perraud*. Voici ce que le LIVRE ROUGE nous dit de ces deux misérables.

« LAGONÈRE, *coutelier rue du Cahernan, 34; dénon-*
» *ciateur de Bullit, de Quinaut, de Lacour, du*
» *P. Pannetier, etc.* »

« PERRAUD, *marchand de coton rue du Cahernan;*
dénonciateur du P. Pannetier et autres. »

Ces deux misérables avaient déjà inutilement fouillé la maison et désespéraient de trouver le malheureux prêtre qu'ils cherchaient, lorsque le menuisier *Fauché*, celui-là même qui, à la demande de Mlle Thiac, avait confectionné la cachette dans laquelle le P. Pannetier s'était réfugié, vint se

(1) S. Mathieu. Ch. X. v. XXI.

joindre à eux et leur indiquer le lieu où ils pourraient se saisir de sa personne.

Le *Livre rouge* stigmatise comme suit le nom du menuisier Fauché :

« FAUCHÉ, *menuisier*, *rue de la Devise Saint-Pierre,*
» *section 6, dénonciateur de Grangeneuve et du*
» *P. Pannetier* AUXQUELS IL AVAIT FAIT LEUR
» CACHE. »

Le curieux carton n° 51 de la série L des archives départementales, celui dans lequel se trouvent les noms de presque tous les lâches dénonciateurs avec leurs lettres même de délation, ne contient aucune dénonciation relative au P. Pannetier. Cela provient de ce que le saint religieux fut arrêté par les trois misérables qui le cherchaient et directement livré par eux à la Commission Militaire.

Nous n'y avons trouvé relativement à cette affaire que les quelques lignes suivantes dans un dossier ayant pour titre : *Relevé des personnes mises en arrestation depuis le* 15 *prairial dernier* :

« Pannetier *ex-prêtre*, Thérèze Thiac, Anne
» Bernard, Nancy Pinaud, envoyés à la Commission
» Militaire qui les requiert. »

Les noms des délateurs ne s'y trouvent pas.

Ils ne nous ont été conservés que par le Livre Rouge et par l'abbé Guillon.

Le nom de Lagonère est cependant demeuré dans le souvenir des bordelais, et les personnes âgées en l'entendant nommer disent encore : C'est lui qui a livré le P. Pannetier.

Les trois misérables conduits par le menuisier Fauché (doublement infâme, celui-là) aperçurent le vénérable Carme dans le réduit obscur où il s'était caché ; mais ils n'osèrent pas tout d'abord le livrer.

Est-ce un sentiment de pitié qui les empêcha un moment de le dénoncer ? fut-ce au contraire un calcul de leur part ? on ne le sait; toujours est-il qu'ils délibérèrent entre eux pendant deux jours avant de prendre une décision, et qu'ils finirent par tomber d'accord pour l'arrêter, en disant : *Il le faut : c'est un fanatique !*

C'était donc encore un dimanche dans l'après-midi, le 20 juillet 1794 (2 thermidor, an II). Les trois conjurés envahirent la maison que l'un d'eux, *Lagonère*, habitait déjà.

Ils forcèrent une fenêtre pour arriver jusqu'au réduit où ils savaient devoir trouver leur victime. L'un d'eux osa porter la main sur le saint religieux, et le garda dans cette prison volontaire.

Pendant ce temps, les deux autres misérables couraient au Comité de Surveillance pour annoncer l'heureuse capture qui venait d'être opérée.

Le Comité de Surveillance envoya aussitôt ce qu'il avait d'hommes les plus dépravés pour s'emparer de cette nouvelle victime.

Ces misérables parcoururent la maison et la fouillèrent de fond en comble.

Les perquisitions amenèrent la découverte de certains objets de piété, de crucifix, d'images pieuses qui étaient alors rigoureusement proscrits.

Les agents du Comité se livrèrent aux plus abominables outrages. Les crucifix furent brisés et foulés aux pieds, tandis qu'ils proféraient les plus horribles blasphèmes.

Un petit meuble renfermait une étole dont les agents s'emparèrent.

Le P. Pannetier fut alors fouillé ; l'on trouva sur lui un petit récipient en argent contenant des hosties consacrées.

Ces hosties furent horriblement profanées.

A cette vue, le P. Pannetier, plus affligé de toutes ces profanations sacrilèges qu'il n'était inquiet sur son sort, se jeta à genoux en pleurant, cherchant à expier tant de crimes par de ferventes prières.

Les monstres qui l'entouraient ne firent que rire de ses prières et le frappèrent même avec violence pour obliger à les interrompre.

Vers la fin du jour, les trois dénonciateurs furent eux-mêmes chargés de le conduire au Comité de Surveillance.

Le P. Pannetier fut enfermé dans ce même palais du Département où déjà la Providence l'avait arraché à une mort imminente, et où il avait été témoin du meurtre de l'abbé Langoiran.

C'est dans ce palais que siégeait alors la terrible Commission Militaire ; c'est de là qu'il devait, le lendemain soir, marcher à la mort.

Quel rapprochement providentiel, et quelles réflexions ne dût-il pas faire naître dans l'âme du saint Religieux. Ah ! sans doute, pendant la nuit d'angoisses qu'il passa dans ce palais, le souvenir de l'abbé Langoiran ne dut pas un instant abandonner l'esprit du vénérable Religieux, et il dut bien souvent invoquer son ancien compagnon de martyre pour lui demander de l'aider auprès du bon Dieu dans la terrible situation où il se trouvait placé.

Avec le P. Pannetier, et *comme ses complices*, avaient été arrêtées sa cousine Thérèse Thiac, couturière, et deux autres malheureuses femmes : Anne Bernard également couturière, et Nancy Pinaud, jeune fille de 22 ans, tailleuse en robes.

La sûreté de la République dépendait de la vie de ces pauvres créatures! sans doute :

Le même jour, 2 thermidor, an II (20 juillet 1794), un des membres du Comité de Surveillance, le nommé Plénaud, interrogea lui-même, pour la forme, les malheureux accusés.

Voici le procès-verbal de l'interrogatoire qu'il leur fit subir. Nous l'avons relevé dans les pièces déposées aux Archives du greffe de la Cour d'Assises de Bordeaux.

Ce procès-verbal, dans son énergique simplicité, a une éloquence indéniable, et nous croyons devoir le donner ici intégralement :

« Aujourd'hui, deux thermidor, An deuxième de la
» République Française Une et Indivisible, Nous
» membre du Comité Révolutionnaire de Surveillance

» établi par arrêté du Comité de Salut Public, avons
» procédé à l'interrogatoire du sous-nommé : »

Int. — Quel est ton nom, âge, profession, lieu de naissance et domicile ?

Rép. — Pannetier, âgé de 75 ans, religieux Carme, natif de Bordeaux et y domicilié.

Int. — Qu'as-tu fait de tes lettres de prêtrise ?

Rép. — Je ne sais où elles sont. Ce ne sont pas elles qui font les prêtres, c'est la consécration.

Int. — As-tu prêté le serment exigé par la loi ?

Rép. — Depuis deux ans, je suis dans la retraite à cause de mes infirmités. Je n'ai pas prêté le serment parce qu'il répugnait à ma conscience.

Int. — Il est singulier que ta conscience te défendit de prêter le serment, c'est-à-dire de te conformer aux lois de ton pays. Si tu eusses été bien intentionné, tu l'aurais prêté, car le bon citoyen ne trouve de bonheur qu'en obéissant aux lois qui assurent l'ordre public (1).

Rép. — Je n'ai rien fait contre la République, mais j'ai suivi ma conscience, comme tout bon chrétien doit le faire.

Int. — Tu as dit la messe aujourd'hui ?

Rép. — Mes infirmités ne me l'ont pas permis

---

(1) On le voit : les républicains ont toujours aimé les grandes phrases et les périodes déclamatoires : les républicains de 1870 n'ont fait que suivre l'exemple de leurs modèles de 1793.

depuis longtemps. On n'a trouvé chez moi aucun ornement d'église : Il est vrai que pour me dédommager de ce sacrifice quelqu'un me procura une boîte d'hosties pour me communier moi-même, avec l'étole qu'on a trouvée.

Int. — Quel est celui qui t'a porté la boîte d'hosties ?

Rép. — Je ne puis le dire : elle me vient du hasard.

Int. — Est-ce que tu crois au hasard ?

Rép. — Oh ! non, c'est une façon de parler.

Int. — Chez qui t'a-t-on trouvé ?

Rép. — Chez ma cousine Thiac, où était la femme Bernard qui a demeuré quatre ou cinq ans avec ma sœur, décédée dans la maison où je réside.

Int. — Depuis quand résides-tu dans cette maison ?

Rép. — Depuis huit mois environ.

Int. — Où résidais-tu avant ?

Rép. — Je n'en sais rien.

Int. — Quelles personnes allaient te voir ?

Rép. — Peu de monde ; mes parents et amis.

Int. — Comment les nommes-tu ?

Rép. — Je ne les nommerai pas, cela n'est pas nécessaire.

Int. — Je te requiers au nom de la loi de les nommer.

Rép. — Je ne le puis ; mais c'est bien peu de monde ; les circonstances ayant éloigné de moi mes anciens amis.

Int. — A qui donnais-tu la communion ?
Rép. — A moi-même : je ne me mêlais pas des autres.
Int. — Pourquoi ne t'es-tu pas présenté pour te déclarer ?
Rép. — Je croyais devoir mourir dans ma retraite où je trouvais les soins de l'amitié.
Int. — Qui te traitait dans tes infirmités ?
Rép. — C'est le pauvre Lassave, chirurgien, actuellement détenu au Palais.
Int. — Tes confrères n'allaient pas te voir ?
Rép. — Ils me croyaient mort.

« Plus n'a été interrogé, etc., etc.

« Lecture à lui faite, il a dit contenir vérité et a » signé avec nous.

» PLENAUD.   PANETIÉ *(sic)*. »

Un autre membre du Comité de Surveillance, le citoyen Cassan, crut à son tour pouvoir tirer du vénérable Religieux quelques éclaircissements de nature à compromettre de nouvelles victimes.

Il lui fit donc subir un complément d'interrogatoire, et le dossier du procès du P. Pannetier nous a conservé le résultat de cette nouvelle comparution de la victime.

Nous avons trouvé cet interrogatoire écrit en entier de la main même de Cassan avec une orthographe fantaisiste qui nous prouve que sous la première république l'instruction n'avait pas encore été déclarée obligatoire.

Voici la note que Cassan écrivit à la suite du

premier interrogatoire ; nous avons cru devoir conserver dans son intégrité l'orthographe du *citoyen membre du Comité de Surveillance* :

« *Déclare en outre le citoyen Panetié, que le
» citoyen La Save été sont chirugien més qu'ils ne la
» pas vus de puis sept ahuit mois déclare ausi que les
» citoyennes Pinot sont venue quelque fois voir les
» citoyennes ou jétés logè et quelles ce sont trouvée
» quelque fois à nos prierre. Enfois dè qoui jay
» signés sincere et véritable daprès la lecture faitte par
» Cassan.* »

CASSAN. — PANETTIÉ (sic).

Le lendemain matin, 3 thermidor (21 juillet 1794) le même Plenaud interrogeait Thérèse Thiac et Anne Bernard ; et Cassan reprenant encore en sous œuvre le travail de son digne acolyte, complétait les interrogatoires.

Ces pièces dont nous avons pris copie sur les minutes déposées au greffe de la Cour d'assises de la Gironde ont une certaine importance à l'égard du P. Pannetier. Nous les reproduisons donc intégralement.

INTERROGATOIRE DE THÉRÈSE THIAC PAR PLÉNAUD.

Int. — Ton nom, âge, profession, lieu de naissance et domicile,
Rép. — Thérèse Thiac, âgée de 60 ans, vivant de quelques petits ouvrages *manutoires* (sic), native de Bordeaux et y domiciliée.
Int. — Es-tu mariée ?

Rép. — Non, je suis orpheline.
Int. — As-tu été religieuse ?
Rep. — Non.
Int. — Pourquoi n'es-tu pas venue nous déclarer que Pannetier, prêtre demeurait chez toi ?
Rep. — Etant vieux, malade, je pensais qu'il ne pourrait supporter la prison ; je lui donnais les soins de l'humanité ; d'autant que prêt à descendre au tombeau, il ne pouvait exciter aucun ombrage.
Int. — Combien de fois a-t-il dit la messe chez toi ?
Rep. — Il ne l'a dite qu'à l'église, lorsqu'elles étaient ouvertes.
Int. — Tu fais serment de dire la vérité ?
Rép. — Oui, je le fais.
Int. — Tu nous prouves par cet acte que le fanatisme ne t'a pas entièrement infectée ; dis nous si tu as entendu la messe dans des maisons particulières ?
Rép. — Non, jamais que dans l'église.
Int. — As-tu entendu la messe des prêtres assermentés ?
Rép. — Aucune loi ne m'en faisait un devoir ; j'ai cru pouvoir suivre mon opinion qui d'ailleurs ne pouvait alarmer les bons citoyens, puisque j'ai désiré le triomphe de la République.
Int. — Qui allait voir Panetié chez toi ?

Rép. — Personne.

Int. — T'a-t-il donné quelquefois la communion chez toi ?

Rép. — Non, jamais qu'à l'église

« Et a signé avec nous :

« PLENAUD. — Thérèse THIAC. »

Le citoyen Cassan ajouta de sa main et *sans s'inquiéter de l'orthographe*, le supplément suivant d'informations à l'interrogatoire qu'on vient de lire. (Nous avons respecté encore une fois son style et son orthographe.)

SUITE DE L'INTERROGAT. DU MÊME JOUR DE LA CITOYENNE THÉRÈSE THIAC.

Int. — *Quel étés le chirugien quit voyés le pere Panetié ?*

Rép. — *Cés La Save quit le voyés et quil la vu pour le dernière foy illias environs de sept a huit mois.*

Int. — *Les citoyenne Pinot ontelle asistés souvant aux prierre et ofise que Panctié et vous autre fesiés.*

Rep. — *Quetquefois.*

Et plus n'a étée interrogée, lecture a elle faitte elle a dit contenir vérités et signées avec nous.

(*Signé*) : Thereze THIAC ; — CASSAN.

INTERROGATOIRE DE ANNE BERNARD.

Int. — Quel est ton nom, âge, profession, lieu de naissance et domicile ?

Rep. — Anne Bernard, cinquante ans, ouvrière native de Bordeaux y domiciliée, rue du Cahernan, 34.

Int. — Es-tu mariée?

Rep. — Non.

Int. — As-tu été religieuse ?

Rep. — Non.

Int. — Pourquoi n'es-tu pas venue nous déclarer qu'avec toi résidait le prêtre Panetié?

Rép. — Je ne l'ai pas déclaré parce que, très-avancé en âge, accablé d'infirmités, il était hors d'état de supporter la prison. Je l'ai cru absolument nul et comme ne devant pas donner le plus léger souci aux patriotes.

Int. — Combien de fois a-t-il dit la messe chez toi ?

Rép. — Jamais.

Int. — Pourquoi n'allais-tu pas aux offices des prêtres assermentés?

Rép. — Rien ne m'en faisait un devoir.

Int. — Tu as entendu la messe dans des maisons particulières.

Rép. — Non, je me contentais de prier chez moi.

Int. — Qui allait voir Panetier?

Rép. — Personne.

Int. — Pourquoi nous déguises-tu la vérité?

Rép. — Je la dis.

Int. — Quel est le chirurgien qui le soignait?

Rép. — C'est Lassave.

« Et plus n'a été interrogée. Lecture à elle
« faite, elle a dit contenir vérité et a signé avec nous.
    « *Signé* : Anne BERNARD.   PLENAUD. »

Sur le verso de cet interrogatoire, le tristement célèbre citoyen Cassan a écrit de sa main les mots suivants :

SUITE DE L'INTERROGATOIRE DU MÊME JOUR DE LA CITOYENNE

ANNE BERNARD

D. — *Quel été le chirugien de Panetier ; depuis quel tems ne la ti pas veux ?*

R. — *La Saves étés sont chirugiens et ylliat environ de sept à huit mois qu'il ne lavus.*

D. — *Quelles étét les personne quit alé ché toy, Et quit conaisait panetier, Et quit sont veux ché toy ?*

R. — *Persone ne la vus ché mois que La Save.*

D. — *Lé citoyenne Pinolle quit demure au desus de ché toy on pourtant veux et porlés a panetier et on ta sistés a ces ofisses.*

R. — *Elles yont asistes quelquefoys ynsi que leurs frère mes depuis environ six mois le frère n'y vien plus cetadire depuis quil est plasés or de Bordeaux.*

Et plus na été interogée : lecture a elle faite elle a dit contenir verités (1) *avec nous.*

    Anne BERNARD.   CASSAN.

(1) Le littérateur Cassan a dû oublier ici les mots : *et a signé*.

Nancy Pinaud habitait la même maison que Thérèse Thiac et Anne Bernard.

Elle avait été arrêtée avec les deux autres femmes comme étant « *leur complice*, » suivant l'expression de Lacombe.

Elle fut aussi interrogée le même jour par un autre membre du Comité de Surveillance.

Voici son interrogatoire, *in extenso ;* nous avons seulement rectifié l'orthographe du citoyen *Laye* pour ne pas lasser la patience de nos lecteurs, mais nous n'avons pas voulu y changer un seul mot :

« Aujourd'hui, 3 Thermidor, l'An deuxième de la
» République, Nous soussigné membre du Comité
» de Surveillance de Bordeaux, avons interrogé la
» ci-après nommée, ainsi qu'il suit :

Int. — Ton nom, âge, profession, lieu de naissance et domicile habituel ?

Rép. — Se nommer Nancy Pinaud, âgée de 22 ans, tailleuse, domiciliée à Bordeaux, rue du Cahernan, 34.

Int. — S'il y a longtemps qu'elle habite cette maison et avec qui ?

Rép. — Il y a trois ans que je l'habite en compagnie de mes deux sœurs aînées.

Int. — Puisqu'il y a trois ans que tu habites cette maison, tu as dû connaître tous les autres citoyens et citoyennes qui y demeurent ?

Rép. — J'ai connu tous ceux qui l'ont comme moi

habitée, mais je n'ai point connu le prêtre que le Comité y arrêta hier.

Int. — Il paraît par tes réponses que tu n'es pas de bonne foi, lorsque tu dis ne pas connaître ce prêtre ; puisqu'il est constant que tu as, toi et tes sœurs, assisté à ses offices dans ladite maison.

Rép. — Non. Je n'y ai jamais assisté ainsi que mes sœurs.

Int. — Tu ne frayais donc pas comme pour l'ordinaire avec les citoyens et citoyennes qui habitent avec toi cette maison ?

Rép. — Non.

Int. — Peux-tu nier avoir été dans la chambre qu'habitait le prêtre Pannetier, puisque lui et les deux autres citoyennes qui ont été prises avec lui déclarent que tu les a visités et as assisté à leurs offices ?

Rép. — Non.

Int. — N'as-tu pas des frères émigrés, et peux-tu justifier de leur résidence en France depuis l'année 1789 ?

Rép. — Étant la plus jeune de la maison, je ne peux répondre à cette question.

Plus n'a été interrogée : lecture à elle faite du présent interrogatoire, a dit ses réponses contenir vérité et a signé.

Nancy Pinaud ; Laye.

L'instruction du procès du P. Pannetier était finie Le Comité de Surveillance allait renvoyer les malheureux accusés devant l'infâme Lacombe qui les réclamait.

Le chirurgien Lassave, qui avait soigné le P. Pannetier était alors, nous l'avons vu, détenu au palais Brutus (le palais du Parlement dont il ne reste plus que la porte d'entrée dite *porte du Caillou*). Il ne put donc être interrogé par le Comité de surveillance.

Mais celui-ci n'avait garde d'oublier une victime, et dans la lettre de renvoi des accusés devant la Commission Militaire, une note spéciale lui fut réservée.

Nous donnons ici la lettre même que les misérables adressaient à ce sujet aux Administrateurs du district, en leur envoyant le dossier des accusés.

Bordeaux, le 3 thermidor, deuxième année républicaine.

« *Le Comité de surveillance de la commune de* » *Bordeaux, aux citoyens administrateurs du district* » *de Bordeaux.*

« Citoyens,

« Nous vous remettons ci-joint les dossiers » suivants :

« 1. Interrogatoire de Panetier, prêtre réfrac- » taire.

« 2. Interrogatoire de Thérèse Thiac, chez qui » il était logé.

« 3. Interrogatoire d'Anne Bernard, demeurant
» avec *Anne* (1) Thiac.

« 4. Interrogatoire de Nancy Pinaud, qui a
» assisté aux offices d'après les interrogatoires des
» trois dénommés ci-dessus.

« Nota : Lassave chirurgien, actuellement détenu
» au palais Brutus, était instruit de la retraite de
» Panetié, puisqu'il l'a traité dans ses maladies ;
» ainsi, il doit être mis en jugement dans la même
» affaire.

« Salut et fraternité,

« Cassan,   Rosseeum,   Plenaud,   Compain,

« Laye,   Huin, *président.* »

Le même jour, les Administrateurs du district renvoyaient les malheureux devant Lacombe.

Celui-ci étudia les dossiers qui lui étaient adressés, et voulant avoir l'air de connaître à fond tous les chefs d'accusation qui étaient formulés contre les prisonniers, il écrivit de sa main sur chacun des dossiers les trois annotations suivantes que nous y avons copiées :

« *Pannetier*, prêtre insermenté, ayant au mépris
» de la loi rempli ses fonctions de prêtre. — Ayant
» par ses exhortations (2) fanatisé et aristocratisé

---

(1) Il y a erreur de nom évidemment c'est *Thérèze* et non *Anne* Thiac.

(2) Le dossier porte : *hexortations*. Lacombe, ancien instituteur public devait pourtant savoir mettre l'orthographe.

» au dernier point trois femmes ses complices, qui
» ont déclaré, même à la barre du tribunal, que si
» elles n'eussent pas été découvertes et que ce
» prêtre fut encore chez elles, elles ne le dénonce-
» raient pas.

« *Thérèze Thiac*, complice de Panetié, prêtre
» insermenté, et ayant manifesté des sentiments
» contraires à la liberté et à la République.

« *Anne Bernard*, complice de Panetié d'après
» la loi du 6 pluviôse, et ayant manifesté des senti-
» ments contre-révolutionnaires. »

Les accusés arrêtés le dimanche soir, 2 thermidor, avaient été interrogés le même jour, et c'est le lendemain lundi, 3 thermidor, qu'ils comparaissaient devant le tribunal.

La République était expéditive !

L'heure de la séance de la Commission Militaire allait sonner.

Lacombe ordonna d'y amener les malheureux.

Ce jour-là, dix-huit nouvelles victimes avaient été choisies.

Le chirurgien Lassave ne figurait pas au milieu des accusés.

La Commission qui siégeait était composée de cinq juges présidés par Lacombe :

C'étaient les nommés : Morel, Barreau, Marguerié, Lacroix et Albert.

Avec le P. Pannetier, comparaissait devant cette Commission tous les membres de la famille *de Marcellus*, parmi lesquels une jeune fille de 14 ans et un jeune homme de dix-huit ans ainsi que treize autres victimes désignées d'avance (1).

(1) Voici la liste de ces dix-sept accusés :
1. *Elisabeth* Nau, 18 ans, domestique chez Guadet père à Saint-Emilion : (Acquittée).
2. *Elisabeth* Bernateau, 45 ans, domestique chez Guadet père à Saint-Emilion, (un an de détention).
3. *Marie* de Martin Marcellus fils, 18 ans, agriculteur, (détention jusqu'à la paix).
4. *Pélagie* de Martin Marcellus, 24 ans, épouse divorcée du nommé Descorailles, émigré, (détention jusqu'à la paix).
5. *Pierre* Lionais, 42 ans, bijoutier, rue de l'Egalité, 12, (rue du Parlement) à Bordeaux, (détention jusqu'à la paix).
6. *Raimonde* Chastel, 23 ans, rentière, née à Toulouse, y demeurant rue du Grand Soleil, 232, épouse divorcée de Antoine Lafon, (détention jusqu'à la paix).
7 *Aglaé* de Martin Marcellus, 14 ans, (enfermée dans une maison d'éducation).
8. *Jean Baptiste* Albessard, 79 ans, ci-devant Avocat Général et Conseiller au dernier Parlement de Guienne, rue Sainte-Catherine, 7 à Bordeaux, (condamné à mort).
9. *Robert* Faure, 46 ans, ci-devant Conseiller à la Cour des Aydes, rue Capeyron, 17, à Bordeaux, (condamné à mort).
10. *Suzanne Thérèse* de Martin Marcellus, 54 ans, (condamnée à mort).
11. *Raimond* Larandouette, 72 ans, commis négociant, rue du Loup, 33, à Bordeaux, (condamné à mort).
12 *Edme Jean-Baptiste* Barret Ferrand, 81 ans, ci-devant noble, rue Porte-Dijeaux, 6, à Bordeaux, (condamné à mort).
13. *Jacques* Henri, 29 ans, commis marchand, Marché de la Liberté, 17, (place Royale ou de la Bourse), à Bordeaux, (condamné à mort).
14. *Antoine* Viser, 16 ans, commis au magasin général des hôpitaux militaires, demeurant à Toulouse, rue des Couteliers, 594, (mis en liberté).
15. *Jean Baptiste* Guadet St-Brice, 30 ans, Adjudant-Général de l'armée de la Moselle, demeurant à Saint-Emilion, (condamné à mort).
16. *Simon* Panetier, 75 ans, prêtre.
17. *Thérèse* Thiac, 60 ans, couturière.   (condamnés à mort)
18. *Anne* Bernard, 50 ans, couturière,
19. *Nancy* Pineau, 22 ans, tailleuse, (acquittée le lendemain).

Voici maintenant l'interrogatoire que subirent le P. Pannetier et *ses complices* de la part du farouche président de cette Commission d'assassins.

Nos lecteurs admireront la franchise, la netteté et le courage des réponses de la jeune Nancy Pinaud qui avait été arrêtée avec les femmes Thiac et Bernard. Les premiers chrétiens avaient, eux aussi, de ces réponses admirables qui étonnaient même leurs bourreaux.

Les accusés déclarèrent se nommer :

« 1. Simon Panetié, âgé de 75 ans, prêtre non-
» conformiste, né et domicilié à Bordeaux.

« 2. Thérèse Thiac, âgée de 60 ans, couturière,
» née et domiciliée à Bordeaux.

« 3. Anne Bernard, agée de 50 ans, couturière,
» née et domiciliée à Bordeaux.

« 4. Nancy Pinaud, âgée de 22 ans, tailleuse,
» née et domiciliée à Bordeaux.

— Depuis quand es-tu à Bordeaux, demanda Lacombe au P. Pannetier?

— Je l'ai toujours habité.

— Depuis quand étais tu caché ?

— Depuis deux ans.

— Connaissais-tu la loi ?

— Oui.

— Pourquoi ne t'es tu pas rendu alors ?

— Eh..... dit le P. Pannetier.

— Tu as rempli tes fonctions de prêtre ? — Oui.

— Tu as passé ta vie dans le plus détestable fanatisme. — Qu'as-tu à répondre?

— *Je suis religieux et prêtre de l'Eglise Catholique, Apostolique et Romaine.*

— ASSEOIS-TOI (sic) LE TRIBUNAL EST FIXÉ !

Lacombe se retourna alors vers Thérèse Thiac, Anne Bernard et Nancy Pinaud.

— Pourquoi, dit-il, en s'adressant aux trois malheureuses femmes, pourquoi avez-vous recélé si longtemps ce prêtre ?

— C'est par charité, répondit doucement Thérèze Thiac.

— La charité n'ordonne pas d'oublier sa patrie !

— Il est vrai qu'il n'avait pas prêté serment ; mais c'était son sentiment de prêtre.

Lacombe, vaincu par la douceur et la fermeté de ces deux réponses, chercha à intimider au moins l'une des accusées.

— Voyons, dit-il à Nancy Pinaud, toi qui es la plus jeune, partages-tu les sentiments de ce prêtre ?

— Je suis chrétienne, répondit Nancy Pinaud.

— Tu es jeune : prends garde à tes paroles ; tu peux servir la patrie : tu dois aimer la vie : parles avec franchise.

— Je suis chrétienne ; j'ai fait tout ce que je devais faire.

— On ne te fais pas un crime d'être chrétienne ; on veut que tu obéisses aux lois. S'il était encore chez toi (Lacombe désignait le P. Pannetier du doigt), le dénoncerais-tu ?

— Non ; je partage tous ses sentiments.

On croirait, en lisant cet admirable interrogatoire *que nous avons littéralement copié sur les pièces même du procès*, assister à l'interrogatoire de ces premiers martyrs de l'Eglise comparaissant devant les juges sous Néron ou sous Caligula.

Mais l'auditoire démagogique qui encombrait la salle du tribunal (1) fit entendre de violents murmures soulevés par les courageuses réponses de Nancy Pinaud; Lacombe voulut donner satisfaction à ses auditeurs.

— Tu as irrité, dit-il, même les citoyens indulgents; tu as fait comme ces enfants de la Vendée.

. . . .

— Voyons, dit-il aux trois femmes après un silence, si vous connaissiez des prêtres cachés, les dénonceriez-vous ?

— Non, répondirent-elles, et si nous n'avions pas été découvertes et que le P. Pannetier fut encore chez nous, nous ne le dénoncerions pas.

— Encore une fois, insista Lacombe s'adressant à Nancy Pinaud, dis-nous de nouveau, si tu connaissais des citoyens, les dénoncerais-tu ?...

La jeune fille garda le silence.

— C'est bien, reprit le farouche président, le tribunal *est fixé*.

Le tribunal est fixé ! Ces mots étaient ordinairement l'arrêt de mort des accusés.

(1) C'est la salle actuelle de la Faculté-des-Lettres, rue Montbazon.

Cette phrase terrible que Lacombe avait si souvent prononcée, fut prononcée encore une fois quelques jours après le 3 thermidor ; mais alors le juge était à son tour assis sur le banc des accusés, et comme pour ses victimes, elle fut pour lui aussi un signal de mort.

Avant l'interrogatoire des malheureux proscrits, lecture leur avait été donnée du décret du 27 mars 1793, ainsi conçu :

« La Convention nationale sur la proposition
» d'un membre, déclare la ferme résolution de ne
» faire ni paix ni trêve aux aristocrates et à tous
» les ennemis de la Révolution. Elle décrète qu'ils
» sont hors la loi. »

On leur avait aussi communiqué le décret du 23 ventôse qui portait que :

» Les prévenus de conspiration contre la Répu-
» blique qui se seraient soustraits à l'examen de
» la justice seraient mis hors la loi.

» Que tout citoyen était tenu de découvrir les
» conspirateurs et les individus mis hors la loi,
» lorsqu'il avait connaissance du lieu où ils se
» trouvaient. »

Et que :

« Quiconque les recèlerait chez lui ou ailleurs,
» serait regardé comme leur complice. »

C'était par avance, la condamnation des accusés.

Après avoir, pour la forme, eu l'air de délibérer avec ses collègues, le président prit la parole :

« La Commission, dit-il, après avoir entendu les

» réponses des accusés et lu les différentes pièces
» qui les concernent ;

» Convaincue que.... Simon Panetié, Thérèse
» Thiac, et Anne Bernard se sont montrés les
» ennemis du peuple en favorisant des conspira-
» teurs, en conspirant contre l'unité et l'indivisibilité
» de la République, en tenant des propos contre-
» révolutionnaires et s'affligeant des victoires rem-
» portées par les armées de la République, ayant
» peu de confiance dans les assignats et désirant la
» contre-révolution.

» Ordonne d'après la loi du 27 mars QU'ILS
SUBIRONT LA PEINE DE MORT ; déclare tous leurs
biens confisqués au profit de la République ;
ordonne en outre *que le présent jugement sera* A
» L'INSTANT *exécuté* sur la Place Nationale de
» cette commune, imprimé et affiché partout où
» besoin sera. »

Ce jugement immédiatement imprimé fut affiché
avec les signatures de *Lacombe,* comme président,
Morel, Barreau, Marguerié, Lacroix et *Albert* membres de la Commission et *Giffey*, secrétaire
greffier.

Nous possédons nous même, et nous conservons
précieusement, une des affiches ainsi libellée.

Mais le *Registre de la Commission Militaire établie
à Bordeaux en vertu de l'arrêté des Représentants du
Peuple* sur lequel fut transcrit le jugement aux folios
68, 69 et 70, registre sur lequel nous l'avons copié
au greffe de la Cour d'assises de la Gironde,

porte seulement les signatures de A^{te} Albert fils, Lacroix fils, Morel, Marguerié et Barreau.

Lacombe, par un reste de pudeur peut-être, n'osait pas toujours sans doute, signer les iniques sentences de la Commission. Beaucoup de jugements rendus par cet exécrable tribunal ne portent pas non plus la signature du redoutable président, et ceux qui ont été signés par lui ne l'ont été que postérieurement à leur exécution, ainsi que le prouve la curieuse note suivante écrite à la dernière page du registre comme annexe au folio 84, et que le commis-greffier *Lafontaine* crut devoir rédiger pour dégager sa propre responsabilité :

« Moi, Jean-Jacques Lafontaine, commis au
» bureau de la Commission Militaire, certifie
» qu'étant chargé du registre de la dite Commission,
» et chargé en même temps par le citoyen Giffey
» de faire signer les juges à chaque jugement,
» qu'il ne m'a pas été possible de rejoindre Lacombe
» président de la dite Commission, ayant été une
» quantité de fois chez lui, m'ayant toujours dit
» qu'il n'avait pas le temps, qu'il les signerait
» toujours. Qu'un jour, lorsque la Commission
» Militaire fut dissoute par la Convention Natio-
» nale, il partit pour Toulouse.

» A cette époque, ledit citoyen Giffey me dit
» que dussai-je y passer la nuit, il fallait qu'il
» signât le plumitif avant de partir.

» Je certifie donc y être allé à cette époque
» deux fois dans la soirée sans pouvoir le rencon-

» trer ; qu'à la troisième, je le trouvai chez lui et
» lui dis qu'il fallait qu'il signat tous les jugements
» portés sur ledit plumitif, ne sachant ce qui
» pourrait arriver dans son voyage, ce qui me fit
» rester jusqu'à près de minuit chez lui.

« En le signant, il me dit qu'il estimerait mieux
» *faire un travail de tête* (1) que celui-là, ayant des
» jugements à cette époque qui n'étaient pas portés
» ne les ayant pas eus de chez l'imprimeur, ce qui
» m'avait occasionné de laisser des blancs sur les
» registres ; et depuis cette époque, il m'a été
» impossible de lui en faire signer aucun par la
» quantité de personnes qu'il avait toujours à sa
» suite, (2) tant chez lui lorsqu'il y était, qu'à la
» Commission, lorsqu'il venait tenir ses audiences.

« LAFONTAINE (3). »

Nancy Pinaud et Lassave ne figuraient pas dans ce jugement.

Nancy avait été réservée pour un supplément d'information.

Quant à Lassave, il ne devait comparaître devant la Commission Militaire que le lendemain.

Sur la chemise du dossier de Nancy Pinaud, nous avons lu l'annotation suivante écrite en entier de la main de Lacombe :

(1) Le Greffier a-t-il voulu faire un atroce jeu de mots en parlant du *travail de tête* de Lacombe ? On serait tenté de le croire !

(2) Le sanguinaire président avait, on le voit, des courtisans nombreux !

(3) Extrait du registre n° 3 de la Commission Militaire établie à Bordeaux en vertu de l'arrêté des Représentants du peuple. Annexe au folio 84. verso. (*Greffe de la Cour d'Appel de Bordeaux*).

« *Séance du 3 thermidor* : Nancy Pinaud. Cette
» jeune fille, fanatisée par le prêtre Panetié et par
» de vieilles aristocrates avec qui elle vivait, refusa
» à la première audience, malgré les instances du
» président, à se ranger dans la classe des
» citoyennes : *elle méritait la mort*, mais son très
» jeune âge, l'espérance de la rendre à la patrie,
» excitèrent l'indulgence du tribunal : elle fut ren-
» voyée au lendemain pour en tirer des renseigne-
» ments importants. »

Le lendemain Nancy Pinaud comparut de nouveau devant ses juges.

Albert se chargea ce jour-là de l'interrogatoire.

Le P. Pannetier avait déjà porté sa tête sur l'échafaud depuis vingt-quatre heures, car les jugements de la Commission Militaire étaient exécutés à la sortie de l'audience.

Nous croyons devoir cependant transcrire encore ici l'interrogatoire de Nancy Pinaud.

Séance du 4 thermidor (1).

« D. — Comment t'appelles-tu ?
» R. — Nancy Pineau (*sic*).
» D. — Depuis quel temps es tu à Bordeaux ?
» R. — Etre habitante de Bordeaux, demeurant
» rue du Cahernan.
» D. — Quel était le principal chef de la
» maison ?

(1) Greffe de la Cour d'Assise de Bordeaux : — Fond Révolutionnaire. — Dossier Nancy Pinaud : notes d'audience.

» R. — Le citoyen Lagonère, coutelier.

» D. — Quels étaient les autres individus qui
» habitaient la maison ?

» R. — Sur le devant de la maison étaient
» depuis trois mois les nommés *Jobert*, tailleur
» d'habits, sa femme, sa belle-sœur et un petit
» enfant ; au second étage la citoyenne *Ganuchot*
» et sa mère, restant (*sic*) ces derniers dans ladite
» maison depuis environ quatorze ans.

» D. — Dis-nous quels sont les prêtres qui sont
» cachés dans la maison que tu habites, et quelles
» sont les personnes qui s'y sont rendues habituel-
» lement, et depuis quel temps ces prêtres sont
» cachés, et s'ils y ont exercé des fonctions quel-
» conques ?

» R. — Que le nommé Pannetier, prêtre, était
» caché dans la dite maison depuis que la loi de
» la déportation a été rendue, mais qu'il n'y restait
» pas toujours. Qu'il allait et venait, mais qu'elle ne
» sait pas les maisons où il se rendait ; seulement,
» elle sait qu'il se rendait dans la maison du Bon
» Pasteur (1). Qu'elle ne s'est jamais aperçue que
» personne vint dans cette maison pour y exercer
» aucune fonction du culte. — Qu'il n'est pas à sa
» connaissance que ce prêtre lui-même en ait
» exercé. — Qu'elle qui dépose a quelquefois en
» compagnie des femmes Bernard et Thiac, dit les

(1) Il y avait quelques jours que cette maison avait été dépeuplée par les soins de Lacombe. Nous en avons déjà parlé plus haut : (p. 189 et suivantes).

» vêpres dans une chambre. Elle déclare cepen-
» dant que lors de la prestation du serment, le
» nommé Bordes, curé dans la commune de Néri-
» gean n'ayant pas prêté le serment exigé par la
» loi, se réfugia dans la maison qu'elle qui dépose
» habite, y resta aux environs de huit mois, et
» ensuite fut déporté. Il était à la connaissance de
» tous ceux qui habitaient la maison que ce prêtre
» insermenté y eut fixé son domicile.

» D. — Il est impossible que tu ne fus (sic) dans
» le secret, puisque à l'audience tu as répondu de
» la même manière que les femmes Bernard et
» Thiac. Il s'en suit de là (sic) qu'elles t'avaient
» fait la leçon, que tu dois connaître les personnes
» suspectes qui se sont rendues dans cette maison.
» Il paraît que tu n'es pas de bonne foi. Je t'invite
» et t'exhorte à dire la vérité.

» R. — L'avoir dite. — Qu'arrivant de la campa-
»gne il y a aux environs de sept mois — que depuis
» cette époque les femmes Bernard et Thiac ne
» lui ont fait aucune confidence — qu'elle a ignoré
» que le prêtre Pannetié y fut caché — qu'elle ne
» l'a vu dans cette maison que depuis la prestation
» du serment jusqu'au mois de janvier dernier,
» (vieux style) — qu'elle a dit la vérité — qu'elle
» en a fait le serment, et que si elle connaissait
» quelques conspirateurs, elle se ferait un devoir
» comme bonne citoyenne, de les dénoncer;
» qu'on ne doit imputer cette première faute qu'elle

» a faite qu'à son jeune âge (1) et à la faiblesse de
» son sexe dont (sic) elle promet de réparer en
» remplissant les devoirs d'une bonne républicaine.

« Lecture a été faite, a dit contenir vérité et a
» signé avec nous :

« Nancy PINEAU.

« A^te-ALBERT, *membre de la commission*
» *Militaire.* »

» Fait et clos le 4 thermidor, deuxième année
» républicaine. »

» Interrogée de nouveau de nous dire la vérité,
» Répond s'être oubliée de dire (sic) qu'elle a vu
» venir dans ladite maison le nommé Lassave,
» actuellement présent au tribunal comme accusé :
» qu'à la vérité la sœur du prêtre Pannetier était
» malade, et qu'il y a aux environs de trois ans;
» déclarant n'avoir rien plus à dire (2).

» A^te-ALBERT. — Nancy PINEAUD. »

Sur la dernière page du dossier, nous avons trouvé les deux annotations suivantes que le juge avait écrites de sa main pour fixer ses souvenirs :

« *Interrogatoire de la c :* (3) *Nancy Pineau :* —
» Elle refusa de prêter son serment de fidélité à la

---

(1) La pauvre fille terrorisée par la condamnation et l'exécution du P. Pannetier, cherchait à sauver sa vie au moyen d'une affirmation qui était bien plutôt sur ses lèvres que dans son cœur, si nous en croyons ses belles réponses de la veille. Mais elle avait 22 ans : le P. Pannetier était mort, et la faiblesse humaine est si grande !

(2) Nous avons copié textuellement cet interrogatoire, lui laissant le style étrange du féroce Albert.

(3) Citoyenne.

» patrie. — Dirigée par le fanatisme !... Elle paraît
» vouloir abjurer son erreur. — *Est-elle de bonne*
» *foi?* . . . . Complice de Pannetié — ne
» l'ayant point déclaré, et ayant soutenu ses senti-
» ments contre-révolutionnaires.

On le voit, la malheureuse jeune fille intimidée par les membres de la Commission Militaire, affolée par la mort de Thérèse Thiac, d'Anne Bernard et du P. Pannetier, conservant encore un dernier espoir de sauver sa propre existence, et du reste torturée de questions, avait en partie retracté ses affirmations de la veille.

Mais ses révélations ne compromettaient aucune nouvelle tête. Elles ne concernaient que les martyrs de la précédente audience, et la nouvelle attitude de Nancy Pinaud pouvait la tirer des griffes des monstres de la Commission. Qui donc osera la blâmer ! surtout quand on réfléchit qu'elle n'avait que 22 ans. La pauvre fille avait peur !

L'interrogatoire que nous venons de transcrire nous donne quelques détails sur les derniers mois de l'existence du P. Pannetier. C'est pour cela que nous avons voulu donner ici la physionomie exacte de ce procès.

Nancy Pinaud avait parlé ; mais ce qu'elle avait dit ne suffisait pas encore pour contenter les membres de l'inique tribunal. Ils la firent donc encore une fois comparaître devant eux, et décidèrent de l'interroger à huis clos afin de lui arracher, si c'était possible, d'autres aveux capables de compromettre de nouvelles victimes.

Nous avons, en effet, trouvé encore dans ce dossier les notes suivantes : nous transcrivons textuellement :

NOUVEL INTERROGATOIRE DE NANCY PINEAU

— Eh bien! as-tu fait réflexions ?
— Oui.
— Seras-tu bonne citoyenne ? — Défendras-tu la République ? — Regardes-tu comme des scélérats les prêtres qui t'ont trompée ? — Ne reconnaitras-tu que la divinité et non ces prêtres ?
— Oui.
— Avant d'en prêter le serment dis-nous où sont cachés divers prêtres, et quels sont leurs complices.

« *Passé au Secrétariat pour l'interroger séparément.*
» Lecture de son interrogatoire récent.
« On lui fait prêter serment d'aimer la Républi-
» que, — de verser pour la soutenir la dernière goutte
» de son sang, — de dénoncer tous les conspi-
» rateurs, *particulièrement les prêtres insermentés*
» que j'abhorre de m'avoir trompée ; que je ne
» reconnaîtrai dorénavant que l'Être Suprême et *la*
» *divinité du peuple français!* »

Nous avons voulu laisser à ces notes leur étrange cachet. Nous avons rectifié l'orthographe des mots; mais nous avons conservé ce style inouï qui souvent commence une phrase à l'impersonnel pour finir à la première personne.

Trois choses sont à remarquer dans ces notes d'audience. D'abord, le désir ardent des bons républicains de s'emparer des prêtres insermentés : c'est leur préoccupation constante ! Ensuite, l'étrange serment que prête Nancy Pinaud de reconnaître la *divinité du peuple français*. Enfin les réponses courtes, haletantes, laconiques de la victime.

Tout ce que les bourreaux peuvent arracher des lèvres de la malheureuse fille, c'est un *oui* péniblement articulé et répété tout le temps de l'interrogatoire. Évidemment, la pauvre Nancy Pinaud n'était pas coupable de ses rétractations : elle avait perdu complétement la conscience de ses actes : la peur avait anéanti toutes ses facultés et elle ne se rendait pas compte elle-même de ses réponses.

Mais la jeunesse et la beauté de l'accusée avaient attendri pour une fois ces juges impitoyables, et ils se contentèrent des rétractions arrachées à leur victime.

Aussi, à la suite de ces tortures, la Commission Militaire rendit-elle le jugement suivant :

« La Commission........ convaincue que Nancy
» Pinaud, âgée de 22 ans, native et domiciliée à
» Bordeaux, rue du Cahernan, 34, séduite par des
» prêtres scélérats n'avait pu manquer d'adopter
» leurs sentiments fanatiques.

» Considérant néanmoins, qu'à son âge son cœur
» n'est pas corrompu au point de lui faire déguiser

» ses sentiments, et que, revenue de ses erreurs.
» pénétrée des grands principes de la raison, elle
» a fait de bonne foi, en présence du tribunal et
» du peuple, le serment d'être fidèle à la patrie, de
» sacrifier sa vie pour elle, de dénoncer tous ces
» prêtres imposteurs dont les principes étaient
» d'enseigner une doctrine qu'ils se gardaient bien
» eux-mêmes de suivre, et qu'ils ne propageaient
» que pour leur propre intérêt. Espérant que, par
» une conduite vertueuse, elle réparera une erreur
» aussi funeste à la patrie ; qu'elle deviendra bonne
» citoyenne, bonne mère ; qu'elle n'oubliera jamais
» le vif intérêt que ses concitoyens lui ont témoigné,
» et qui a dû lui prouver que si les républicains
» sévissent avec courage contre les aristocrates,
» ils savent de même distinguer l'erreur d'avec le
» crime.....

» Ordonne qu'elle sera sur le champ *mise en
» liberté*.

» *Signé* : LACOMBE *président*, MOREL, BARREAU,
» MARGUERIÉ, LACROIX, ALBERT.
» *Collationné* : GIFFEY, *secrétaire*. »

Nancy Pineaud était acquittée !

Quant au chirurgien Lassave qui avait donné ses soins au P. Pannetier, il comparut avec Nancy Pinaud.

Il avait avoué en effet avoir soigné le vénérable religieux ; mais il déclara avoir cessé de le visiter lorsqu'il avait appris qu'il était *insermenté* et par suite *rebelle*.

Il fut condamné à mort par le même jugement qui acquittait Nancy.

Sa condamnation est motivée comme suit :

« La Commission Militaire...... convaincue que
» *Pierre Toussaint Lassave*, âgé de 55 ans, officier
» de santé, natif de Sauveterre, canton et district
» dudit lieu, département des Hautes-Pyrénées,
» demeurant à Bordeaux, rue des Menuts, numéro
» 32, a depuis le commencement de la Révolution
» donné des preuves de son aristocratie ; — qu'il était
» intimement lié avec Groc, aristocrate forcené ; —
» *qu'il a donné ses soins à Pannetié, prêtre réfractaire*
» *qu'il savait parfaitement être caché pour se soustraire*
» *au châtiment qu'il méritait ;* — qu'il a entretenu des
» correspondances avec des hommes grandement
» suspectés d'émigration et qui dans leurs lettres
» osent se déclarer ouvertement contre-révolu-
» tionnaires :

« Le condamne à la peine de mort, et ordonne
» que la sentence sera immédiatement exécutée. »

THÉRÈSE THIAC

NÉE A BORDEAUX, LE 8 JUILLET 1754
MORTE SUR L'ÉCHAFAUD RÉVOLUTIONNAIRE, LE 3 THERMIDOR AN II
(22 JUILLET 1794)

D'après un portrait original communiqué par son petit-neveu, M. Eugène de Thiac, d'Angoulême.

CHAPITRE VIII

THÉRÈSE THIAC ET ANNE BERNARD

NOTICE BIOGRAPHIQUE

THÉRÈSE THIAC, la cousine germaine du P. Pannetier, qui venait d'être condamnée à périr avec lui, était la neuvième et dernière enfant de Antoine Thiac, menuisier, propre frère de cette autre Thérèse Thiac qui avait été la mère du vénérable Grand Carme. Elle avait eu pour marraine sa sœur aînée.

Les neuf enfants de Antoine Thiac furent :
Thérèse, née le 24 mai 1716.
Marie-Anne, née le 18 juillet 1717.
Marguerite, née le 16 mars 1720.
Charles, né le 28 août 1722.
Jean, né le 3 novembre 1723.
Jeanne, née le 5 août 1725.
Pierre, né le 21 mai 1727.
Marie, née le 18 novembre 1730.

Et enfin *Thérèse*, née le 8 juillet 1734, qui fut la compagne du martyre du P. Pannetier.

Son père, Antoine Thiac, était mort le 2 février 1749, à l'âge de 69 ans.

Les fils de Antoine Thiac furent comme lui attachés à la corporation des menuisiers.

L'un d'eux, Charles, marié à *Madeleine Couasse*, eut cinq enfants, trois filles (1) et deux garçons (2).

Ses deux fils embrassèrent l'un et l'autre la profession d'architecte, et firent en cette qualité en 1787, un voyage à Rome, aux frais de la ville de Bordeaux.

Le plus jeune des deux, Jean-Baptiste Thiac, neveu de Thérèse Thiac et petit cousin du P. Pannetier, comparut lui aussi devant Lacombe ; mais plus heureux que sa tante, il fut acquitté par le terrible président après une détention préventive de quelques mois.

Il avait été arrêté dans les derniers jours de décembre 1793 sous l'accusation d'*avoir fait construire dans la maison de la citoyenne Dumoulin une cachette où Lebrun s'était retiré pour se soustraire au glaive de la loi*.

Il habitait alors à coté de chez sa tante, rue du Cahernan, 33.

Le 26 mars 1794, (6 germinal, an II) il fut conduit devant la Commission Militaire ; Lacombe

---

(1) *Marie*, née le 21 mai 1755, *Thérèse*, née le 21 avril 1758 et *Jeanne*, née le 3 septembre 1759.

(2) *Charles Joseph*, né le 1ᵉʳ novembre 1756, et *Pierre Jean Baptiste*, né le 29 juin 1762.

procèda lui-même à son interrogatoire. Son procès est assez intéressant à étudier.

Il déclara (1) se nommer Jean Thiac jeune, être âgé de 31 ans, être né à Bordeaux et y exercer rue du Cahernan, 33, (2) la profession d'*artiste architecte* (*sic*).

Voici, relativement à cet accusé le curieux rapport qui avait été adressé à la Commission Militaire par le Comité de Surveillance (3) le 25 ventôse, an II (15 mars 1794).

« Ce citoyen a été mis en arrestation pour avoir fait
» deux cachettes, l'une dans la maison de campa-
» gne de Lebrun, l'autre chez la citoyenne

---

(1) Greffe de la Cour d'appel de Bordeaux. — Fonds révolutionnaire.

(2) J.-B. Thiac paraît avoir été propriétaire de cette maison de la rue du Cahernan qu'il avait lui-même construite.

Dans un ouvrage qui parut à Bordeaux en 1828, nous avons trouvé sur J.-B. Thiac la petite notice suivante :

« Thiac, élève de l'Académie royale d'architecture de Paris. — La
« mort l'enleva trop prématurément à l'art de l'architecture dans
« l'exercice duquel il s'assura en débutant une place distinguée.

» Parmi les constructions en petit nombre que la courte carrière de
« ce jeune architecte lui a laissé le temps d'élever, nous citerons sa
« *propre maison*, dans *la rue du Cahernan* où la localité la plus
« défavorable le mit à même de déployer largement les ressources
« d'un génie fécond. Il les vainquit avec un rare bonheur.

» Celle qu'il édifia pour M. J. J. Bosc, rue du Chai-des-Farines, est
« un modèle parfait d'habitation convenablement appropriée pour un
» négociant exploitant un commerce varié et étendu » (*Portefeuille Ichnographique de Louis*, par GAULLIEUR-L'HARDY : 1828, page 10).

J.-B. Thiac jeune fut le père de l'éminent architecte du Palais-de-Justice de Bordeaux et de l'Etablissement des Sourdes-Muettes.

(3) Archives départementales de la Gironde. — Série L, registre 487, folio 10.

» Dumoulin, où Lebrun faisait la plupart du
» temps son domicile.(1)

» Thiac avoue dans son interrogatoire qu'il a
» prêté ses soins pour les faire construire sur la
» demande qui lui en fut faite, mais il déclare qu'il
» croyait que c'était pour resserrer des effets pré-
» cieux, dans un temps où des malveillants répan-
» daient des bruits que Bordeaux allait être livré
» au pillage, et que ce fut dans cette unique inten-
» tion qu'il s'y employa.

« Thiac est-il de bonne ou de mauvaise foi?
» C'est ce que le Comité n'entreprend pas de
» décider; toujours est il vrai qu'une cachette servit
» à cacher Lebrun et que le Comité l'y découvrit.

« Lebrun a payé sa scélératesse; mais dans le
» cas où Thiac l'eut faite réellement pour sous-
» traire Lebrun à la recherche des bons citoyens,
» Thiac était-il convaincu que Lebrun était un
» conspirateur? Etait-il convaincu de tous ses cri-
» mes? C'est ce que le Comité ne pense pas?
» Tout le monde connait la finesse de Lebrun;
» tout le monde sait qu'il se parait d'un dehors de
» patriotisme, et qu'il avait l'art d'en imposer à de
» bons citoyens. Thiac sans doute le croyait la
» victime de quelque dénonciation perfide, et dans
» cette idée, il prêta son ministère à la construction
» de ces cachettes. Quoiqu'il en soit, Thiac est

---

(1) Nous avons scrupuleusement respecté le texte de ce document : nous avons tenu à le donner *in extenso*, malgré l'étrangeté de son style.

» répréhensible et le Comité a pensé que la Com-
» mission Militaire devait le juger.

« Examinons maintenant quelle a été la conduite
» de Thiac dans le cours de la Révolution. D'après
» les renseignements que nous avons pris sur son
» compte, Thiac a la réputation d'un patriote ; il a
» fait son service dans la garde nationale, et s'est
» rendu exactement dans sa section. Il n'a été ni
» de la force départementale ni de la Commission
» Populaire. C'est un artiste né dans la classe
» des ouvriers, ce qui persuade le Comité qu'il
» n'avait aucun intérêt à haïr la Révolution, puis-
» qu'elle a été faite pour le peuple dont il fait
» partie. Le Comité n'a contre lui aucune autre
» dénonciation, et observe qu'il y a près de trois
» mois qu'il est détenu au fort du Hâ (1).

Signé : Charles, président ; Michenot,
Plenaud ; St-Blancart *jeune* ; Constant ;
Laye ; Rideau ; Lelom ; J. Fauché.

Après la lecture de cet acte d'accusation, Lacombe procéda à l'interrogatoire de Jean Thiac.

— Veux-tu un défenseur officieux, lui deman-
da-t-il ?

— J'ai choisi le citoyen Boissel.

— Né dans la classe respectable des ouvriers,
au lieu de soutenir la liberté, tu t'es lié avec ceux
qui voulaient la perdre. Tu as fait faire des cachet-

(1) Archives de la Gironde, série L, registre 487, folio 16.

tes ? Pourquoi l'as-tu fait ? Réponds : toi, ou ton défenseur officieux.

D'après les notes d'audience dont nous allons donner ici copie, en respectant scrupuleusement leur style étrange et décousu, le citoyen *Lélius* Boissel, défenseur de Thiac, se leva à ce moment et lut une défense écrite qui n'a pas été conservée au dossier.

« Il ajoute, lisons-nous dans ces notes, que
» son client n'a pris aucune part à la Commission
» Populaire et à la force départementale, et qu'au
» contraire, il défendit la cause de la liberté en
» luttant contre Duvigneau et Marandon dans sa
» section.

» — Le défenseur, malgré son éloquence
» répondit Lacombe, ne persuadera pas au tribunal
» que l'accusé a péché sans connaissance de cause.
» Thiac ne pouvait pas ignorer que cette cachette
» était pour cacher des conspirateurs.

Pourquoi Thiac n'est-il pas venu dénoncer cette cachette comme cet ouvrier dont il a été parlé, et qui, du moment qu'il vit l'arrêté de la Commission Militaire vint dénoncer lui-même toutes les cachettes qu'il avait faites ? Lorsque l'on se tait pour dénoncer un conspirateur, on devient son complice.

— Connaissais-tu l'arrêté de la Commission Militaire, dit alors Lacombe à l'accusé ?

— Non, et quand même je l'aurais connu, je ne serais pas venu, dénoncer Lebrun, parce que je ne m'étais jamais imaginé que c'était pour cacher un conspirateur.

— Et pourquoi n'as-tu pas dénoncé l'armoire de la citoyenne Dumoulin, *quoique tu n'ignorais pas* (sic) d'après ton aveu, qu'elle devait cacher des conspirateurs ?

Lelius BOISSEL : Dans la Révolution, chaque personne a un caractère différent, et ceux qui connaissaient Thiac savent qu'il s'occupe journellement de son état.

— Le caractère de pusillanimité ne peut être le fait d'un bon citoyen ; quels sont les *sans-culottes* que tu fréquentais, et à qui tu as manifesté tes principes ?

— BOISSEL : Thiac ne fréquentait que des ouvriers. Ce qui prouve son patriotisme, c'est que sa section l'a honoré d'un certificat de civisme.

Boissel donna alors lecture de ce document. — L'interrogatoire fut ensuite continué.

— Te rendais-tu dans ta section lors de la permanence ?

— Oui, et elle se déclara permanente.

— Y avait-il deux partis dans ta section ?

— Je n'ai connu que le parti des sans-culottes.

Thiac remit alors des certificats dont il fut donné lecture. Ces certificats étaient signés des noms suivants :

DAT *Bernard*, 38 ans, natif de Mont-de-Marsan, menuisier. — DERBET *Pierre*, natif de Bordeaux, médecin. — DUPONT *fils Pierre*, 28 ans, natif de

Bordeaux, officier de santé. — Vidal *Léon*, 26 ans, natif d'Avignon, marchand. — Barthez *Jacques*, 36 ans, natif de Bordeaux, entrepreneur de bâtisses. — Lassale *Jean*, 38 ans, né à Bordeaux, orfèvre, et Jude *Michel*, 38 ans, natif de Bordeaux, courtier de navires. Ces certificats attestent tous le républicanisme manifesté par Thiac contre la force départementale.

L'un des signataires déclare qu'il le connaît depuis huit ans ; que c'est un bon patriote faisant son service avec lui, parlant en faveur de la liberté, et qui, dans la section, a combattu la Commission Populaire.

Un autre affirme que Thiac lui a parlé en faveur de la République ; qu'il a parlé contre les aristocrates, et qu'un jour il dit : Je veux faire un discours pour épouvanter les aristocrates. Il était toujours du parti des sans-culottes.

Un troisième dit qu'il le connaît pour bon citoyen depuis même avant la Révolution.

Dupont déclare : Je l'ai connu bon citoyen par les motions sages qu'il faisait dans la section. Il s'est opposé à la Commission Populaire, à la force départementale et à la Société de la jeunesse bordelaise ; il s'est réjoui lorsqu'il a appris la mort du tyran.

Vidal : Nous avons fait notre service ensemble ; je l'ai toujours connu bon patriote.

Jude : Je connais Thiac depuis l'enfance ; avant la Révolution, il disait que le gouvernement nous écrasait, et lors de la Révolution, il s'est montré en bon citoyen.

Le président résuma de la manière suivante les débats qu'on vient de lire :

« L'accusé a répondu qu'il n'avait point dirigé
» cette cachette : qu'à la vérité, allant un jour à
» Eysines, passant devant la porte de la citoyenne
» Dumoulin, à Caudéran, il fut invité d'entrer (sic);
» qu'elle lui témoigna le désir de faire construire
» une serre ou cachette pour y renfermer des effets
» précieux qu'elle craignait lui être volés ; qu'en
» visitant la maison, il trouva un endroit qui lui
» parut propre à cet ouvrage, et qu'il continua son
» voyage ; qu'il ignore si la cachette a été construite
» et par qui ; que quant à l'armoire qu'il a fait
» porter chez la citoyenne Dumoulin, il n'a eu
» aucun renseignement sur l'usage auquel on *le*
» destinait, et qu'il n'y attacha lui-même aucune
» importance ; qu'au surplus, s'il avait su que ces
» objets eussent été destinés à cacher des hommes
» suspects, son patriotisme est assez reconnu
» pour ne pas laisser douter qu'il se serait empressé
» de remplir les devoirs qui lui sont indiqués par
» la loi. »

Après une courte délibération avec ses collègues, Lacombe prononça le jugement en ces termes :

» La Commission Militaire :

» Après avoir entendu le défenseur de l'accusé et lui-même dans ses réponses, fait la lecture de son interrogatoire devant le Comité de surveillance de Bordeaux, du rapport dudit Comité, et des diverses pièces réunies sur le bureau par l'accusé :

« Convaincue, d'après son aveu même, qu'il a prêté ses soins pour faire une cachette dans la maison de la citoyenne Dumoulin, cachette dans laquelle Lebrun a cherché à se soustraire au glaive de la loi.

« Convaincue que sous ce rapport il est grandement coupable envers la patrie ;

« Considérant néanmoins que l'accusé croyait que c'était (sic) pour resserrer des effets précieux dans un temps où des malveillants répandaient le bruit que Bordeaux allait être livré au pillage, et que ce fut dans cette unique intention qu'il s'y employa.

« Considérant que depuis le commencement de la Révolution, l'accusé n'a cessé de donner des preuves de patriotisme ; que, né dans la classe des sans-culottes, il en a constamment professé les principes dans sa section : ce qui résulte de la déposition d'un grand nombre de témoins ; qu'il s'est opposé aux mesures liberticides de la Commission Populaire et de la force départementale ; que si, dans cette dernière circonstance de sa vie politique, il a eu une erreur momentanée, il en est suffisamment puni par trois mois de détention, et qu'avec ses talents et ses principes il peut être très-utile à la République ; ayant égard à l'arrêté du tribunal en date du 25 frimaire, par lequel il déclare que tous ceux qui auraient eu la faiblesse de retirer quelques personnages suspects, et qui par là sont devenus les complices de leurs crimes, sont requis de les dénoncer à l'instant, et s'ils obéissent à la présente réquisition, le tribunal, en faveur de leur démarche quoique tardive, leur pardonne d'avance cette faiblesse criminelle :

« Ordonne qu'il sera sur le champ mis en liberté ; ordonne, en outre, l'impression et l'affiche. »

J.-B^{te} Thiac, venait d'échapper à la hache de la terrible Commission Militaire.

Quatre mois plus tard, son héroïque tante et son vénérable cousin montaient sur l'échafaud.

ANNE BERNARD qui partagea avec Thérèse Thiac la gloire de mourir martyre de son dévouement à la religion catholique était la fille d'un maître tonnelier de Bordeaux.

Elle était née le 10 février 1745 dans la paroisse de Saint-Michel, et avait été baptisée le lendemain dans l'église de Sainte-Croix. Elle avait eu pour parrain un membre de la famille Thiac (1).

---

(1) Extrait du registre des baptêmes de l'église de Sainte-Croix.
« Du 11 février 1745 : a été baptisée Anne, fille légitime de maître Pierre BERNARD, tonnelier, et de Marguerite ANDREAUT, habitant paroisse Saint-Michel. Née hier à six heures du soir : parrain Bernard Thiac, marraine Anne Picaut, qui a déclaré ne savoir signer.
  « PROUPAIN, vicaire. »

Femme d'une haute piété, elle avait de bonne heure été enrolée sous la bannière du Tiers-Ordre des Carmes, et avait été l'amie intime de Cécile Pannetier, également tertiaire du Carmel.

Anne Bernard avait longtemps habité avec Cécile Pannetier, et l'avait elle-même soignée dans sa dernière maladie.

Après la mort de Cécile Pannetier, elle était venue partager la demeure de Thérèse Thiac, cousine de son amie, avec laquelle elle avait été élevée.

Les deux saintes filles vivaient péniblement ensemble de leurs travaux de couture.

M. Paulin Lafargue, un de nos bons amis, fils d'une nièce d'Anne Bernard, nous a communiqué des notes de famille que lui a léguées sa mère, Mme Lafargue, née Anne Bernard, nièce et filleule de Anne Bernard, la compagne de Thérèse Thiac.

Il résulte de ces notes qu'au moment où Lacombe envoya à la mort le P. Pannetier *et ses complices*, Anne Bernard adressa d'une voix vibrante au farouche président de sanglantes paroles contenant une menace prophétique qui se réalisa quelques jours plus tard.

M. Paulin Lafargue, parmi ses souvenirs de famille, possède un morceau d'étoffe noire qu'il nous a montrée avec un pieux respect.

Sur un coin de ce précieux tissus est encore attaché un papier jauni par le temps. Nous y avons lu avec émotion ces mots écrits par la mère même de M. P. Lafargue, morte il y a déjà longtemps dans un âge avancé.

« Ce voile de religieuse a appartenu à ma tante, » Anne Rose Bernard, du Tiers-Ordre des Grands » Carmes, guillotinée le 22 juillet 1794, en com- » pagnie du P. Pannetier. »

CHAPITRE IX

MORT DU P. PANNETIER

DANS la nuit du 2 au 3 thermidor (du dimanche 20 au lundi 21 juillet 1794), nuit qui suivit l'arrestation, et précéda la condamnation à mort du vénérable P. Pannetier, Mlle de Lamourous réussit à pénétrer dans la prison du saint confesseur de la foi.

Mlle de Lamourous née le premier novembre 1754 avait alors quarante ans.

Femme d'une piété ardente, elle avait trouvé moyen de s'introduire sans être connue jusqu'auprès des juges du tribunal révolutionnaire.

Là, (on en a à Bordeaux des preuves positives) elle se faisait montrer adroitement le registre où étaient inscrits les noms des victimes destinées à la mort.

Elle se hâtait alors de les prévenir ou de les

faire prévenir à temps, afin qu'elles se missent si possible, à l'abri du danger.

« Lorsque sur la liste de proscription, » lisons-nous dans la vie de cette vénérable demoiselle, écrite par M. l'abbé Pouget, « Mlle de Lamourous
» apercevait le nom de quelque personne de sa
» connaissance, ou qu'étant parmi ces hommes à
» cœur de tigre, elle entendait parler de quelque
» exécution déjà faite, elle ne pouvait pas toujours
» dissimuler l'impression qu'elle éprouvait. Alors
» les terroristes, remarquant son émotion lui
» disaient : Eh quoi, citoyenne, cela te ferait-il de
» la peine ? Et pourquoi ? Ce sont des coquins. »

« Et Mlle de Lamourous leur répondait avec son
» calme admirable : Que voulez-vous ? Vous autres
» hommes, vous avez plus de courage ; mais moi
» qui ne suis qu'une femme, je ne puis m'empêcher
» de frissonner (1). »

Quelques-unes des victimes signalées d'avance par Lacombe durent leur salut à la fraude pieuse de la courageuse femme.

Mlle de Lamourous avait connu le P. Pannetier ; elle avait eu souvent recours aux conseils du saint religieux, et avait pour lui une vénération profonde.

Elle avait pu depuis longtemps déjà apprécier les vertus du généreux martyr ; aussi quand elle apprit son arrestation, ne balança-t-elle pas une minute à chercher un moyen de parvenir jusqu'à lui. Dieu

---

(1) *Vie de Mlle de Lamourous* par l'abbé Pouget, page 39. — Lyon, chez *Périsse* : 1843.

favorisant son dessein, elle se présenta hardiment aux gardiens de la prison du palais.

Ceux-ci, accoutumés à voir la noble fille qu'ils prenaient pour une ardente patriote, assidue dans l'antichambre de Lacombe auquel elle venait chercher à arracher quelque victime, ne firent aucune difficulté pour lui permettre de pénétrer jusqu'à la cellule du vieux prêtre.

» Elle y était conduite, nous dit l'abbé Pouget,
» par sa tendre charité, par le désir de rendre quel-
» que service à l'homme de Dieu et de profiter
» elle-même de ses bons avis. » (*Vie de Mlle de Lamourous*, page 31.)

Elle trouva le P. Pannetier déjà abîmé dans l'unique pensée de son dernier moment. Dieu seul dont il espère bientôt jouir occupe toute son intelligence.

Ni les dérisions dont il a été l'objet pendant la soirée, ni les coups que les gardiens lui ont portés en le conduisant à sa prison, ni les autres outrages qu'il a subis n'ont pu altérer sa patience et sa résignation.

Imperturbablement uni à Dieu dans l'exercice d'une continuelle prière, il joint son intention à celle du divin Supplicié pour demander lui aussi au ciel de pardonner à ses bourreaux.

La royale victime du 21 janvier avait, avant lui, demandé à Dieu que son sang ne retombât pas sur la France ; mais, hélas ! des misérables avaient gravi l'échafaud royal, et plongeant leurs bras nus dans le sang de l'innocent en avait éclaboussé les fronts des spectateurs de l'horrible drame, et refusant le pardon de leur victime, avaient parodié d'une façon sanglante la terrible scène où les Juifs appelèrent sur leur tête la malédiction divine, en demandant que le sang de Jésus retombât à jamais sur leur race.

C'est dans un auteur républicain contemporain des événements ; c'est dans Prudhomme, qu'il faut lire cette scène *digne des pinceaux de Tacite*, suivant l'expression de l'auteur, où des cannibales jetant un dernier défi à la Providence, réclamaient comme une faveur le droit d'être maudits pour le plus exécrable des crimes.

« Un citoyen, nous dit Prudhomme, monta sur
» la guillotine, et plongeant tout entier son bras nu
» dans le sang de Capet, qui s'était amassé en abon-
» dance, il en prit des caillots plein la main et en
» aspergea par trois fois la foule des assistants qui
» se pressaient au pied de l'échafaud pour en rece-
» voir chacun une goutte sur le front.

» *Frères, disait le citoyen en faisant son aspersion.*
» *Frères, on nous a menacés que le sang de Louis*
« *Capet retomberait sur nos têtes. Eh bien, qu'il y*
» *retombe ! Louis Capet a lavé tant de fois ses mains*
» *dans le nôtre !* Républicains, le sang d'un roi
» porte bonheur ! »

Hélas ! cette malédiction demandée par la France républicaine pèse encore sur nous après un siècle d'épreuves, et Dieu seul peut savoir aujourd'hui quelle est la profondeur de l'abîme dans lequel son poids précipitera la malheureuse France!

La main de Dieu vengea les moindres détails du forfait.

Louis XVI mourant et pardonnant à ses bourreaux avait vu sa voix couverte par le roulement des tambours de Santerre : — non pas tellement cependant, que l'écho de ce pardon royal ne soit parvenu jusqu'à nous, comme un rayon d'espérance.

Lorsque dix-huit mois plus tard, le 1er messidor, an II (19 juin 1794), Guadet, l'un des Girondins qui avaient voté *la mort du Tyran,* monta à son tour sur l'échafaud où l'envoyait Lacombe, la divine Providence lui inspira la pensée de parler lui aussi au peuple avant de livrer sa tête au bourreau.

Mais les paroles du représentant girondin furent étouffées par le bruit des tambours, et « Guadet, » nous dit M. de La Benodière, » put alors se sou-
» venir du fatal roulement qui, le 21 janvier, cou-
» vrit aussi la voix de la royale victime dont il avait
» voté la mort. »

La justice de Dieu est infinie dans les détails même de la vengeance du crime. Et, comme le dit Mgr Dupanloup, dans la lettre que nous avons déjà citée : *La Gironde a le sang de Louis XVI sur les mains, elle ne s'en lavera jamais* (1).

Quand la seconde République assassina le

---

(1) Lettre de Mgr Dupanloup à M. Plon, à propos de l'*Histoire de Louis XVII,* par M. de Beauchesne, le 20 mai 1866.

général Jean de Bréa à la barrière de Fontainebleau, le 24 juin 1848 (fête de saint Jean-Baptiste), un des bourreaux du malheureux général, nommé Joseph DAIX, lui demanda pourquoi il avait l'air *préoccupé.*

— C'est que c'est aujourd'hui le jour de ma fête. Oh! être fusillé ce jour là! répondit le général.

Neuf mois après, Joseph Daix montait sur l'échafaud pour expier son crime *le* 19 *mars,* fête de saint Joseph.

Comme l'aumonier lui adressait des paroles de consolation que celui-ci ne semblait pas écouter.

— A quoi pensez-vous? lui demanda doucement l'homme de Dieu.

— Je pense que je vais être guillotiné le jour de ma fête! répondit Joseph Daix.

Puis, cette pensée lui rappelant sans doute la réponse que lui avait faite le général de Bréa à une question identique, il ferma les yeux comme pour chasser l'image de cette scène.

La coïncidence était en effet providentielle ; et Dieu avait évidemment voulu rendre plus significatif le châtiment prononcé par les hommes contre l'assasin.

Le P. Pannetier passa la nuit du 21 juillet à prier pour ses bourreaux.

Le souvenir de l'abbé Langoiran, assassiné deux ans auparavant sur les marches même du palais qui lui servait à lui-même de prison, fut sans doute présent à son esprit, et sa mémoire le lui représentait, exhalant lui aussi son dernier soupir en priant pour ses meurtriers.

En voyant entrer dans sa cellule Mlle de Lamourous qu'il avait vue toute enfant, et dont il avait bien souvent soutenu et encouragé la piété, le vénérable religieux interrompit un instant ses solennelles méditations.

Pendant plus d'une heure il s'entretint avec la noble femme qui venait au péril de sa vie chercher à adoucir ses derniers moments.

Il lui donna de sages conseils et d'admirables avis que la sainte fille recueillit avec respect.

C'était bien, en effet, les dernières paroles d'un mourant, car le P. Pannetier ne devait comparaître que le lendemain devant Lacombe, mais il ne se faisait pas la moindre illusion sur le sort qui l'attendait, et Thérèse de Lamourous ne pouvait plus l'arracher à la mort.

Le temps fixé par les bourreaux pour l'entretien de Mlle de Lamourous approchait de son terme.

Il fallait quitter le vénérable religieux.

Mlle de Lamourous se leva pour partir, mais en se retirant, elle le pria de lui donner encore une fois sa bénédiction.

Quelle scène admirable ! Ce vénérable vieillard de 75 ans, qui se prépare à mourir le lendemain comme un martyr du Christ, et qui étendant les mains sur la tête de la noble fille agenouillée à ses pieds, demande à Dieu de la bénir dans ses œuvres !

Ah ! Dieu ne pouvait refuser d'écouter et de ratifier la bénédiction de son serviteur mourant.

Bordeaux a vu et voit encore les fruits de cette bénédiction suprême, dans l'admirable fondation de ce pauvre couvent de la Miséricorde, œuvre bénie que Mlle de Lamourous établit bientôt après dans l'ancien couvent des Annonciades, en face même de la maison où le P. Pannetier était né.

Qui nous dira si la pensée de la fondation de cet asile ne fut pas suggérée à Mlle de Lamourous par le saint et vénérable religieux pendant l'entretien suprême de cette nuit solennelle passée dans le palais volé par la Révolution à nos archevêques.

Il faut consigner ici et redire bien haut les paroles avec lesquelles le P. Pannetier bénit Mlle de Lamourous.

Nous trouvons dans ces derniers mots prononcés par le vénérable vieillard, comme un écho de la pensée qui fut le but de sa vie toute entière, comme un souvenir de ce courage chrétien qui ne l'abandonna pas un seul instant malgré l'âge et les persécutions.

Les avis du P. Pannetier ont été religieusement conservés par Mlle de Lamourous qui médita toute sa vie les derniers mots prononcés par le saint religieux et qui jusqu'à son dernier moment s'appliqua à les mettre en œuvre.

Voici comment cette scène nous a été racontée dans sa grandiose simplicité par l'auteur même de la vie de Mlle de Lamourous, M. l'abbé Poujet, auquel M. l'abbé de Maignol, propre neveu de la vénérable fondatrice de la Miséricorde, l'avait lui-même rapportée.

« Mlle de Lamourous, en se retirant, le pria de
» lui donner une dernière fois sa bénédiction, nous
» dit-il. Le généreux confesseur de la foi la bénit
» en effet avec beaucoup de bonté, et, comme elle
» s'éloignait, la il rappela pour lui dire : Souvenez-
» vous bien de mon dernier mot : *Servez*
» *toujours Dieu en homme et non en femme.* »

» Il semble qu'elle fit encore mieux ; — qu'elle
» servit Dieu avec la tendre sollicitude, l'attention
» et la délicatesse qui sont propres à son sexe, en
» y joignant le courage, et la fermeté qui se trou-
» vent dans l'homme généreux. (1) »

Les paroles du P. Pannetier à Mlle de Lamourous furent, en effet, les dernières qu'il prononça à l'exception des réponses qu'il dut faire le lendemain au misérable Lacombe ; et nous avons vu avec quel courage, et quelle sainte audace mêlée d'une aimable douceur le prêtre de Dieu semblait braver le tribunal de sang.

Rien dans ses paroles qui puisse être pris pour une délation ou pour une faiblesse ; seulement, lorsque Lacombe lui disant qu'il avait passé sa vie dans le plus détestable fanatisme ajoute ces mots

---

(1) *Vie de Mlle de Lamourous* : page 31.

interrogatifs? « Qu'as-tu à répondre ? » l'obligation de confesser sa foi devant les tyrans qui s'étaient arrogé le droit de le juger, ne lui permit pas de garder plus longtemps le silence.

« Je suis, répliqua le P. Pannetier, je suis religieux
» et prêtre de la sainte Eglise Catholique, Aposto-
» lique et Romaine ! »

Après cette courte mais très-expressive réponse, qui a seule interrompu le cours de ses prières, nous dit l'abbé Guillon, il les reprend avec tranquillité, et les continue pendant que la Commission Militaire le condamne à la peine de mort. comme convaincu « d'être prêtre réfractaire et de ne s'être pas conformé à la loi de la déportation. »

Le sacrifice était prêt. L'échafaud en permanence sur la place Dauphine, alors *place Nationale*, attendait sa ration journalière de victimes. La Commission Militaire allait lui fournir de nouveaux martyrs.

L'arrêt de mort était ordinairement accueilli au cri de « Vive la République » Il n'était pas susceptible d'appel et était *immédiatement* exécutoire.

Par un raffinement inouï de cruauté. *et afin de gagner du temps,* le bourreau, *l'homme chargé de clore la procédure,* suivant l'expression atroce de Lacombe, attendait et préparait ses victimes dans le cabinet même du président de la Commission.

Les malheureux étaient ainsi réellement conduits à la mort, à la sortie de l'audience.

Tandis que les accusés qui avaient été seulement condamnés à la réclusion étaient ramenés dans leur prison, la hideuse charrette arriva dans la cour du palais du département et reçut son sinistre chargement.

Le P. Pannetier y monta accompagné de neuf des dix-huit accusés que venait de juger la Commission Militaire.

Parmi les condamnés, figuraient quatre vieillards de 72, 75, 79 et 81 ans, et trois femmes : c'étaient Mme de Marcellus et les deux pauvres ouvrières Thérèse Thiac, agée de 60 ans, et Anne Bernard, agée de 50 ans, *les complices* du P. Pannetier (1).

Le sinistre cortège passa par la rue Bouffard, accueilli sur sa route par les imprécations de cette populace qui ne sort dans nos rues que dans les jours d'émeute et de révolution, et dont les applaudissements ne sont refusés à aucun succès ni les insultes à aucun malheur !

Le P. Pannetier sur le fatal tombereau qui le conduisait à la mort, continuait à prier et paraissait étranger au drame dans lequel il était un des principaux acteurs. Anne Bernard et Thérèse Thiac chantaient des cantiques pendant la route (2). Le cortège arriva bientôt sur la place Dauphine. Le P. Pannetier gravit le premier avec calme les

(1) Les victimes de la Commission Militaire de Bordeaux, furent, le 3 thermidor, an II : Jean Baptiste Albessard, 79 ans ; Robert Fauré, 46 ans; Suzanne de Marcellus, 54 ans: Raimond Larandouette; 72 ans; Jean-Baptiste Barret Ferraud, 81 ans ; Jacques Henri, 29 ans, J.-B. Guadet St-Brice, 30 ans ; Simon Pannetier, 75 ans ; Thérèse Thiac, 60 ans ; Anne Bernard, 50 ans.

(2). Cette tradition, nous a été confirmée par une note conservée dans la famille de M. Paulin Lafargue, petit-neveu d'Anne Bernard.

degrés de l'échafaud : s'étant alors retourné, il donna une dernière bénédiction à ceux qui avaient la gloire de mourir avec lui, et le privilège alors envié par tant d'autres, d'être accompagnés à l'échafaud par les prières d'un prêtre. Puis il se remit à prier, tandis que ses compagnons d'infortune perdaient successivement la vie : Il ne fut cependant pas exécuté le dernier et « priait encore nous dit M. l'abbé Guillon, lorsque sa tête tomba sous l'instrument de son supplice.

Il avait *soixante quinze ans*.

Immédiatement après lui, sa cousine Thérèse Thiac, et Anne Bernard, frappées à leur tour, venaient retrouver dans le ciel celui pour l'amour duquel elles avaient été conduites à la mort.

« Tels lisons-nous dans une relation de cet
» assassinat juridique, tels ces Saints Martyrs
» d'Alexandrie, dont quelques-uns reçurent la
» récompense du martyre pour avoir rendu des
» services aux prêtres et aux diacres avec lesquels
» on les immola (1). »

« *Ex quibus, alii in persecutione Valeriani Marty-*
» *res facti alii, Martyribus servientes mercedem*
» *martyrum receperunt. (Martyrologe Romain :* 4
» *octobre.)* »

(1) *Les Martyrs de la Foi sous la Terreur*, par l'abbé Guillon :

CHAPITRE X

LES ÉVÉNEMENTS QUI SUIVIRENT LA MORT DU
P. PANNETIER

FIN DU RÈGNE DE LA TERREUR

ASSISE auprès d'une fenêtre, dans une maison de la place Dauphine, à l'angle de la rue Porte-Dijeaux, la femme de Lacombe assistait au dénouement de la lugubre tragédie que nous venons de retracer.

Elle était parée, suivant son habitude, avec les bijoux que son mari volait à ses victimes.

L'abbé O'Reilly nous dit qu'elle poussait l'infamie jusqu'à orner sa misérable personne de bagues, de bracelets et autres ornements en or ou en argent qu'elle arrachait *elle-même* à des femmes qu'on conduisait à la mort. (*Histoire de Bordeaux*, par l'abbé O'Reilly, Tome VI, page 75.)

Elle portait dans son sein une enfant qui naquit après la mort de son père.

Cette fille maudite, conçue dans le sang, vécut à Bordeaux dans la fange de la prostitution (1).

Des notes sûres, recueilllies en 1859 par les soins de M. Aurélien Vivie qui a bien voulu nous en donner communication, nous font connaître l'étendue de la malédiction divine sur cette malheureuse fille.

Elle vécut longtemps à Bordeaux plongée dans le vice le plus abject, dans une maison de la rue Dauphine qui portait alors le numéro 18 et qui porte aujourd'hui le numéro 38.

Elle mourut en 1853, rue Poudiot, à l'angle de la rue Désirade, dans une misère à peu près complète.

Elle avait été dans les derniers jours de l'Empire une des femmes galantes les plus en vue dans la ville à cause de sa beauté et de son élégance. Elle avait l'habitude de circuler en chaise à porteur.

Dans les derniers temps de sa vie elle balayait les rues de Bordeaux !

La malheureuse avait contracté l'affreuse habitude de s'enivrer avec du rhum. — Elle était connue de tous les habitants sous le nom de

---

(1) *Eugénie Lacombe*, née le 15 fructidor, an II (lundi, 1ᵉʳ septembre 1794), rue de l'Immortelle (rue du Hâ, actuellement), de feu Jean-Baptiste Lacombe et de Jeanne Lagarde sa veuve.

Une autre fille de Lacombe, née à Bordeaux et *baptisée* à l'église de Saint-André, le mercredi, 8 décembre 1790, sous le nom étrange de Brigite-Égalité, mourut le 7 prairial, an III (26 mai 1795). Dieu avait pris celle-là en pitié !

Lacombette. Loin de cacher son origine, elle s'en faisait pour ainsi dire une gloire, disant souvent que « *ces gredins de Français l'avaient ruinée en guillo-* » *tinant son père.* »

Elle eut une fin effroyable et digne de la malédiction qui s'était appesantie sur elle.

La misérable créature avait promis *sa succession* à deux personnes différentes, dans l'espoir de se voir soignée par elles à ses derniers moments.

Elle tomba malade en 1853.

A ce moment, l'une de ses deux futures légataires (et quel héritage!) dans le but de s'assurer la plus grosse part de sa succession en l'absence de sa copartageante, lui fit boire du vin chaud en quantité assez considérable, et Eugénie Lacombe mourut ivre-morte quelques heures après avoir avalé le breuvage.

L'acte de décès de la malheureuse porte cependant qu'elle mourut d'un cancer à l'estomac; mais il est notoire que l'ivresse occasionnée par le vin chaud hâta son décès!

Sa succession s'élevait à huit cents francs!

Ces détails ont été recueillis de la bouche même de l'héritière frustrée, la femme B..., qui habitait aussi rue Dauphine, et qui vint mourir en 1858 à l'hôpital Saint-André.

Dieu avait poursuivi le châtiment de l'infâme Lacombe jusque sur son enfant.

Le soir même de la mort dn P. Pannetier.

Lacombe présidait le Club National et prononçait un long discours plein de récriminations contre les prêtres, demandant contre eux de nouveaux moyens de proscription.

Parmi les conseils qu'il donnait aux *bons patriotes*, nous avons relevé la phrase suivante :

« Examinez surtout, disait-il, examinez avec le
» plus grand scrupule la conduite entière des
» nobles, des prêtres, des robins avant de leur
» accorder des certificats de civisme.

» Des nobles et des prêtres bons citoyens ?

» Sans-culottes de Bordeaux, pour le croire, il
» faut des preuves évidentes ! Il faut QU'ILS AIENT
» MÉRITÉ TOUT AU MOINS D'ÊTRE PENDUS PAR
» L'ARISTOCRATIE TRIOMPHANTE ! »

C'était la réhabilitation des victimes !

Le lendemain, 4 thermidor (mardi 22 juillet 1794) le registre des décès de l'état-civil de Bordeaux mentionnait en bloc les exécutions de la veille.

On y voit encore les lignes suivantes :

« Sont morts hier....... ainsi qu'il est établi au
» verbal dudit jour signé et remis par le citoyen
» Chandru, greffier commis de la Commission
» Militaire. . . . .
» . . . . Simon Panetier, âgé de
» *soixante-cinq ans*, (1) prêtre non-conformiste.

(1) Le P. Pannetier était né en 1718. C'est donc par erreur que son acte de décès lui donne seulement 65 ans. Il en avait bien 75 : Ses réponses au tribunal révolutionnaire l'indiquent également. Mais à cette époque de trouble, les actes de l'état-civil étaient bien peu de chose, et qu'importait après tout aux bourreaux l'âge réel de leurs victimes.

» natif et domicilié à Bordeaux, rue du Cahernan.
» numéro 34.

» *Signé* : G^me BARSAC. »

Ce fut la seule épitaphe destinée à rappeler dans l'avenir la mémoire de l'illustre serviteur de Dieu.

Mais la Providence avait placé son nom à jamais dans ce livre de vie où sont inscrits tous ceux qui scellèrent leur foi par l'effusion de leur sang.

In memoria æterna erit justus.

La mort du P. Pannetier et celle de tant d'autres saintes victimes devaient être bientôt punies sur la personne de l'infâme Lacombe.

Le 9 thermidor, c'est-à-dire cinq jours après que le saint martyr eut consommé son sacrifice, la séance de la Commission Militaire fut marquée par un étrange incident.

Un prêtre du diocèse de Bordeaux, l'abbé *Léonard* DURAND DE RAMEFORT, âgé de 50 ans, fut amené à son tour avec sept autres accusés au pied de ce tribunal de sang.

Il avait été arrêté rue Tustal n° 14, au 2ᵉ étage d'une maison, dans le domicile de trois pauvres ouvrières, *Marie* DESCHAMPS, *Marie* MASSON et *Marie* MANISSON, qui lui avaient donné asile et qui déclarèrent avoir connu sa qualité de prêtre et ne l'avoir pas dénoncé « *ne voulant pas perdre leur* » *âme pour sauver leur corps.* »

Durand de Ramefort venait lui aussi répondre devant la terrible Commission du *même crime* pour lequel le P. Pannetier avait été envoyé à la mort.

A cette interrogation, toujours la même, que Lacombe adressait à sa victime :

— Pourquoi ne t'es tu pas présenté pour être déporté ? — Le saint prêtre répondit froidement :

— Parce que les lois de la Sainte Eglise Romaine défendent de se présenter à ses persécuteurs et que selon le précepte de Jésus-Christ, devant aimer mes frères jusqu'à donner ma vie pour leur âme, j'ai dû rester en situation de pouvoir les instruire, les consoler et les fortifier (1).

Lorsqu'un prêtre comparaissait devant la Commission Militaire, la fureur infernale de Lacombe ne connaissait plus de bornes. Les expressions lui manquaient pour l'insulter (2).

En entendant la noble réponse de sa victime l'exaspération de Lacombe se traduisit par de grossières injures.

— Te voilà donc, lui dit-il, devant un tribunal populaire, toi scélérat qui as tant fait de mal ! Tu t'abreuvais du sang des hommes ! prêtre fanatique

---

(1) Greffe de la Cour d'assises de la Gironde : fonds révolutionnaire. — Interrogatoire de Durand de Ramefort, le 8 thermidor, an II : (dossier de Ramefort.)

(2) Nous avons vu plus haut que le 16 messidor, an II, Lacombe interrogeant le P. Cazeaux arrêté dans la maison du Bon Pasteur, l'interpellait ainsi : *homme qu'on manque d'expressions pour désigner ; scélérat, il n'est pas de tourment que tu ne doives éprouver.* (Notes d'audience écrites de la main de Lacombe).

et contre-révolutionnaire ! Animal féroce qui dévore le cœur de l'homme !

C'était sa manière d'interroger les prêtres.

Le malheureux essaya vainement de répondre : le peuple l'en empêcha.

Lacombe chercha alors à lui arracher quelque aveu ou quelque dénonciation pouvant lui livrer de nouvelles têtes.

« — Veux-tu, lui dit-il, veux-tu cesser d'être
» prêtre ? Veux-tu *devenir homme ?* Veux-tu *dénoncer*
» les scélérats, les monstres de toute espèce, tes
» complices ? »

L'accusé garda un silence méprisant. Mais la Commission *était encore une fois fixée* ! et l'arrêt fut prononcé par le sanguinaire tribunal.

A ce moment, la victime se redressa.

En entendant cette inique condamnation qui l'envoyait à la mort à la sortie même de l'audience, Durand de Ramefort, saisi par une inspiration divine éleva la voix et jeta à son juge cette prophétique imprécation :

« Tu me condamnes et je suis innocent ; mais
» saches que la colère du Seigneur est près de
» tomber sur toi ! Encore quelques jours et ce
» même peuple te conduira à l'échafaud, à coups
» de pierres. »

A ces mots, un murmure de terreur parcourut l'auditoire. Il semblait au peuple rassemblé dans la salle d'audience entendre une condamnation prononcée par la voix de Dieu lui-même.

Lacombe, troublé par cette prédiction, essaya vainement de payer d'audace.

« Peuple, s'écria-t-il, croirais-tu encore aux
» prophéties et aux miracles ?
» Non ! le règne des fanatiques est passé et tu
» n'es plus dupe »

Malgré cette assurance, le colosse d'infamie venait d'être frappé une première fois ; il ne devait pas tarder à être brisé.

Martignac comparut à son tour devant Lacombe et osa le récuser comme juge en lui reprochant les vols et les escroqueries pour lesquels il l'avait lui-même précédemment condamné !

Pendant ce temps, le misérable cherchait encore à exciter ses dignes amis du club révolutionnaire à lui fournir de nouvelles victimes ; ne se doutant pas qu'il était lui-même à la veille de porter à son tour sa tête sur le même échafaud, où il avait fait périr tant d'innocents.

Quatre jours après l'étrange prédiction de l'abbé Durand de Ramefort, pendant la nuit du 13 au 14 thermidor, l'odieux président de la Commission Militaire était à son tour jeté dans les prisons du palais Brutus.

Traduit peu de jours après devant la Commission Militaire, il essaya vainement de défendre sa tête.

Le peuple l'interrompit comme il avait lui-même interrompu ses victimes.

« Assieds-toi, lui criaient mille voix, le tribunal
» est fixé sur ton compte.

Ces mots qu'il avait si souvent prononcés lui-même, durent retentir à ses oreilles comme un sinistre présage de sang.

Condamné justement à mort par cette même Commission Militaire qui avait envoyé tant d'innocents à l'échafaud, il écouta son arrêt dans un sombre silence, tandis que le peuple manifestait son approbation par d'immenses acclamations. Il chercha encore cependant à disputer sa tête au bourreau en offrant de faire des révélations sur ses complices ; mais le proconsul Ysabeau était trop intéressé à lui voir garder le silence pour permettre à Lacombe de dévoiler ses turpitudes.

Extrait de sa prison pour être conduit au tribunal (1) et de là au supplice, le misérable fut abreuvé d'outrages pendant toute la route. Il fut chargé d'imprécations, couvert de boue et assailli à coups de pierres, suivant la parole prophétique de l'abbé Durand de Ramefort.

Le peuple furieux voulut même faire mettre des pointes de clous sur la planche qui devait lui servir de siège sur la charette.

(1) C'est par erreur que dans son livre de la *Justice Révolutionnaire à Bordeaux*, M. Fabre de La Bénodière indique à la page 48 la salle de la Faculté des lettres, rue Montbazon, comme ayant été celle où siégea la Commission Militaire qui condamna Lacombe.

Le jugement fut prononcé rue des Minimes (maintenant rue du Palais-de-Justice) dans un bâtiment détruit plus tard, qui était situé sur l'emplacement actuel de la prison du fort du Hâ et du Palais-de-Justice. Ce bâtiment dépendait du local du tribunal criminel. L'ancienne salle d'audience de la Commission Militaire eût été trop étroite pour contenir tous ceux qui voulurent assister au jugement de Lacombe.

En sortant du palais Brutus, un jeune homme lui arracha la cocarde tricolore de son chapeau, en lui disant : tu n'es pas digne de la porter.

Lorsque le sinistre cortége arriva à la hauteur du marché qui était établi alors sur la place actuelle du Vieux Marché (et non sur les fossés comme le dit par erreur M. Vivie dans son *Histoire de la Terreur*) (1) les marchandes lui lançèrent à la figure les légumes de leur étalage.

Des épouses, des filles, des mères vinrent lui reprocher ses crimes.

Lassabathie dont il avait assassiné le père, le frappa deux fois au visage : M. Vivie affirme que la veuve de Grangeneuve essaya même de le poignarder.

L'escorte qui le menait au supplice, quoique très nombreuse, eut peine à le protéger contre les fureurs de la populace.

En sortant du tribunal (2) il avait d'abord refusé de monter dans la hideuse charette du bourreau, mais il dut s'y résigner quand il comprit qu'il serait écharpé par la foule s'il tentait de se rendre à pied à l'échafaud.

Malgré ses précautions, Ysabeau ne put complètement fermer la bouche à Lacombe.

Arrivé sur l'échafaud, l'ancien président de la

---

(1) Nous avons dit plus haut que le Grand-Marché des Fossés ne fut établi qu'en 1801 sur l'emplacement de l'Hôtel-de-Ville qui fut alors transporté de l'autre côté du Cours.

(2) En se rendant à l'échafaud, Lacombe passa par le cours d'Albret (alors cours Messidor) et la rue Dauphine (alors rue Nationale).

Commission Militaire déclara à haute voix qu'il n'avait agi que par ordre des proconsuls ; et tandis que le bourreau s'emparait de sa personne, il réussit encore à attacher un juste stigmate d'infamie sur la mémoire des proconsuls, en jetant à la foule les paroles suivantes que l'histoire enregistrera.

« Si vous avez des reproches à me faire, vous me
» devez aussi de bien grandes obligations.

» Si j'avais suivi les ordres des représentants,
» j'aurais fait périr le double de victimes, et beau-
» coup de ceux qui m'écoutent n'existeraient plus. »

Le bourreau l'avait déjà attaché sur la bascule, lorsque le peuple demanda à voir encore le condamné. Jean Peyrussan, l'un des exécuteurs le délia et lui fit faire lentement le tour de l'échafaud. Pendant ce temps le peuple battait des mains et poussait des acclamations féroces. Un témoin oculaire disait il y a quelques années à M. Vivie : J'avais alors dix ans, j'étais au pied de l'échafaud Une femme nommée *Marie Vidailhon*, fille d'un commissionnaire du roulage, demeurant place de la Convention (place Saint-Julien ou d'Aquitaine), connue alors à Bordeaux sous le nom de la *belle Charretière* et qui dans la fête de la Raison avait rempli le rôle de déesse de la Liberté, me mit dans la main une pièce blanche (10 sous) en me disant : « *Tiens, petit, crie : Vive la République, pendant que*
» *la tête de Lacombe tombera !* »

Quand le peuple eut bien vu le condamné, les cris « à mort » recommencèrent.

Le misérable se précipita alors lui-même sous le couteau, et mourut avec un semblant de courage que lui avait inspiré le désespoir.

Son supplice eut lieu le 27 thermidor, an II (14 août 1794). Il était 5 heures du soir (1) !

Après sa mort, son corps fut traîné dans les ruisseaux de la ville, et enfin jeté à la voirie.

Sa tête, promenée de rue en rue jusqu'au faubourg des Chartrons, fut jetée sur un tas d'immondice dans le chemin de Lagrange.

Un habitant de la ville vint la recueillir et l'enveloppa d'un linge pour l'emporter. On n'a jamais su ce qu'elle était devenue.

Le peuple se vengeait ainsi de son abaissement par une manifestation digne des sauvages de l'Océanie.

Tous les complices de Lacombe passèrent en jugement, le 2 brumaire, an III (23 octobre 1794).

Celui de tous qui était le plus vil, Jean Rey, fut envoyé à la mort. — Le même jugement condamnait tous les autres à l'exposition publique et à vingt ans de réclusion.

Sur la réquisition de l'accusateur public, la femme de Lacombe, Jeanne Lagarde, englobée dans le même jugement fut dispensée de l'exposition publique, *vu son sexe et le délabrement de sa santé*. Elle

---

(1) Détail curieux à noter.— La même guillotine et le même couteau servaient encore à Bordeaux, il y a quelques années.

était accouchée depuis le 1ᵉʳ septembre. C'est même cette circonstance qui avait retardé la comparution des accusés.

La main de Dieu s'appesantit sur tous les membres de la terrible Commission.

Barsac, homme de sang, terroriste redoutable, ami et complice de Lacombe, avait échappé à ce jugement. Il se cacha et continua à habiter Bordeaux. Reconnu en 1797 sur les allées de Tourny, il fut assailli par des jeunes gens, frappé au visage à coups de canne à lance et fut trop heureux de trouver pendant quelques jours un asile dans la prison du Fort-du-Hâ, jusqu'à ce qu'il fut devenu possible de lui faire quitter la ville.

Albert eut une fin des plus terribles et bien digne de sa vie. Ce misérable ouvrier mégissier, qui avait envoyé à l'échafaud tant de victimes, fut, en 1815, déporté aux États-Unis. *Il fut dévoré par les antropophages* dans les solitudes du Texas, où il s'était enfoncé avec son fils *Scævola*.

Le corps du P. Pannetier confondu avec ceux des autres martyrs de la Terreur fut enterré dans le lieu ordinaire des sépultures. C'était alors les allées Damour.

En 1856, des travaux faits par la municipalité pour placer dans les rues de la ville les conduites d'eaux, firent découvrir sur les allées Damour un certain nombre d'ossements provenant des victimes de la période républicaine ; nous nous souvenons parfaitement d'avoir vu les ouvriers ramasser ces ossements dans des caisses qui furent transportées au cimetière actuel.

Nos souvenirs d'enfant nous rappellent même la découverte de corps demeurés intacts qu'on disait être ceux des religieuses du Bon-Pasteur, suppliciées quelques jours avant le P. Pannetier. Mais c'est là l'unique souvenir qui nous en reste, et le lieu où repose le P. Pannetier sera sans doute à jamais ignoré, jusqu'au moment de la résurrection dernière ; à moins que Dieu ne daigne un jour manifester sa puissance en faveur de celui qui eut la gloire de mourir pour la défense de la foi.

CHAPITRE XI

Liste des prêtres et des religieuses, envoyés a la mort par la Commission Militaire de Bordeaux, en 1793 et 1794.

PENDANT les dix mois que durèrent les sanglantes saturnales de la Commission Militaire de Bordeaux, 865 individus comparurent devant elle. Sur ce nombre, 386 furent acquittés et 479 condamnés à diverses peines.

Parmi les 386 acquittements figurent les 171 artistes des théâtres de la ville, qui avaient comparu pour la forme devant le terrible tribunal.

Sur les 479 condamnations prononcées par Lacombe, on compte 314 exécutions capitales.

Nous n'avons pas l'intention de donner ici le tableau complet des victimes de la Terreur à Bordeaux (1); disons seulement que parmi les accusés

(1) Voir à ce sujet la note qui figure au bas de la page 86 de notre propre livre.

on comptait 36 prêtres et 26 religieuses. Sur ce nombre, 28 prêtres et 17 religieuses furent envoyés à la mort ; 1 prêtre et 10 religieuses furent condamnés à la détention jusqu'à la paix ; 5 prêtres durent leur salut à la décision de Lacombe qui les renvoyait *à plus ample informé* ; 5 prêtres enfin, et 2 religieuses furent acquittés.

Voici, par ordre de date, les noms des prêtres et des religieuses qui comparurent devant la terrible Commission Militaire, ainsi que les principaux considérants de leurs jugements.

4 *brumaire*, an II (25 octobre 1793). — *Pierre Dumonteil* ou *Dumontel*, âgé de 35 ans, né à Excideuil (Dordogne), condamné à mort pour « avoir dit la messe et avoir visité des malades. »

19 *brumaire*, an II (9 novembre 1793). — *Christophe Claude Bernard Rivet*, 72 ans, curé de Saint-Emilion, acquitté, n'ayant pas cessé de donner des preuves de son civisme.

23 *brumaire*, an II (13 novembre 1793). — *Pierre Durandeau*, âgé de 74 ans, curé de Laclotte district de Libourne, acquitté. *son grand âge lui méritant l'indulgence du tribunal, quand même il ne se serait pas prononcé avec énergie en faveur de la révolution !* (1)

6 *frimaire*, an II (26 novembre 1793). — *Pierre Jean Faye*, 35 ans, curé de Saint-Macaire, né à

---

(1) La Commission Militaire n'eut pas toujours autant d'égards pour le grand âge; car parmi ses victimes, on en compte 38 ayant de 70 à 80 ans et une ayant plus de 80 ans ; sur ce nombre, 29 périrent sur l'échafaud.

St-Macaire, condamné à 10,000 livres d'amende à l'exposition pendant 3 jours, et à la détention jusqu'à la paix « pour avoir abusé de sa grande » influence sur ses concitoyens faibles et ignorants » afin de les écarter des principes de liberté et » d'égalité. »

Le 14 frimaire, an II (4 décembre 1793) — trois prêtres périrent sur l'échafaud. — Ce furent :

Jean Belabre, 47 ans, prêtre non-conformiste, né à Goux, dans les environs de Ribérac, condamné à mort, » *pour avoir dit la messe dans des maisons* » *particulières, avoir refusé le serment, et avoir fana-* » *tisé les citoyens crédules et faibles.* »

Roch Lacam, prêtre, âgé de 38 ans, né à Caylus, district de Montauban, arrêté l'avant-veille chez Mandron, qui lui avait donné asile, ainsi qu'à Jean Belabre, (et qui du reste paya de sa tête son dévouement) ; et *Pierre Simard*, prêtre, âgé de 28 ans, natif d'Angoulême, arrêté chez Mathieu Le Duc, qui lui aussi, fut exécuté quelques jours après, pour avoir donné asile à des prêtres réfractaires : l'un et l'autre condamnés à mort pour « *avoir osé* » *manifester leur dévouement aux intérêts de l'église,* » *qui, dans tous les siècles, a soutenu l'erreur.* »

Le 15 frimaire, an II (5 septembre 1793) *Arnaud Chatelier*, prêtre, âgé de 37 ans, fut condamné à mort « pour avoir dit la messe. » — Le même jour, *Marie Billau*, religieuse, âgée de 41 ans, née à Landiras, et *Suzanne Thibaut*, âgée de 88 ans comparurent sous la prévention de fanatisme pour avoir entendu la messe dans des maisons particulières. La première fut condamnée à la détention jusqu'à la paix ; la seconde, fut mise en liberté à cause de son grand âge et de ses infirmités.

Le R. P. *Jean Migoni* ou *Mignony*, âgé de 44 ans, Recollet, détenu au Fort du Hâ, étant tombé malade avait été envoyé à l'hôpital St-André ; là, d'accord avec un autre prêtre nommé *Duprat,* il avait réussi à s'enfuir. Arrêté le 7 septembre, à Martillac, il avait été ramené en prison. Le lendemain, 18 *frimaire, an II,* (8 septenbre 1793) il fut condamné à mort, convaincu « d'avoir eu pour but
» en s'échappant de l'hôpital St-André, d'aller prê-
» cher dans les campagnes les principes détracteurs
» de la liberté. »

Pierre Joseph Moure, prêtre né à Londres, en Provence : curé de Lacanau fut condamné à mort *le 24 frimaire, an II* (14 décembre 1793) pour avoir
» discrédité les assignats dans sa paroisse, avoir
» caché chez lui un proscrit (*Wormeselle*) et avoir
» diminué le zèle des simples habitants de la campa-
» gne pour la Révolution à laquelle leur bonheur
» est particulièrement attaché. »

Thomas Langoiran, prêtre apostat, frère du Grand-Vicaire, passa en jugement le 27 *frimaire, an II* (17 décembre 1793) et fut naturellement acquitté.

Le 1ᵉʳ *nivôse, an II* (21 décembre 1793) Jean-Baptiste Broussin, âgé de 33 ans, prêtre non-conformiste, natif des Basses-Pyrénées, fut condamné à mort « pour avoir dit la messe dans des maisons » particulières, avoir refusé de prêter le serment et » avoir fanatisé les esprits »

Le 7 pluviose, an II (26 janvier 1794) *Bernard Lousteau*, chartreux, âgé de 50 ans, né à Alagos, (Bearn) fut condamné à mort pour s'être soustrait à la loi sur la déportation, et avoir refusé le serment, qui répugnait à ses principes. « Un tel homme, » disent les considérants du jugement, ne pouvant » qu'être dangereux au maintien des lois ; sa cons- » cience et sa conduite étant incompatibles avec » elles. »

Le même jour, *Victoire Verduzan*, religieuse, âgée de 22 ans, fut condamnée à la détention jusqu'à la paix, ayant été convaincue « de n'avoir » donné aucune preuve de patriotisme. »

Le lendemain, 8 *pluviose, an II* (27 janvier 1794). *François Hyacinthe Fontard Courty*, âgé de 35 ans, prêtre assermenté, né à Tournon et domicilié à Ambarès, accusé d'avoir voyagé avec Grangeneuve, fut relaxé.

Le même jugement qui acquittait *Fontard-Courti* envoyait à la mort *Jacques Lavaissière aîné*, chanoine, âgé de 66 ans, domicilié à La Réole. — « Il avait engagé les curés à ne pas prêter le ser- » ment exigé par la loi! »

Le 29 pluviose, an II (17 février 1794). — *Joseph de Galard*, prêtre et noble, natif de Serville (Lot-et-Garonne), fut envoyé à la mort. Son crime était

« d'avoir vendu ses propriétés et *d'avoir cherché à
» se dérober aux yeux vigilants des sans-culottes, en
» se retirant dans une cachette faite exprès.* »

Le 19 ventôse, an II (9 mars 1794). — *Jean Duranty*, curé de Noaillan, expiait sur l'échafaud le crime « d'avoir correspondu avec l'abbé Lan-
» goiran, d'avoir caché son argenterie et *d'avoir
» prié pour le repos de l'âme de Louis XVI.* »

Le 8 germinal, an II. — *Bernard Paban*, dit *Massip*, abbé de Sainte-Colombe, fut condamné à mort « pour avoir désiré le rétablissement de
» l'ancien régime. »

Le 14 germinal, an II (3 avril 1794. — *Pierre Delbès*, âgé de 54 ans, né à Albès (Aveyron), comparaissait devant la terrible Commission : il avait, dans une lettre, « exprimé l'espoir que la souf-
» france le rapprocherait de Dieu son unique
» désir. Il faut un Dieu, disait-il, la nation qui ne
» l'a pas fait est incapable de le détruire ! » — Son crime était grand ! il l'expia le jour même sur l'échafaud.

L'abbé *Jacques Parouty* qui comparut le 22 *germinal, an II* (11 avril 1794), fut renvoyé à plus ample informé.

Le 16 prairial, an II (4 juin 1794). — *Louis de Laveyssière*, noble et chanoine de La Réole, domicilié à Bordeaux, âgé de 66 ans, portait sa tête sur l'échafaud comme « prêtre réfractaire. »

Le 18 prairial, an II (6 juin 1794). — le même *crime* conduisait à la mort : *Jean Molinier*, né à

Caylus (Lot-et-Garonne), prêtre à Bordeaux, âgé de 27 ans ; *Jean Lafon de Villefumade* dit *Noſſat*, prêtre, né à Ribérac, âgé de 30 ans, et *Louis Soury*, prêtre, né à Ribérac, âgé de 29 ans.

Jean-Baptiste Dudognon dit *Verneuil*, prêtre, âgé de 39 ans, né à Condac (Dordogne), fut arrêté le 6 *messidor, an II* (24 juin 1794), rue Hugla, n. 9, chez trois pauvres ouvrières qui l'avaient caché. — C'étaient : *Marie Degans*, empeseuse, âgée de 42 ans ; sa sœur *Anne Degans*, âgée de 36 ans, exerçant la même profession, et leur ouvrière, *Claire Gary*, âgée de 45 ans.

Les quatre victimes comparurent le même jour devant Lacombe.

L'abbé Dudognon était accusé « d'avoir célébré » la messe chez les trois ouvrières, et celles-ci d'y » avoir assisté. » — Ils périrent tous les quatre sur l'échafaud.

Le 8 messidor, an II (26 juin 1794). — *Suzanne Loustalet*, religieuse, âgée de 39 ans, née à Bordeaux, et *Marguerite Durand*, religieuse, âgée de 30 ans, convaincues d'avoir connu en quel endroit était caché le prêtre *Mathieu Dornal*, furent condamnées à mort comme recéleuses de prêtres. Le jugement envoyait aussi à l'échafaud ce même *Mathieu Dornal*, prêtre, âgé de 60 ans, « pour » n'avoir pas prêté le serment. »

Le 12 messidor, an II (30 juin 1794). — *Pierre Grenier*, prêtre assermenté, âgé de 50 ans, natif de Taillecavat, habitant à Cours, montait sur l'échafaud comme « fanatique. » Il avait, lisons-nous dans son jugement, remis ses lettres de prêtrise, mais saisi de remords, il avait presque immédiatement recommencé ses fonctions.

Le 16 messidor, an II (4 juillet 1794) vit périr les 11 religieuses de la maison du Bon-Pasteur dont nous avons déjà parlé, ainsi que le prêtre *Cazeaux*, ancien Provincial des Récollets, âgé de 65 ans, qu'elles avaient cherché à dérober à la mort. Leur nom et leur âge sont relatés dans le récit de leur procès que nous avons donné plus haut (1).

Jeanne Dumeau, religieuse, âgée de 28 ans, née à Bordeaux.

Jeanne Briolle, religieuse, âgée de 40 ans, née à Bordeaux.

Anne Gassiot, religieuse, âgée de 33 ans, née à Bordeaux.

Marguerite Lebrest, religieuse, âgée de 34 ans, née à Bordeaux.

Marguerite Giraud, religieuse, âgée de 27 ans, née à Bordeaux.

Et Catherine Maret, religieuse, âgée de 42 ans, née à Ponat, district de Sarlat, périrent sur l'échafaud le 19 *messidor, an II* (7 juillet 1794) pour « avoir entendu la messe de prêtres cachés dont » elles avaient refusé de faire connaître l'asile. »

La veille de ce jour, *le 18 messidor, an II* (6 juillet 1794) la Commission avait envoyé à la mort comme

---

(1) Voir page 189 et suivantes.

aristocrate et prêtre, Antoine Armangaud, âgé de 37 ans, né à Réalmont, district d'Alby (Tarn).

Le 24 *messidor, an II* (12 juillet 1794), le prêtre *Jean Maurel*, âgé de 29 ans, né à Lignan, comparaissait à son tour ; mais la Commission renvoyait son procès à plus ample informé. Le même jour tombait la tête de *Henry Mauriac* dit *Cassies*, âgé de 33 ans, « prêtre, noble et parent de Dudon, » lisons-nous dans l'acte d'accusation. Trois motifs suffisants pour périr sur l'échafaud.

Le 1er thermidor, an II (19 juillet 1794). — Martin *Glynn*, prêtre Irlandais, âgé de 70 ans, habitant à Bordeaux, place de la Montagne (Grande place Saint-André), était à son tour livré au bourreau, « pour ne s'être pas soumis au serment et avoir » cherché à se soustraire à la loi sur la déporta- » tion. »

Le 3 thermidor, an II (21 juillet 1794) vit périr le héros de ce livre le vénérable P. *Pannetier*.

Le 4 thermidor, an II (22 juillet 1794). — Antoine *Penin*, prêtre, âgé de 52 ans, natif de Poitiers, expiait sur l'échafaud le crime de « n'avoir pu donner » à la Commission aucune preuve de patriotisme. » Il était précepteur de deux enfants dans la famille Héliès.

Le même jour quatre religieuses étaient condamnées à la détention jusqu'à la paix. C'étaient :

Anne *Dubroca*, âgée de 55 ans, née à Bordeaux.

Françoise *Giraud*, âgée de 56 ans, née à Bordeaux.

Jeanne Lavau, âgée de 43 ans, née à Bordeaux.

Et Marie Guerry, âgée de 63 ans, née à Saint-Sulpice du Bernat.

Leur jugement les traite de « *fanatiques ayant eu la lâcheté de croire aux mensonges des prêtres.* »

Le 6 thermidor, an II (24 juillet 1794) la Commission Militaire, dans un jour de clémence, acquitta *Charles Feilhe*, prêtre, âgé de 50 ans, né à Villeneuve ; renvoya à plus ample informé l'abbé *Paris* ancien curé de Saint-Emilion, et acquitta *Marie Calmels*, religieuse, âgée de 27 ans, après avoir abusé de la jeunesse et de la frayeur de cette dernière pour lui faire jurer *d'être fidèle à la patrie et de dénoncer les prêtres*.

Le lendemain 7 *thermidor, an II* (25 juillet 1794) 7 religieuses étaient jugées par la sanguinaire Commission comme « recéleuses de prêtres. » Quatre étaient envoyées à la mort. C'étaient :

Jeanne Couraule dite *Rastouille*, âgée de 40 ans et sa sœur aînée, *Rosalie Couraule*, âgée de 50 ans, toutes deux natives de Gournac, et *Marguerite Girau*, âgée de 60 ans et sa sœur *Marie Girau*, âgée de 66 ans, ces deux dernières natives de Bordeaux.

Les trois autres victimes furent condamnées à la détention jusqu'à la paix. C'étaient : *Anne Ferret*, née à l'Ile-d'Oléron, *Elisabeth Montaubry*, âgée de 46 ans, née à Bordeaux et *Jeanne Héraud*, âgée de 34 ans, native de Marmande.

Deux jours plus tard, *Léonard Durand de Rame-*

fort, né à Bourdeille, âgé de 50 ans, montait à son tour sur l'échafaud, après avoir lancé à Lacombe la prophétique imprécation que nous avons rapportée page 267.

Avec Durand de Ramefort, fut close la série des prêtres et des religieuses envoyées à la mort par la Commission Militaire de Bordeaux. Leur nombre total s'élevait à 45 victimes, dont 28 prêtres et 17 religieuses.

DERNIERS RESTES DES CLOITRES DU COUVENT
DES GRANDS-CARMES
RUE HONORÉ-TESSIER A BORDEAUX

APPENDICE

LE COUVENT DES GRANDS CARMES DE BORDEAUX

APRÈS avoir raconté les événements mémorables qui marquèrent les dernières années de la vie du saint religieux dont nous nous occupons, nous avons eu la pensée d'offrir à nos lecteurs, sous forme d'*Appendice*, une courte notice sur le Couvent des Grands-Carmes de Bordeaux, couvent aujourd'hui disparu et dans lequel le P. Pannetier passa son existence toute entière.

Le sujet était attrayant pour nous, et nous aurions voulu longuement nous étendre sur l'histoire de ces murs; mais les limites que nous nous sommes tracées en commençant ce livre nous ont obligé à renfermer en quelques pages succintes les nombreux renseignements que nous avons recueillis.

Notre but, du reste, était de faire connaître seulement les vertus et le martyre du vénérable P. Pannetier, et ce n'est qu'incidemment que nous avons voulu donner une esquisse de l'histoire de ces murs, aujourd'hui détruits, derrière lesquels sa vie s'écoula dans l'exercice de toutes les vertus chrétiennes.

L'époque de la fondation du Couvent des Grands-Carmes de Bordeaux, est un point très-obscur dans leur histoire.

Si nous en croyons le R. P. *Michel Laforcade*, Provincial de Gascogne au XVIIᵉ siècle, le Couvent aurait été fondé en l'an 1100 par le *Sire de Lalande*.

Ce couvent était alors situé près des Fossés de la ville, sur l'emplacement actuel du couvent de la Miséricorde, entre les rues de Lalande et de Labirat.

Delurbe donne à cette fondation une date beaucoup moins éloignée. Il la fait remonter seulement à l'an 1264. Nous reviendrons plus loin sur ces deux dates.

La fondation de ce couvent eut une origine sinon miraculeuse tout au moins visiblement providentielle.

Voici comment la rapportent les anciennes *Chroniques* de la ville :

En 1100 donc, ou bien en 1264, suivant que nous adoptons la version de Delurbe ou celle du P. Laforcade, Bordeaux était assiégé par le Comte d'Armagnac, au nom du roi d'Espagne qui revendiquait des droits sur la ville, à l'occasion du mariage d'un de ses ancêtres avec une fille de Henri II, roi d'Angleterre et duc d'Aquitaine.

Bernadeau, dans son *Viographe Bordelais*, parle de cet épisode et le place en l'an 1206 (1).

Le blocus de la ville se prolongea, et fut tellement rigoureux que les vivres vinrent bientôt à faire défaut, et que les habitants réduits au désespoir parlaient déjà de se rendre à merci. Mais la famine se faisait également sentir d'une cruelle façon dans le camp du Comte d'Armagnac, et au moment où les Bordelais, à bout de résistance, allaient lui livrer les portes de la ville, il leur fit offrir de régler leur sort dans un combat singulier entre un géant espagnol de son armée et celui des leurs qu'ils voudraient choisir.

Les habitants de Bordeaux étaient dans une grande perplexité au sujet du choix à faire du combattant, lorsque le seigneur de Lalande se présenta pour accepter en leur nom le défi du Comte d'Armagnac.

A cette époque de foi, les chevaliers, avant d'aller au combat, passaient la nuit en prières et se recommandaient à la miséricorde divine.

(1) Bernadeau : *Viographe Bordelais*, page 332.

Le seigneur de Lalande avait une dévotion toute particulière à Notre-Dame du Mont-Carmel qui était en grande vénération chez les Anglais; il fit vœu de fonder et de faire construire sur le lieu même du combat un monastère de l'Ordre des Carmes et une église en l'honneur de la Très-Sainte Vierge, si par sa puissante intercession il triomphait de son terrible adversaire.

» Et ce fait, nous dit *Darnal*, entra au champ de
» bataille contre un gentilhomme de grandeur
» démesurée à ce destiné par ledit comte. Et se
» fiant en la puissance et force de la dextre du Sei-
» gneur, revêtu de l'armet de Dieu, muni du hale-
» cret de la justice et mérite de sa cause, équipé
» du heaume d'une ferme espérance de l'assistance
» divine et couvert du bouclier d'une vive foi, ter-
« rassa dextrement ce gentilhomme contre l'attente
» et la croyance de l'un et l'autre parti (1). »

Le seigneur de Lalande étant demeuré vainqueur de son adversaire par un effet visible de la protection céleste, le comte d'Armagnac se déclara loyalement vaincu et leva le siège de Bordeaux.

Le combat singulier du seigneur de Lalande et du géant Espagnol eut lieu sous les murs de la ville, auprès de la porte dite du *Caffeyrnan* qui prit depuis le nom de *Porte des Carmes*.

Le seigneur de Lalande, après avoir délivré la ville de Bordeaux de ses ennemis au péril de sa vie, accomplit religieusement le vœu qu'il avait fait à

(1) Darnal. — *Continuation des Chroniques Bordelaises*: page 187.

la Sainte-Vierge, et jeta non loin des fossés de la ville les fondements du premier couvent de l'ordre de Notre-Dame du Mont-Carmel. Ce couvent ayant plus tard été déplacé de quelque cent mètres, le lieu primitif du combat fut appelé dans la langue du pays « *Lous Carmes bieilhs* » c'est-à-dire : *les Vieux Carmes*.

En reconnaissance du service rendu à la ville, le seigneur de Lalande obtint le droit d'asile pour sa maison de la rue Neuve. Ce droit lui fut plus tard contesté.

Nous trouvons en effet dans les anciennes Chroniques de Bordeaux qu'en 1460 le procureur de la ville nommé *Piouchel* ayant arraché de la maison du sire de Lalande un voleur nommé *Antoine de la Sagale* ou *de la Sigale* qui s'y était réfugié, le sire de Lalande attaqua la cité de Bordeaux par devant le sénéchal de Guienne, et le jeudi 19 décembre de la même année, un arrêt fut rendu, reconnaissant le droit d'asile du sire de Lalande et enjoignant au procureur de la ville de remettre en liberté le voleur Antoine de la Sigale qui était déjà en prison.

Le couvent des *Carmes Bieilhs* était établi dans la rue Mengin, aujourd'hui rue Magendie.

Plus tard, ce couvent fut vendu en partie aux Annonciades. Cette vente eut lieu moyennant une rente annuelle que ces religieuses devaient payer aux Carmes devenus seigneurs fonciers et directs de l'endroit.

La vente des terrains des *Carmes-Bieilhs* eut lieu en 1521.

« A cette époque, lisons-nous dans Dom
» Devienne, le couvent des *Annonciades* ou de
» l'*Ave Maria* fut fondé à Bordeaux dans la paroisse
» de Sainte-Eulalie par Jacquette Andron, dame de
» Lansac, épouse d'Alexandre de Saint-Gelais,
» chevalier, ambassadeur pour le roi en Espagne
» et en Suisse. . . . . La fondatrice
» acheta des Carmes un emplacement que ces
» religieux avaient anciennement occupé et que
» pour cette raison l'on appelait *Lous Carmes*
» *Bieilhs* (1). »

Le couvent des *Carmes-Bieilhs* abandonné par les religieux avait été reconstruit par les libéralités d'une autre seigneur de Lalande, un peu plus au nord et tout à fait au bord des fossés creusés le long du mur d'enceinte de la ville, sur l'emplacement aujourd'hui occupé par le cours des Fossés, les rues Lalande, Labirat et Sainte-Catherine.

La date du combat du seigneur de Lalande fut relatée dans une inscription gravée en écriture gothique sur l'un des piliers de la nouvelle église des Grands Carmes.

Cette inscription nous a été conservée en partie par Darnal dans sa *Chronique Bordelaise*. La voici textuellement :

---

(1) *Dom Devienne* : Histoire de Bordeaux. Tome II. pages 92 et 93

> L'an de Grâce mil et cent,
> Fonda premier un Seigneur de Lalande
> Au Carme Vieil, cette église et couvent,
> Pour ce, qu'au lieu obtint victoire grande,
> Contre un géant, qui conduisait la bande
> Des espagnols, pour Bourdeaux assaillir.
> Le dessusdict lui fit payer l'amende,
> Car il lui fit la tête à bas saillir.

Cette inscription était placée entre une vieille lance et un grand collier de fer également suspendus au même pilier.

D'après la tradition, cette lance et ce collier auraient appartenu au géant espagnol. Ces trophées ont subsisté jusqu'à la fermeture du couvent des Carmes et à la démolition de l'église de la communauté.

Les huit vers que nous venons de transcrire semblent donner une date certaine à la fondation du couvent des *Carmes-Bieilhs* qui aurait ainsi eu lieu en l'an 1100.

Cependant Delurbe qui écrivait avant Darnal rapporte cette fondation à l'an 1264.

Nous trouvons, en effet, à la page 11 de la *Chronique Bordelaise* la phrase suivante :

« En l'année 1264, le sieur de La Lande et de
» l'Isle fit construire et bâtir le couvent des Carmes
» hors la ville, comme en ce temps là tous les couvents étaient aux faubourgs de ladite ville (1). »

Les opinions ont été partagées au sujet de cette date, et le P. *Michel* LAFORCADE, Provincial des

---

(1) *Chronique Bordelaise*, par Delurbe, page 11.

Carmes de Gascogne, qui écrivait en 1666, s'appuyant sur l'inscription que nous venons de rapporter, déclare que Delurbe a dû faire erreur, et que le couvent a bien réellement été bâti en 1100.

Une des raisons données par lui nous paraît peu sûre.

» S. Simon Stock, » nous dit-il, « *qui mourut* » *à Bordeaux en* 1250, ayant été enseveli dans le » couvent des Carmes (1), il fallait bien que le » couvent existât à cette époque, et par conséquent » sa fondation est antérieure à cette date de » 1265 donnée par Delurbe (2). »

Or, le P. Laforcade, a fait erreur en ce qui touche la date de la mort de S. Simon Stock, qui ne mourut qu'en 1265, nous disent les Bollandistes, c'est-à-dire un an après la date donnée par Delurbe.

Par suite, l'ensevelissement de S. Simon Stock dans l'église des Carmes aurait bien pu avoir lieu à cette époque, puisque le couvent était déjà fondé depuis un an.

Nous devons cependant ajouter que le P. *Proust*,

---

(1) Le secrétaire de S. Simon Stock qui fut aussi son confesseur, mourut également à Bordeaux et fut enseveli dans le couvent des Fossés. Il était Anglais et se nommait *Pierre* Swanington. — C'est ce religieux qui avait été chargé par S. Simon Stock d'écrire depuis l'Angleterre la Lettre circulaire (datée de Cambregets, le 16 juillet 1251), qui annonçait les privilèges accordés par la Très-Sainte Vierge à ceux qui s'enrôleraient sous la bannière de son Scapulaire.

(2) Voir : *supplément des Chroniques de la noble Ville et Cité de Bourdeaux*, par *Jean Darnal*, pages 187 et 188. — A Bordeaux, *Mongiron-Millanges*, Imprimeur du Roy. 1666.

religieux Célestin du couvent de Verdelais, près Bordeaux, écrivant au siècle dernier une *Vie des Saints*, nous donne pour la mort de S. Simon Stock les deux dates de 1250 et 1265,

« S. Simon Stock, nous dit-il, mourut à Bor-
» deaux, l'an 1250, ou selon d'autres auteurs, en
» 1265 » (1)

D'un autre côté, un ancien plan de Bordeaux, que nous avons sous les yeux et qui porte la date de 1225, ne fait pas mention du couvent des Carmes, le long du mur de ville des Fossés. Mais ceci peut être un oubli du dessinateur. (2).

Si nous admettons pour la fondation du couvent *des Carmes-Bieilhs*, la vérité de la date de 1100 fixée par l'inscription que nous avons transcrite plus haut, nous devons supposer qu'au commencement du XIIIe siècle, ce couvent, déjà ruiné, fut rebâti, un peu plus au nord, tout à fait sur les bords des Fossés, en dehors des murs de la ville.

La suite de l'inscription, qui existait sur le premier pilier de l'église, semble donner à cette opinion, une apparence de vérité.

La reconstruction aurait eu lieu en 1217, par les soins d'un autre seigneur de Lalande, bienfaiteur

---

(1) Le P. Proust : *Les Vies des Saints pour tous les jours de l'Année* : In-f°. Bordeaux, 1724 : Mois de Juillet, page 34.

(2). On peut encore consulter les renseignements fournis par la pétition que les RR. PP. Carmes du couvent de Bordeaux adressèrent en 1791 aux administrateurs du département de la Gironde, afin d'être classés dans la catégorie des ordres non mendiants.

Nous avons publié cette pétition *in-extenso*, à la page 68 du présent ouvrage.

du couvent, en souvenir sans doute d'un de ses aïeux.

Voici, telle que nous l'a conservée le P. Laforcade, cette inscription qui faisait suite à celle que nous avons déjà donnée :

> L'an Onze Cents avec Six Vingts moins trois,
> Un Messire Gaillard, de Lalande Seigneur,
> L'édifia pour la seconde fois,
> Tout de nouveau. Fut rédificateur
> En ce lieu cy. Outre, il fut fondateur
> De la messe qu'on dit, de Notre-Dame,
> Un chaque jour. Prions le Créateur.
> Qu'il veuille avoir en paradis son âme.

M. Léo Drouyn, dans son beau livre : *Bordeaux, vers 1450,* semble accepter comme certaine la première fondation des Carmes, en 1100.

Nous lisons en effet à la page 120 de son livre, à l'article *Carmes Bieils,* les lignes suivantes :

« *Carmes Bieils — Aux Carmes Bieilhs — Aux
» Carmes Vieux* : Ce quartier avait pris son nom
» d'un ancien couvent des Carmes qui y avait
» été fondé vers l'an 1100. Les rues de la Misé-
» ricorde, du Caire, Magendie, et l'extrémité
» méridionale des rues de Lalande et de Veyrines.
» occupent à peu près son emplacement.

« Il portait encore le même nom en 1553 (1). »

Dans un autre chapitre du même livre donnant la description des rues de la ville, M. Léo Drouyn parlant de la *rue des Carmes,* aujourd'hui rue *Canilhac,* s'exprime ainsi : (2)

(1). Léo Drouyn : *Bordeaux, vers 1450.* page 120.
(2) *Bordeaux, vers 1450,* page 194.

« *Carmes : Rua deus Carmes : Via Carmelitarum :*
» *Rue des Carmes : Rue Canilhac* : Cette rue passait
» à l'ouest du couvent des Carmes et aboutissait
» aux Fossés du même nom. Elle est mentionnée
» dans un texte de 1379, sous le nom de *rua Car-*
» *melitarum*, on l'appelle depuis peu de temps *rue*
» *Canilhac.*

» *Carmes Biels : Rua deus Carmes Biels : Rue des*
» *Carmes Vieilhs*. Nous trouvons le nom de cette
» rue dans un texte de 1553 : « *Françoise Godin tient*
» *un appenti et jardrin à la rue des Carmes Vieilhs,*
» *paroisse Saincte Aulaye* (1). »

» Le texte suivant du même manuscrit et de la
» même année nous donnerait à penser que c'était
» la rue *Peymentade de rua Boau* qu'on nommait
» aussi *arua Pémentade*, autrement appelée aux
» Carmes Bieils : *maison et jardin seis en la paroisse*
» *sainte-Aulaye a rue Pémentade autrement appelée*
» *aux Carmes Biels.* »

A la page 354 du même ouvrage, M. Léo
Drouyn parlant de l'église des Carmes qui servit
de sépulture à S. Simon Stock s'exprime ainsi :
« L'église du couvent qui a été démolie il n'y a
» pas longtemps, et dont nous avons vu quelques
» vestiges, était située sur le bord du cours des
» Fossés, entre les rues Sainte-Catherine et
» Canilhac. »

Il existe encore une preuve de la fondation des
Carmes antérieurement à l'an 1264 ; c'est le livre

(1) Sainte-Eulalie.

si rare aujourd'hui ayant pour titre *l'Eglise métropolitaine et primatiale de Saint-André de Bordeaux, par Hierosme Lopes, chanoine théologal de cette église* (1).

Nous trouvons en effet à la page 118 de cet ouvrage (chapitre XI, première partie) les traces d'un contrat passé en 1264 entre les religieux Carmes et le chapitre de Saint-André, relativement au droit de sépulture déjà établi dans l'église des Carmes ; ce qui semble indiquer que l'Eglise était construite depuis quelques années, puisque l'usage était déjà d'y ensevelir les morts.

Voici textuellement la note de Lopes :

. . . .

« Les PP. Carmes s'obligèrent dans une trans-
» action passée le 25 juin, l'an 1264, de donner
» au Chapitre la moitié de toutes les offrandes et
» légats qui se faisaient au couvent à raison des
» sépultures ; lui en rendre compte trois fois l'année :
» et pour raison de ce, ils lui payent annuellement
» la somme de vingt-quatre livres ; à quoi, ils ont
» été obligés par un arrêt du même Parlement du
» 9 juin, l'an 1646 (2). »

Elie Vinet qui écrivait en 1565, déclare dans son livre de l'*Antiquité de Bordeaux et de Bourg* qu'il a vu un acte en date de 1264 « par lequel »

---

(1) Bordeaux : in-4°. — G. de La Court, imprimeur, 1668.

(2) *Histoire de l'Eglise Métropolitaine de Saint-André*, par H. Lopes : Chapitre XI, première partie : Baptêmes et sépultures ; page 118.

dit-il, « les chanoines de Saint-André, curés de la
» paroisse Sainte-Eulalie, baillaient congé et per-
» mission aux dits Carmes de bastir là où présen-
» tement est le couvent des Carmes, en la ville de
» Bordeaux (1). »

C'est sans doute la même pièce que nous trouvons encore dans le livre du chanoine Lopes.

Cette note qui figure au chapitre IV, 2ᵉ partie,
intitulé : PIERRE XXXIII, *archevêque*, donne une
indication plus précise, relativement à la fondation
du couvent des Carmes.

Quoique l'opinion de Lopes ait été discutée et
combattue par quelques-uns, nous croyons devoir
la donner ici en entier, ne voulant être qu'un historien fidèle.

Voici comment s'exprime le chanoine Lopes.

« Trois ans après, l'an 1264, le 26 juin (2), le
» Chapitre composa avec les PP. Carmes pour
» raison du monastère qu'ils *avaient fait bâtir* dans
» son détroit, ainsi que je l'ai rapporté au chapi-
» tre XI de la première partie.

» Ce ne fut pas néanmoins cette année qu'ils
» furent premièrement fondés comme l'ont écrit
» MM. de Sainte-Marthe, après Delurbe dans sa
» Chronique ; mais longtemps auparavant, la pre-
» mière fois, environ l'an 1100, à l'endroit qu'on
» appelle encore *lous Carmes-Viels*, lequel lieu est

---

(1) *L'antiquité de Bordeaux et de Bourg, présentée au roi Charles IX par* ELIE VINET, *en* 1553. parag. 69.

(2) Cette transaction est également rapportée au tome II du *Gallia Christiania*, à la même date du 26 juin 1264.

» à présent incorporé en partie dans le monastère
» des religieuses de l'Annonciade; la deuxième
» fois au lieu où ils sont maintenant, l'an 1217,
» par Gaillard, seigneur de La Lande, où mourut
» S. Simon Stock, le sixième Général de leur Ordre,
» et *y fut enseveli l'an* 1250, comme on peut voir
» plus au long dans *les additions de la Chronique*
» *Bordelaise,* à la fin (1). »

Nous devons faire remarquer qu'en indiquant l'année 1250 comme celle de la mort de saint Simon Stock, Lopès commet la même erreur que le P. Michel Laforcade auquel il renvoie ses lecteurs ; le *Bréviaire des Carmes* (2), *le Martyrologe* et les *Bollandistes* donnent à la mort de ce saint la date du samedi 16 mai 1265.

Il est étrange cependant, que le P. Laforcade, Provincial lui-même des Carmes de la province de Gascogne, et qui avait sous les yeux le tombeau de saint Simon Stock, soit tombé dans une pareille erreur.

D'un autre côté, bien des raisons semblent indiquer que cette date de 1100 assignée à la fondation du couvent de Bordeaux par l'inscription dont nous avons déjà parlé est peut-être une date de fantaisie, car d'anciens auteurs assurent que ce ne fut qu'en 1226 et 1229 que les premiers Carmes furent confirmés en Occident. Ceux qui vinrent en Angleterre en 1200 n'y furent jamais considérés

---

(1) *Histoire de Saint-André* par Lopès. page 233.
(2) *Breviarium Carmelitarum.* pars æstiva p. 327. — *Veneliis.* MDCCLXI.

comme religieux, mais seulement comme *hermites ;* pour accepter la date de 1100, il nous faut donc supposer que *les Carmes Vieils* était seulement le séjour d'hermites du Carmel.

Ce n'est du reste qu'en 1237 qu'eut lieu le Chapitre général de l'Ordre dans lequel il fut décidé que pour se soustraire aux persécutions des Sarrazins, la plus grande partie des religieux passerait du Mont-Carmel en Europe.

Une lettre du pape Innocent IV, lettre datée de 1246, assure d'un autre côté, qu'avant lui, les Carmes n'avaient pas de couvents en Europe (1).

Le livre d'*Elie Vinet : L'antiquité de Bourdeaux et de Bourg*, nous dit au paragraphe 70.

« Les quatre Ordres mendiants ne sont venus » qu'environ l'an mil deux cents. »

Lorsqu'en 1235 une demande fut faite pour ériger Bordeaux en commune, la pétition fut signée de tous les couvents de la ville : Le nom des Grands-Carmes n'y figura point. N'existaient-ils pas encore à cette date ? où bien les Carmes de la rue Mengin étaient-ils alors si peu nombreux qu'on ne leur donnait point l'importance d'une communauté ? Nous laissons à d'autres le soin de décider cette question,

Louis IX, du reste, lisons-nous dans beaucoup d'historiens, n'introduisit les Carmes en France qu'en 1264, à son retour de Terre-Sainte.

La lettre écrite par le P. Pannetier, lettre que

---

(1) Voir *Les petits Bollandistes*, par le P. Giry. — volume de mai ; tome V, page 314.

nous avons reproduite au cours de notre livre, et dans laquelle le vénérable religieux demandait aux administrateurs du département le classement de l'Ordre des Grands-Carmes parmi les Ordres non mendiants, dit textuellement « qu'en 1226 les » Carmes habitaient encore le Mont-Carmel (1). »

Et pour que tout soit doute dans cette question. *Joannes Grossi*, écrivain du XVe siècle (2) nous dit que saint Simon Stock fut élu sixième Général de l'Ordre en 1200. Ce qui semblerait infirmer ce que nous venons de dire relativement à la venue des Carmes en Europe, en 1236.

De son côté, le P. Giry veut que saint Simon Stock soit mort en 1265, le 16 mai, *la vingtième année de son généralat*, ce qui reporterait à l'an 1245 la date de 1200 donnée par Joannes Grossi (3).

Quoi qu'il en soit, et quelle qu'ait été la date de sa fondation, nous trouvons le couvent des Carmes établi hors des murs de la ville au XIIIe siècle. Mais bientôt, suivant l'usage, un certain nombre d'habitations vinrent se grouper autour du monastère. Il en a toujours été ainsi dans le Moyen-Age, et la fondation d'un couvent a toujours eu pour résultat premier la fondation d'un village sous les murs même du monastère, à l'ombre tutélaire et sous l'égide protectrice de l'Eglise.

(1) Voir page 68.
(2) Il écrivait en 1411.
(3) Voir : *Les Petits Bollandistes*, par le P. Giry. — Tome V, page 316.

Bientôt des rues furent tracées à l'entour du couvent.

L'une d'elle prit le nom de *rue Bouhaut*. C'était celle qui conduisait de la campagne à la porte de la ville dite *Porte Caiffernan* ou *Cahernan* qui devint alors la *Porte des Carmes*.

La rue Bouhaut est aujourd'hui la partie de la rue Sainte-Catherine qui commence au cours des Fossés pour finir à la Porte d'Aquitaine.

La Porte des Carmes était située à l'endroit où le cours des Fossés coupe la rue Sainte-Catherine.

Une des rues qui furent tracées à l'ouest du couvent prit le nom de rue de La Lande, en souvenir du fondateur du couvent.

Une autre rue fut nommée rue Labirat.

Le nom de cette rue rappelle justement la fondation du couvent des Carmes.

La légende rapporte que lorsque le Chevalier de La Lande combattit le géant de l'armée espagnole, le peuple de Bordeaux, anxieux de connaître l'issue de la lutte s'était rassemblé sur les remparts de la ville pour assister au combat des champions. La victoire était restée longtemps indécise; mais enfin, comme nous l'avons dit plus haut, le Sire de La Lande réussit à frapper son adversaire.

Le peuple de Bordeaux en voyant tomber le géant espagnol laissa éclater sa joie, et poussant des acclamations d'enthousiasme, il s'écria d'une seule voix, en employant le patois du pays : *L'as birat! L'as birat!* ce qui veut dire : *Il l'a renversé!*

C'est avec ce cri mille fois répété de *L'as birat!* *L'as birat!* qne le seigneur de La Lande victorieux fut accueilli à sa rentrée à Bordeaux ; ce fut là l'origine du nom donné plus tard à la rue qui bordait l'établissement des PP. Carmes, nom qui lui fut imposé en souvenir de l'éclatant service rendu à la ville par le seigneur de La Lande, et du cri de joie qui salua sa victoire inespérée.

Parmi les noms des Carmes qui illustrèrent le couvent de Bordeaux, nous trouvons celui du P. *Pierre Amilian*, élu neuvième Général, le jour de la fête des Rois, en 1273.

C'est le P. Amilian, qui, au mois de février 1278, déclara et reconnut comme rèédificateur et bienfaiteur du couvent le Sire Gaillard de La Lande dont parle la deuxième partie de l'inscription que nous avons rapportée plus haut.

Ce jour-là deux messes annuelles furent fondées au couvent des Carmes de Bordeaux: une pour les vivants et l'autre pour les défunts de la famille de La Lande.

Le dixième Général fut *Raymond de Lisle Tholozain,* qui fut élu le jour de la Pentecôte, l'an 1294.

La date de sa mort ne nous est pas connue.

Saint Pierre Thomas dit *Thomasi,* Evêque de Corfou et de Lipari, Patriarche-Archevêque de Constantinople, qui mourut martyr en 1306, habita lui aussi le couvent des Carmes de Bordeaux.

Il y professa la Théologie avant l'établissement de l'Université (1).

En 1318, le P. *Guidon de Perpignan* fut élu douzième Général.

En 1358, le jour de la Nativité, l'assemblée tenue dans le couvent de Bordeaux choisit pour seizième Général le P. *Jean-Baptiste.*

En 1390, il y avait dans le couvent des Carmes de Bordeaux un P. *Walter-Diss*, d'origine anglaise. — Ce qui, par parenthèse, est une preuve des rapports fréquents qui existaient à cette époque entre l'Aquitaine et l'Angleterre.

Ce P. Walter-Diss eut une grande réputation comme étant l'auteur de poésies latines dont quelques-unes existent encore, dit-on, en manuscrit.

En 1498, le vingt-sixième Général de l'Ordre était le P. Ponce.

C'est lui, qui renouvela vis-à-vis de la famille de Lalande le privilége qui avait été accordé à cette famille de la participation à tous les biens spirituels

---

(1) L'Université fut fondée à Bordeaux, le 7 mai 1441, par le Pape Eugène IV. Le premier Chancelier a été le Bienheureux Pey Berland. Elle comptait quatre Facultés : la *Théologie*, le *Droit*, la *Médecine* et les *Arts*.

Les Assemblées générales de l'Université se tenaient dans une des salles du couvent des Grands-Carmes, qui donnait sur la rue Bouhaut (aujourd'hui rue Sainte-Catherine).

La Faculté de Théologie donnait ses cours chez les Grands-Carmes. Elle comptait quatre professeurs : un Prêtre séculier, un Carme, un Augustin et un Jacobin. — La Faculté de Droit était établie rue des Lois. — Celle de Médecine, rue des Ayres. — Celle des Arts, au Collége des Jésuites.

et bonnes œuvres qui se font de nuit et de jour par les religieux de tout l'Ordre.

En 1614, nous trouvons comme Prieur des Carmes de Bordeaux, le *P. Raimond de Ratigny*, docteur en théologie ; un des restaurateurs de l'Hermitage de Sainte-Catherine de Lormont dont nous allons bientôt parler.

En 1640, le R. P. *Jean Chéron*, docteur en théologie, était Provincial des Carmes de la Gascogne. Ce religieux fit paraître un écrit qui fut imprimé à Bordeaux en 1648 pour défendre la dévotion du scapulaire du Mont-Carmel contre les calomnies du docteur *de Launoy* qui prétendait traiter de fable la vision de Saint-Simon Stock. Son livre qui eut à Bordeaux un très-grand retentissement avait pour titre : *Privilegiati Scapularis et visionis S. Simonis Stockei vindiciæ*.

En 1752, le P. *Lafaurie*, professeur de théologie de l'Université de Bordeaux était Grand-Carme au Couvent des Fossés. Il fut un des collaborateurs les plus assidus de la *Bibliotheca Carmelitana*. Il mourut en 1770.

Il fut lié d'amitié avec le P. Pannetier.

Les noms de quelques autres P.P. Carmes de Bordeaux ont été mêlés au récit que nous avons fait de la mort du P. Pannetier.

Parmi eux sont :

Le P. *Jacques Daunassans*, qui fut Provincial de Gascogne.

Le P. *Boniface Taverne*, qui fut, lui aussi, Provincial de Gascogne en 1777.

Le P. *Audebert*, premier Définiteur du couvent en 1777.

Le P. *Soupre* qui, en 1792, réussit à soustraire aux profanations des républicains les reliques de saint Simon Stock.

Le P. *Soupre* qui émigra pendant la Terreur, fut curé de la paroisse Sainte-Croix, et mourut à Bordeaux chanoine titulaire de la Primatiale, entouré de la vénération générale. Il avait été vicaire à Saint-Martial et à Saint-Michel, et fondateur des Sœurs de la Doctrine-Chrétienne.

Le P. *Dumeau*, autre compagnon du P. Pannetier qui mourut vicaire de la paroisse de Sainte-Eulalie.

Le P. *Crozilhac*, qui signa comme prieur du couvent de Bordeaux, l'approbation donnée aux livres du P. Pannetier.

Le P. *Vital-Gratien Mollere*, dont le frère était curé à Ruch, dans le canton de Sauveterre. Le P. Mollere fut arrêté avec son frère le 7 messidor, an II (25 juin 1794) par l'ordre de la Commission Militaire, et fut écroué avec lui à La Réole.

Le 9 messidor, il fut transporté à Bordeaux et enfermé, toujours avec son frère, dans la prison du palais Brutus (ancien palais de Lombrière). La dyssenterie et d'autres maladies contagieuses, décimaient alors les malheureux prisonniers; le curé de Ruch, atteint de la contagion, mourut bientôt. Quant au P. Mollère, il put échapper à la mort, quoique la maladie ne l'eut pas épargné.

Il fut mis en liberté le 28 octobre 1794 sur l'ordre du proconsul Ysabeau, sans avoir comparu devant la Commission Militaire.

En 1446, les Carmes de Bordeaux achetèrent sur la côte de Lormont, en face de la Ville, une propriété dans laquelle se trouvait un petit hermitage.

A partir de 1452, le couvent des Carmes nommait un religieux hermite pour faire résidence à Lormont et y dire les prières auxquelles les obligeaient les anciennes fondations faites dans cette chapelle.

Il ne reste aujourd'hui que quelques ruines de cet hermitage, fameux par les nombreux procès que sa possession suscita aux PP. Carmes de Bordeaux. La chapelle qui avait six mètres sur trois était dédiée à Sainte-Catherine.

Un rapport de la Commission des monuments historiques de la Gironde qui parut en 1856, s'exprime ainsi au sujet de ces ruines intéressantes.

« En parcourant le chemin qui borde la rive
» droite de la Garonne devant Lormont, on aperçoit
» sur le haut du coteau un arceau ogival qui fait
» présumer un édifice religieux.

» Si l'on gravit la côte, on reconnait en effet les
» restes d'une petite chapelle dont il ne subsiste
» plus que le sanctuaire mutilé.

» De chaque côté, au-dessous, sont des ruines
» d'habitations ; ce sont là les restes d'un ancien
» oratoire dépendant de l'Ordre des Carmes de
» Bordeaux, et qui fut longtemps célèbre par les
» *ex voto* que venaient y déposer les marins échap-
» pés au danger.

» Cette chapelle avait six mètres de long sur
» trois mètres de large. Une sculpture mutilée,
» formant retable, subsiste encore au fond du
» sanctuaire. On y reconnaît Sainte-Catherine,
» patronne du lieu, la roue à ses cotés ; devant elle
» le Christ ou la Vierge ; au-dessus, un ange. De
» petits caissons renfermant chacun une fleur,
» couvrent la voûte aux approches de l'autel.

» Un écusson porte les armes du couvent des
» Carmes : *d'argent à deux étoiles de sable, chappé de*
» *sable à une étoile d'argent.* Tous ces détails déno-
» tent le style du XVIIe siècle (1). »

La possession de cet hermitage de Sainte-Catherine de Lormont fut souvent disputée au couvent des Carmes et donna lieu à de nombreux procès. Le couvent fit constater ses droits le 13 février 1614, par un acte notarié dont nous possédons nous même une copie.

En 1671, l'Hermitage de Lormont fut restauré grâce aux libéralités faites en 1665 par Arnaud de Pontac, premier président au Parlement de Guienne.

---

(1) *Compte rendu de la Commission des monuments historiques de la Gironde* pendant l'année 1854-1855. Bordeaux 1856 : XVIe année page 7.

Il existe aux Archives départementales, de volumineux dossiers, relatifs aux nombreux procès que suscita aux Carmes de Bordeaux la propriété de cet Hermitage de Sainte-Catherine.

En 1548, pendant la révolte des habitants de Bordeaux contre l'introduction de la Gabelle, M. de Moneins, Lieutenant du roi en Guienne, fut assassiné; son corps fut déposé dans l'église des Carmes. Il y demeura jusqu'en 1550. A cette époque, il fut porté en grande pompe à l'église de Saint-André où il fut définitivement enseveli (1).

En 1572, en vertu d'une ordonnance du Parlement, le couvent des Carmes de Bordeaux conjointement avec celui des Jacobins et celui des Cordeliers, servit de prison pour les protestants et pour tous ceux qui avaient fait abjuration depuis la fameuse journée du 24 août (Dom Devienne : *Histoire de Bordeaux* : tome II, page 171).

En 1585. une maladie contagieuse s'abattit sur

---

(1) C'est à la suite et comme punition de cette révolte des Bordelais, que toutes les cloches des églises, ainsi que celle de l'Hôtel-de-Ville (appelée à Bordeaux *la Grosse-Cloche)* furent supprimées.

Les cloches ne furent rétablies qu'en 1561. par une ordonnance de Charles IX.

le couvent de Bordeaux. Tous les religieux moururent.

Leurs premiers successeurs crurent prudent de brûler les archives du couvent *pour éloigner la contagion*. Une foule de documents précieux à jamais regrettables, furent détruits à cette occasion.

Le 16 août 1593, une procession générale à laquelle assista le Parlement en robes rouges ainsi que les Jurats, se rendit à l'église des Carmes où fut chanté un *Te Deum* solennel en action de grâce de la conversion du roi Henri IV à la religion catholique (25 juillet, 1593)

Nous avons retrouvé dans les papiers conservés Archives de la Ville, une délibération constatant qu'en 1610 il fut accordé permission aux Carmes de réparer un pilier joignant le mur de leur église, à l'angle des fossés et de la rue Bouhaut.

L'autorisation porte « qu'il est permis aux
» RR. PP. Carmes en réparant le pilier de le faire
» de même grandeur et grosseur de celui qui
» est près du portail de ladite église, lequel sort
» d'environ cinq pieds hors les murs.
» Cette permission est accordée par grâce et à
» la charge que les religieux ne pourront prétendre aucun droit sur la place qui se trouvera
» entre ces deux piliers, ni y faire bâtir des échoppes, habitations, galeries, ni autres choses ; mais

» bien laisser la largeur des fossés telle qu'elle
» était, et à la charge aussi de faire un talus pour
» pour que personne ne *peut* (sic) se cacher derrière
» les piliers des fossés. » (1)

Les Carmes avaient sans doute un intérêt majeur à construire le long des fossés contre le mur de leur église, car ils demandèrent cette faculté avec instance.

Quatre ans plus tard, la permission de bâtir entre les piliers de l'église, permission refusée en 1610, nous venons de le voir, fut accordée aux PP. Carmes.

Nous avons en effet retrouvé la pièce suivante aux archives municipales.

« 16 *juillet* 1614. — Permission accordée aux
» religieux Carmes de faire construire et bâtir
» contre l'église de leur couvent, entre les piliers
» d'icelle, deux petites boutiques pour y faire
» travailler quelque artisan qui aurait l'œil à ce
» qu'on ne jetat aucun immondice contre les murs,
» à la charge de les démolir s'il était jugé qu'elles
» portaient préjudice (2). »

En 1617, des plaintes s'étant élevées contre les PP. Carmes qui augmentaient les constructions autour de leur église, la municipalité délégua un Jurat pour se rendre compte de l'état des choses.

---

(1) *Archives municipales*: Carton du couvent des Grands-Carmes.

(2) Archives de l'Hôtel-de-Ville: carton du couvent des Grands-Carmes.

Les registres de l'Hôtel-de-Ville de Bordeaux contiennent à ce sujet le rapport suivant :

« 26 *août* 1717. — M. de Voisin, Jurat, rap-
» porte que suivant la commission à lui donnée,
» il s'était transporté dans la rue Bouhaut ; qu'il
» avait vu et nivelé la bâtisse que les religieux
» Carmes faisaient dans ladite rue jusques à une
» ruette qui fait séparation entre eux et M. de
» Maniban, et qu'il ne trouvait nul inconvénient à
» ce que les religieux continuassent leur bâtisse.

» Sur quoi, permission est accordée aux reli-
» gieux de faire leurs bâtiments sans qu'ils puis-
» sent en être empêchés, comme usant de leurs
» droits (1). »

En 1627, le 21 septembre, la ville donna à la communauté des Carmes, une ruette ou impasse qui était en partie englobée dans le jardin du couvent, à la condition que la communauté s'engageât à chanter une grand'messe le jour de la fête de S. Mathieu (2).

Depuis cette époque jusqu'à la Révolution de 1789, une procession avait lieu chaque année, le 21 septembre, dans l'église du couvent ; la Jurade était tenue d'y assister.

Nous en reparlerons plus loin.

Le 1er août 1656, lisons-nous dans les vieilles Chroniques Bordelaises, (3) « les PP. Carmes

---

(1) Archives municipales : dossier du couvent des Grands-Carmes.
(2) Archives municipales : dossier du couvent des Grands-Carmes.
(3) Darnal. *Continuation de la Chronique Bordelaise*, page 80.

« voulant bâtir au canton de leur église du côté de
» la rue Bouhaut sans avertir messieurs les Jurats,
» et faire faire les alignements par le ministère des
» intendants de la maçonnerie, ayant même com-
» mencé à fossoyer et enjamber dans ladite rue, il
» leur fut défendu par messieurs les Jurats, de
» continuer leur travail : de quoi ayant porté leur
» plainte au Parlement, la Cour confirma le juge-
» desdits sieurs Jurats. »

Les registres de l'Hôtel-de-Ville que nous avons consultés, indiquent en effet que le 9 août 1656 le sieur Brassier, jurat de la ville, se présenta chez les Grands-Carmes « qui voulaient faire bâtir sans
» y appeler MM. les jurats pour procéder aux
» alignements et qui avaient fait construire un mur
» au-delà de leurs anciens fondements (1).

L'année suivante, l'explosion de la poudrière de l'Hôtel-de-Ville ayant causé au couvent des Carmes, des dégâts considérables estimés 5,000 livres, les religieux demandèrent, à titre d'indemnité, le droit d'établir deux petites échoppes entre les arcs-boutants de leur église et « avançant d'un
» pied du côté des Fossés. » Ce qui impliquait une profondeur totale de cinq pieds neuf pouces. En même temps, ils réclamaient le droit de joindre les extrémités des arcs-boutants qui avançaient de deux pieds huit pouces sur la rue Bouhaut.

Le 3 octobre 1658, les Jurats accordèrent cette

(1) Archives Municipales, carton des Grands-Carmes.

autorisation qui permettait à la ville de ne participer en rien aux réparations nécessitées dans le couvent par l'explosion.

La construction des deux échoppes avait en plus l'avantage de consolider les murailles de l'église, ébranlées par l'explosion, et de terminer à l'amiable uu différend plusieurs fois soulevé relativement à la propriété du terrain existant entre les contreforts de l'église.

Les pourparlers relatifs à cette affaire durèrent jusqu'au 12 janvier 1660, jour où les PP. Carmes obtinrent l'autorisation royale.

Plus tard, les religieux ayant voulu agrandir les deux échoppes qui leur avaient été concédées, furent condamnés à la démolition de ces constructions.

Voici ce que dit à ce sujet la *Chronique Borde-laise* : « 1681, 27 août. — Les Grands Carmes, au
» préjudice des anciennes délibérations et des
» défenses qui leur ont été nouvellement faites par
» MM. les Jurats, ayant jeté les fondements d'un
» mur qui avance dans la rue des Grands-Fossés-
» de-l'Hôtel-de-Ville au-delà des arcs-boutants de
» leur église, et retiré le parpaing qu'ils avaient élevé
» au dedans des arcs-boutants jusqu'au premier
» étage, et avancé le second étage sur ladite rue et
» hors desdits arcs-boutants, MM. les Jurats, pour
» remédier à cette entreprise, ordonnent que les-
» dits religieux reculeront lesdits avancements et
» les mettront à niveau des arcs-boutants, leur

» défendant de rien bâtir ni élever au-delà d'iceux,
» leur permettant, néanmoins, de laisser lesdits
» fondements, sans qu'ils puissent y rien bâtir ni
» élever (1). »

La Corporation des Tailleurs venait entendre la messe dans l'église des Grands-Carmes le jour de la fête de sainte Anne.

Le 25 de chaque mois les *Litanies de l'Enfant Jésus* étaient chantées solennellement dans la chapelle de l'Enfant-Jésus de l'église des Grands-Carmes (2).

Le jour de la fête de sainte Catherine et le jour de celle de saint Nicolas, les deux patrons des écoliers, une cérémonie bizarre avait lieu dans cette église.

Ces deux jours-là, les élèves du Collège de Guienne venaient en procession à l'église de Notre-Dame-du-Mont-Carmel, et le premier élève de la classe faisait dans l'église une dissertation latine sur un sujet religieux.

En retour de cette cérémonie, les PP. Carmes envoyaient des *argumentants* aux thèses qui étaient soutenues dans le Collège de Guienne, afin de

---

(1) Archives Municipales de Bordeaux.

(2) Nous possédons un exemplaire de ces Litanies imprimées à Bordeaux, en 1753, chez la veuve de *Pierre Brun*, imprimeur-libraire, rue Saint-James. Sur la première page de l'opuscule est indiqué que ces litanies se chantent en l'église des Grands-Carmes, le 25 de chaque mois.

donner par leur présence plus de force, d'éclat et d'importance aux discussions (1).

A cette époque, l'autorité civile ne dédaignait pas de rehausser par sa présence l'éclat des fêtes religieuses.

Parmi les nombreuses cérémonies à l'occasion desquelles les Jurats et le Maire de Bordeaux étaient tenus de se rendre dans les diverses églises de la ville, nous les voyons assister à la messe le jour de saint Matthieu dans l'église des Carmes, à l'issue d'une procession :

« Le *jour de saint Michel*, 21 septembre (2),
» Messieurs les Jurats partent de l'Hôtel-de-Ville et
» vont ouïr une grand'messe aux Carmes avec leur
» chaperon de livrée, lesquels les viennent inviter le
» jour avant. » (Extrait du « Rôle des jours auxquels MM. les Jurats marchent en corps avec leurs robes et chaperons de livrée. » *Chronique Bordelaise de Darnal*, page 198, *verso*.)

Il existe encore aux Archives de l'Hôtel-de-Ville de Bordeaux des souvenirs s'étendant jusqu'à 1780, des splendeurs de cette procession qui était dite de *Saint Mathieu*.

Nous trouvons encore dans la même *Chronique Bordelaise* la relation d'une cérémonie à laquelle furent conviées les autorités municipales, « le 16 août 1629. »

---

(1) Ducourneau : *La Guienne Monumentale* : 3ᵉ partie, page 284.
(2) Il y a évidemment dans ce document une erreur de date. Le 21 septembre, l'Eglise célèbre la fête de S. Matthieu et non celle de S. Michel qui n'a lieu que le 29 du même mois.

« MM. les Jurats ayant été priés par les Carmes de la ville d'assister en corps à la cérémonie de la Canonisation de saint André Corsini, évêque de Fiésole, religieux de leur Ordre, y vinrent en grande pompe avec les évêques de Limoges, d'Agen et d'Aire.

» La messe fut célébrée par l'évêque de Limoges. Le P. Charles de Lorraine, Jésuite, fit le panégyrique du saint. Le soir, il y eut un feu de joie qui fut allumé par l'un des Jurats avec un flambeau qui lui était présenté par le Provincial des Carmes. Les canons de la ville furent tirés pour donner plus de pompe à la cérémonie. » C'est ainsi qu'à cette époque, l'autorité civile honorait les Saints. (*Chroniques Bordelaises continuées* : page 33.)

Le 16 août, fête de *saint Roch*, une procession solennelle avait lieu à Bordeaux en action de grâce de la délivrance de la peste de 1585.

Les Jurats, le Parlement, le Clergé séculier et régulier se réunissaient à la Cathédrale St-André et se joignaient aux Chapitres de St-André, St-Seurin et Ste-Croix, pour de là se rendre processionnellement à l'église des Grands-Carmes où était célébrée une messe chantée.

Cette fête était d'obligation pour la ville. — Elle subsista jusqu'en 1789.

Le concours d'étrangers qu'elle amenait à Bordeaux fut l'origine de la foire dite de *Saint-Roch*, qui se tenait sur les Fossés des Carmes, en face même du couvent.

« L'Église du couvent des Carmes de Bordeaux
» n'offrait nous dit *Bordes* aucune spécialité re-
» marquable au point de vue architectural (1). »

C'est là le seul renseignement que cet auteur ait cru devoir nous donner.

Elle était sous le vocable de Notre-Dame du Mont-Carmel.

Si nous en croyons d'anciens plans, et aussi le livre « *Bordeaux vers* 1450 » de M. Léo Drouyn, c'était un édifice gothique, bâti dans le style du XIIIe siècle. — Elle avait deux nefs principales d'inégales longueurs. Celle du sud, avait 57 mètres ; celle du nord, 55^m 50 nous dit M. Lamothe. — Les deux nefs étaient l'une et l'autre terminées par une abside à trois pans coupés. — Au côté septentrional de la nef du nord, étaient adossées quatre pièces ou chapelles en enfilade formant en quelque sorte une troisième nef.

Ces quatre chapelles étaient en façade sur le conrs des Fossés. Les deux du centre étaient percées de portes qui servaient au public à pénétrer dans l'église.

Le porche était précédé d'un petit emplacement en forme d'hémicycle, ouvert sur le cours des Fossés.

Un plan de Bordeaux en 1787 donne la configuration de cet hémicycle.

(1). Bordes : *Les Monuments de Bordeaux*.

En 1769, les Jurats de la ville avaient, d'accord avec les PP. Carmes, partagé en deux parties égales l'emplacement existant au devant de l'église en recul du cours des Fossés. Cet emplacement avait été pavé à frais commun par la ville et le couvent ; à partir de ce moment, l'entretien s'en fit par moitié entre la Commune et la Communauté.

L'autel principal de l'église se trouvait à gauche de l'entrée des Fossés vers la partie de la rue Sainte-Catherine, alors appelée rue *Bouhaut*.

L'une des quatre chapelles formant la troisième nef avait été primitivement une chambre occupée par saint Simon Stock. C'est là même qu'il mourut, le samedi, 16 mai 1265. Elle contenait les reliques du saint. Le P. Pannetier raconte à ce sujet, dans son *Histoire de S. Simon Stock*, le trait suivant :

« En 1617, les reliques de saint Simon Stock fu-
» rent renfermées dans une châsse en bois de cy-
» près pour les placer sur l'autel dans sa chapelle ;
» mais, voulant auparavant donner à cette châsse
» les ornements dont elle était susceptible, en
» attendant que l'on fut en état d'en faire une plus
» riche, on la remit entre les mains d'un habile
» peintre de Bordeaux, hérétique caché. On le
« chargea de peindre notre saint sur cette châsse
» avec tous les attributs qui lui convenaient.

» Cet homme impie se jouant de la religion et du
» culte des saints eut la témérité de représenter
» saint Simon Stock avec une figure grotesque et
» une attitude ridicule pour tourner en dérision ce

» digne objet de la vénération publique : mais
» aussitôt, Dieu tirant vengeance de l'outrage fait
» à son serviteur, ce malheureux peintre tomba de
» paralysie.

» La main sacrilège dont il s'était servi pour for-
» mer les traits impies de sa malice sécha à l'ins-
» tant. Il comprit sans peine la cause de cet événe-
» ment tragique ; il reconnut sa faute, et s'étant fait
» apporter au tombeau de saint Simon Stock,
» pleurant et gémissant sur son forfait, et récla-
» mant la miséricorde de Dieu, par les mérites de
» notre Saint, il en obtint une parfaite guérison et
» réforma ensuite l'ouvrage de son impiété. Et,
» par un troisième miracle, il recouvra avec la santé
» du corps celle de l'âme, s'étant sincèrement
» converti et ayant abjuré son hérésie (1) ».

En 1663, par ordre du R. P. *Jérôme Ari*, Général de l'Ordre, les reliques de saint Simon Stock
furent mises dans des reliquaires nouveaux; les
restes du corps, dans une riche châsse d'argent
ornée de pierreries ; le chef, dans un beau buste
d'argent. La châsse fut placée sur l'autel dans la
chapelle du Saint « dont l'ouvrage, nous dit encore
le P. Pannetier est très-recherché et très-
curieux en sculptures (2). »

(1) *Vie de saint Simon Stock*, par le P. Pannetier, religieux Carme du couvent de Bordeaux : — à Bordeaux chez *Séjourné*, libraire, 1779 ; pages 192 et suiv.
(2) *Vie de saint Simon Stock* par le P. Pannetier ; page 201

La chapelle de Saint-Roch contenait aussi un bâton qui avait appartenu à ce Saint ou qui renfermait quelqu'une de ses reliques.

Ce bâton était l'objet d'une vénération toute particulière. On sait que saint Roch est invoqué à Bordeaux comme protecteur contre la peste.

« Une ancienne tradition, lisons-nous dans Dom
» Devienne, (1) nous apprend que les jurats, ins-
» truits des grâces que Dieu accordait aux pesti-
» férés par l'intervention de saint Roch, envoyèrent
» à Montpellier chercher de ses reliques ; qu'elles
» furent enchâssées dans un bâton richement garni
» et déposées chez les Carmes, et que la dévotion
» des Bordelais à ce saint augmenta, à cause des
» faveurs multipliées que recevaient ceux qui l'in-
» voquaient. Des particuliers ayant obtenu la per-
» mission de posséder pendant quelque temps chez
» eux la précieuse relique, il s'établit insensible-
» ment un usage qui subsiste encore, (2) et qui
» consiste en ce que les reliques que le peuple
» appelle : « *le bâton de saint Roch* » sont mises tous
» les ans en adjudication par les Carmes en pré-
» sence du Lieutenant-général et portées proces-
» sionnellement par ces religieux en la maison du
» particulier qui en a offert le plus haut prix, jusqu'à
» l'année suivante que les Carmes vont les chercher
» pour recommencer la même cérémonie. »

(1) *Histoire de Bordeaux* : tome II. p. 256.
(2) Dom Devienne écrivait ces mots en 1770. Une ordonnance de l'Archevêque de Bordeaux datée de 1771 fit cesser cet usage singulier.

LE COUVENT DES GRANDS-CARMES

C'était le plus ordinairement les bouchers, les tanneurs ou les mégissiers qui prenaient ce bâton en ferme chez eux pour se préserver du danger résultant de la mauvaise odeur de leurs marchandises.

Le bâton de saint Roch est aujourd'hui vénéré dans l'église de Sainte-Eulalie.

Le 13 décembre 1657, comme nous le disions plus haut, la foudre tomba sur l'Hôtel-de-Ville de Bordeaux et mit le feu à un dépôt de poudre; ce qui occasionna une terrible explosion.

La commotion causa d'immenses désastres. Le procès-verbal qui fut fait de la constatation des dégâts existe encore aux archives municipales, où nous avons pu le copier, grâce à la parfaite obligeance de M. Gaullieur, archiviste de la ville.

Ce procès-verbal est un document curieux, en ce qu'il nous a conservé une sorte de description de l'église des Carmes. Nous en avons extrait la partie qui pouvait intéresser nos lecteurs; nous la reproduisons ci-dessous.

» . . . .
» . . En sortant du collége (1) des PP. Jésuites,
» nous nous sommes transportés dans le couven
» des PP. Carmes où étant, et dans la ne
» de la grande église dudit couvent il nous a

(1) Le collége des Jésuites, d'abord établi en 1573 sur les Fossés dans le prieuré Saint-James, était situé depuis 1160, dans la rue de Gourgues, attenant à l'Hôtel-de-Ville. L'église du collége qui fut bénit le 23 mai 1676 est aujourd'hui l'église paroissiale de St-Paul.
(Voir : *Chronique Bordelaise* de TILLET : p. 37.)

» apparu que quatre grands vitraux qui étaient au-
» dessus du maître-autel d'icelui, ornés de belles
» figures et représentations de 7 à 8 pieds de large
» et de neuf à dix de haut ont été entièrement en-
» levés et brisés ; les barres de fer pareillement
» enlevées et les croisées et croisillons rompus et
» renversés par terre ; et que trois figures de pierre
» qui ornaient ledit maître-autel ont été abattues ou
» brisées. Nous a aussi apparu que trois grands
» vitraux qui étaient au-dessus de l'autel de saint
» Roch, d'environ 10 à 12 pieds de haut et de sept
» pieds de large, embellis de plusieurs figures, ont
» été entièrement brisés. La plupart des barres de
» fer de grosseur considérable enlevées, les croi-
» sières et croisillons et roses desdits vitraux, faites
» en architecture, rompues. Que les vitres des
» chapelles de Notre-Dame-de-Pitié et de Saint-
» Joseph, de Saint-Come, et Saint-Damien et de
» Saint-Antoine ont été pareillement enlevées et
» mises en pièces. Que les vitres du grand vitrail
» à trois rangs qui était au fond du chœur, dehors
» d'iceluy, de hauteur de plus de quinze pieds et
» de dix ou douze pieds de large ont été aussi abat-
» tues et mises en pièces, et que enfin de toutes les
» vitres qui étaient dans ladite église il n'en est
» pas resté une seule en son entier.

» Avons aussi remarqué que les murailles de
» ladite église en la nef du chœur ont été si horri-
» blement ébranlées, que la muraille du fond a été
» séparée de celle des côtés d'environ trois pied

» par le haut, et que l'orgue de ladite église a été
» entièrement renversé et la plupart des tuyaux
» *d'icelle*, gâtés et hors d'état de pouvoir servir;
» et, de la nef de ladite église ayant été conduits
» en la chapelle de S. Simon Stock et en celle
» de Notre-Dame de Recouvrance, nous avons
» trouvé les vitraux de cette dernière entièrement
» abattus et mis en pièces; la toiture de la cha-
» pelle de S. Simon Stock, ornée de fleurons et
» autres pièces en bosse dorées a été en partie
» abattue; et, des dites chapelles, étant entrés
» dans la clôture, nous avons remarqué que tout y
» a été mis en désordre. Le toit des cloîtres a été
» percé en divers endroits par des carreaux de
» pierre qui y ont été jetés par la violence du feu;
» et que les voûtes desdits cloîtres adossés à
» l'église, faites de plâtre, ont été entièrement
» ébranlées et en partie abattues.

» Comme aussi, nous avons remarqué dedans les
» dits cloîtres que non-seulement le toit de la nef
» de l'église dudit couvent, couverte d'ardoises,
» mais encore celui du grand dortoir des religieux
» a été percé en tant d'endroits, et gâté à tel point,
» qu'il pleut presque partout au dedans; et, étant
» entrés dans l'intérieur dudit couvent, nous avons
» remarqué que les vitres des sept vitraux qui sont
» dans le réfectoire, d'environ quatre pieds de
» large et de sept à huit de haut, ont été entiè-
» rement renversées et mises en pièces, et que dans
» la plupart des chambres et salles dudit couvent

» les croisées ont été enlevées de leurs places et
» rompues ; et les portes, fenêtres et châssis
» fracassés et brisés ; et sortant dudit couvent, nous
» avons été conduits dans diverses maisons qui en
» dépendent, joignant iceluy, tant dans la rue
» Bouhaut, que celle des Fossés, dans lesquelles
» maisons il nous a apparu que non-seulement les
» vitres mais encore les portes et les fenêtres ont
» été enlevées et mises en éclats, et que les toits
» d'icelles ont été tellement endommagés et percés
» par les carreaux de pierres que la véhémence du
» feu a jetés dessus, qu'il pleut presque partout
» au-dedans.

« De quoi, et de tout ce dessus, nous, commis-
» saire susdit, avons fait et dressé notre présent
» procès-verbal.

« Le 14 décembre 1657

« SABOURIN. »

Le dommage causé au couvent par l'explosion fut évalué à cinq mille livres, somme énorme pour l'époque. Nous avons vu plus haut de quelle façon fut réglée cette indemnité.

Les *Chroniques Bordelaises* de TILLET, donnent de très-longs détails sur la cérémonie des obsèques de M. de Bretoux, professeur royal de l'université de Bordeaux, avocat et jurat de la ville, qui fut inhumé le 29 janvier 1694 dans l'église des Grands-Carmes (1).

Le couvent des Carmes de Bordeaux possédait des biens très-considérables.

Le relevé complet de ses propriétés, fait au XVIIe siècle, existe encore aux Archives départementales de Bordeaux. Elles comprenaient des terres dans un assez grand nombre de paroisses avoisinant Bordeaux et des immeubles nombreux dans divers quartiers de la ville.

Lorsque la loi sur les biens du clergé fut promulguée en France, et que le couvent des Carmes de Bordeaux fut fermé, il fut alloué seize mille six cents francs de pension aux vingt-six religieux qu'il contenait.

L'église des Carmes fut, une des premières, pillée et dépouillée de ses ornements.

Le lutrin en bois de chêne massif qui ornait le chœur de l'église, fut transporté à Sainte-Eulalie. Ce lutrin, curieux et remarquable travail de sculpture, vient d'être réparé par ordre du Conseil de fabrique de la paroisse Sainte-Eulalie. Il est à quatre faces représentant dans les quatre médaillons du bas des scènes de la vie des Saints Prophètes Elie et Elisée.

Les quatre médaillons du haut représentent : S. Télesphore, pape et martyr, tenant un ciboire au-dessus duquel sont figurées trois hosties. —

---

(1) *Chroniques Bordelaises* de Tillet, pages 14 et 15.

S. Denis, pape et confesseur. — S. Simon Stock, et un autre saint de l'Ordre des Carmes.

Le tableau qui ornait la chapelle de S. Simon Stock a été perdu.

Les autres grands tableaux qui étaient dans l'église et qui sont dûs au pinceau d'un Grand-Carme du couvent de Bordeaux, sont suspendus maintenant dans la nef de Sainte-Jeanne de l'église de Sainte-Eulalie. Les autres tableaux du couvent sont aussi aujourd'hui la propriété de la fabrique de l'église Sainte-Eulalie qui les a mis en dépôt dans l'école des frères de la rue Henri IV et dans un autre couvent de la paroisse. Nous croyons savoir que la fabrique de Sainte-Eulalie cherche à se défaire de ces toiles dont quelques-unes ne sont pas sans mérite.

Le grand autel de l'église des Carmes fut transporté à l'église Saint-Martial qui était alors dans la rue Poyenne.

Le tableau qui était dans la chapelle de l'Enfant-Jésus orne maintenant le sanctuaire de la Sainte Vierge de l'église Sainte-Eulalie. Il est placé sur le côté de l'autel. Il représente la Sainte Famille. L'Enfant-Jésus assis sur un trône au centre du tableau est revêtu d'une robe blanche : à sa droite est la Sainte Vierge à genoux, et à sa gauche est saint Joseph ; au-dessus plane un groupe d'anges.

La statue de saint Roch et son bâton précieux furent également transportés à Sainte-Eulalie qui eut ainsi la presque totalité des dépouilles de l'église des Carmes, à l'exception des reliques de saint Simon Stock qui sont dans la chapelle du Mont-Carmel de l'église Primatiale de Saint-André.

Les reliques de saint Simon Stock ont été, nous l'avons vu, sauvées de la profanation par les soins du P. Soupre et du P. Pannetier.

La statue de saint Roch a été pendant longtemps exposée à Sainte-Eulalie dans une petite chapelle qui était sous le vocable de ce saint, du côté nord de l'église. Cette chapelle ayant été depuis quelques années nouvellement consacrée au Cœur agonisant de Jésus, le bâton miraculeux de saint Roch a été transporté dans la nef du sud, dans la chapelle dite des Corps-Saints; la statue de saint Roch est placée dans la même nef, sur le côté gauche de l'autel de sainte Jeanne et de saint Roch.

Le P. Dumeau, compagnon du P. Pannetier a été longtemps vicaire de Sainte-Eulalie. Nous avons retrouvé son nom en cette qualité dans un annuaire de 1806.

En 1792 les terrains du couvent furent morcelés et aliénés par le district du département.

Un grand nombre de ces lots de terrain furent achetés par le sieur Peixotto, banquier israëlite que la Commission Militaire avait condamné le 26 frimaire, an II (16 décembre 1793) à 1,200,000 livres d'amende, « pour avoir prétendu, dit le juge-» ment, descendre de la tribu de Lévi, et avoir pla-» tement fait la cour aux rois en leur élevant des » statues..., etc. »

En 1794, on ouvrit au milieu de ces terrains la rue Figuière (aujourd'hui rue Honoré-Tessier). La rue Figuière fut longtemps sans avoir de nom. Le théâtre Mayeur, plus tard théâtre Napoléon, aujourd'hui théâtre des Variétés fut construit sur une partie de l'emplacement même de l'église, dont il ne reste plus qu'un faisceau de colonnes engagées qu'on peut encore voir sur le côté ouest de la rue Honoré-Tessier tout près du théâtre.

Une salle d'asile fut établie dans la rue Figuière sur l'emplacement des cloîtres du couvent.

Après l'incendie de la synagogue de la rue Causserouge, les Israëlites ont construit il y a quelques années un temple provisoire, dans la cour même de cette salle d'asile, pour attendre la reconstruction prochaine de la synagogue sur le terrain du lycée actuel, qui occupe l'ancien couvent de la Visitation et celui des Feuillants.

Il y a quelques années, un certain nombre d'arcades du cloître du couvent des Grands Carmes étaient encore debout dans une cour servant de remise et d'écurie, rue Honoré-Tessier. Ces vestiges ne présentaient aucun intérêt au point de vue archéologique.

La vue que nous en donnons en tête de ce[t] appendice à notre livre fut dessinée il y a cinq ou six ans par notre ami M. Emmanuel Piganeau, secrétaire de la Société d'Archéologie de la Gironde, qui a bien voulu nous autoriser à le faire reproduire.

TABLE DES MATIÈRES

	Pages.
Liste des souscripteurs...	I-VII
Avertissement de l'auteur.......................................	1
A Son Éminence le Cardinal Donnet..	3
Lettre de Son Éminence..	7
Préface..	11
Avant-propos...	21
Chapitre I.— Premières années de la vie du P. Pannetier	29
Chapitre II. — Le P. Pannetier pendant les premières années de la Révolution................................	57
Chapitre III. — Le P. Pannetier et l'abbé Langoiran..	85
Chapitre IV.— Massacre de l'abbé Langoiran et de l'abbé Dupuy.— Le P. Pannetier providentiellement préservé de la mort...	109
Chapitre V.— Le P. Pannetier à Bordeaux de 1792 à 1794	155
Chapitre VI.— Quelques mots sur la Commission Militaire de la Gironde................................	165

TABLE DES MATIÈRES

Chapitre VII. — Le P. Pannetier devant Lacombe...	187
Chapitre VIII. — Thérèse Thiac et Anne Bernard....	235
Chapitre IX. — Mort du P. Pannetier.....................	249
Chapiere X.—Les événements qui suivirent la mort du P. Pannetier. Fin du règne de la Terreur..	261
Chapitre XI. — Les martyrs de la Foi à Bordeaux....	275
Appendice. — Le couvent des Grands-Carmes de Bordeaux...	286

BORDEAUX. — IMPRIMERIE L. RABAIN, RUE ARNAUD MIQUEU 31.

DERNIÈRES PUBLICATIONS
DE LA LIBRAIRIE FÉRET & FILS, 15, COURS DE L'INTENDANCE, BORDEAUX

ÉLOGES, par M. l'abbé **Gaussens**, Archiprêtre, curé de Saint-Seurin, de Bordeaux, membre et lauréat de l'Académie de Bordeaux. — 2ᵉ édition augmentée. — 2 jolis vol. in-12. — Prix : 6 francs.

VARIÉTÉS GIRONDINES ou *Essai historique et archéologique sur la partie du diocèse de Bazas, renfermée entre la Garonne et la Dordogne*, par M. Léo **Drouyn**, Membre de l'Académie des Sciences de Bordeaux. — Cet ouvrage, orné de gravures et d'eaux-fortes, sera publié en 8 fascicules environ. — Prix du fascicule : 6 francs.

HISTOIRE DE LA TERREUR A BORDEAUX, par M. Aurélien **Vivie**. — 2 vol. in-8°, impr. avec luxe. — Prix : 15 fr. sur papier vélin; 30 fr. sur papier vergé de Hollande. La première édition de cet intéressant ouvrage, tirée à 200 exemplaires, est sur le point d'être épuisée. C'est, à coup sûr, le succès le plus complet qui ait été obtenu par un livre d'histoire locale.

ÉCHOS ET REFLETS, par François **Boissonneau**, lauréat de l'Académie de Bordeaux. — 2ᵉ édition, augmentée. — 1 vol. in-18 jésus. — Prix : 3 fr.

CRAYONS ET PINCEAUX *album de pensées-vignettes*, par M. Victor **Dessiaux**, ancien notaire, ouvrage couronné par l'Académie de Bordeaux. — 1 beau vol. in-18, imprimé avec luxe. Prix : 3 fr.

LE MÉDOC ET SES VINS, *Guide vinicole et pittoresque de Bordeaux à Soulac*. — par Th. **Malvezin** et Edouard **Féret** 1 volume in-18 jésus illustré, orné d'une carte du Médoc. — Prix : 2 fr. 50 ; franco par la poste, 2 fr. 65. — Cet ouvrage contient, en outre de la description du Médoc et de la nomenclature de ses principaux vignobles, des notions pratiques sur la vinification, les soins que réclament les vins en barriques et la mise en bouteilles.

OEUVRES DE L'ABBÉ BAUREIN, publiées par G. **Méran**, avocat. — 4 beaux volumes in-8°. — Prix : 30 fr. sur papier vélin. — Il reste encore quelques exemplaires de l'édition tirée à 100 exemplaires, numérotés, sur papier de Hollande. — Prix : 60 fr. — Les tomes I, II, III, comprennent : *Les Variétés Bordelaises ou essai historique et critique* sur la topographie ancienne et moderne du diocèse de Bordeaux. — Le tome IV comprend : *l'Histoire des rues de Bordeaux* et divers mémoires inédits sur l'histoire de cette antiquité cité.

STATISTIQUE GÉNÉRALE topographique, scientifique, agricole, industrielle, commerciale, administrative, historique, archéologique et bibliographique du département de la Gironde, par Edouard **Féret**, membre de la Société d'Agriculture de la Gironde, auteur de BORDEAUX ET SES VINS, classés par ordre de mérite — 3 beaux volumes grand in-8° raisin, ornés de cartes et de nombreuses gravures sur bois, dessinées par Eug. **Vergez**. — Prix de souscription pour les 3 volumes : 36 fr. — *Le Tome II*, partie agricole et vinicole, contenant la classification des vins se vend séparément, 14 fr. ; par la poste, 16 fr.

BORDEAUX ET SES VINS. — 3ᵉ édition entièrement refondue par Edouard **Féret**, membre de la Société d'Agriculture de la Gironde, et auteur de la Statistique générale du département. — Un beau volume in-18 jésus de 600 pages, orné de 260 vues des principaux châteaux vinicoles de la Gironde, dessinées par Eugène **Vergez**. — Prix : 6 fr. Franco par la poste : 6 fr. 90 c.

CARTE ROUTIÈRE ET VINICOLE du département de la Gironde, par M. **Coutaut**, agent-voyer. — Une feuille grand aigle, imprimée en deux couleurs et coloriée par contrées vinicoles. — Prix : 8 fr.

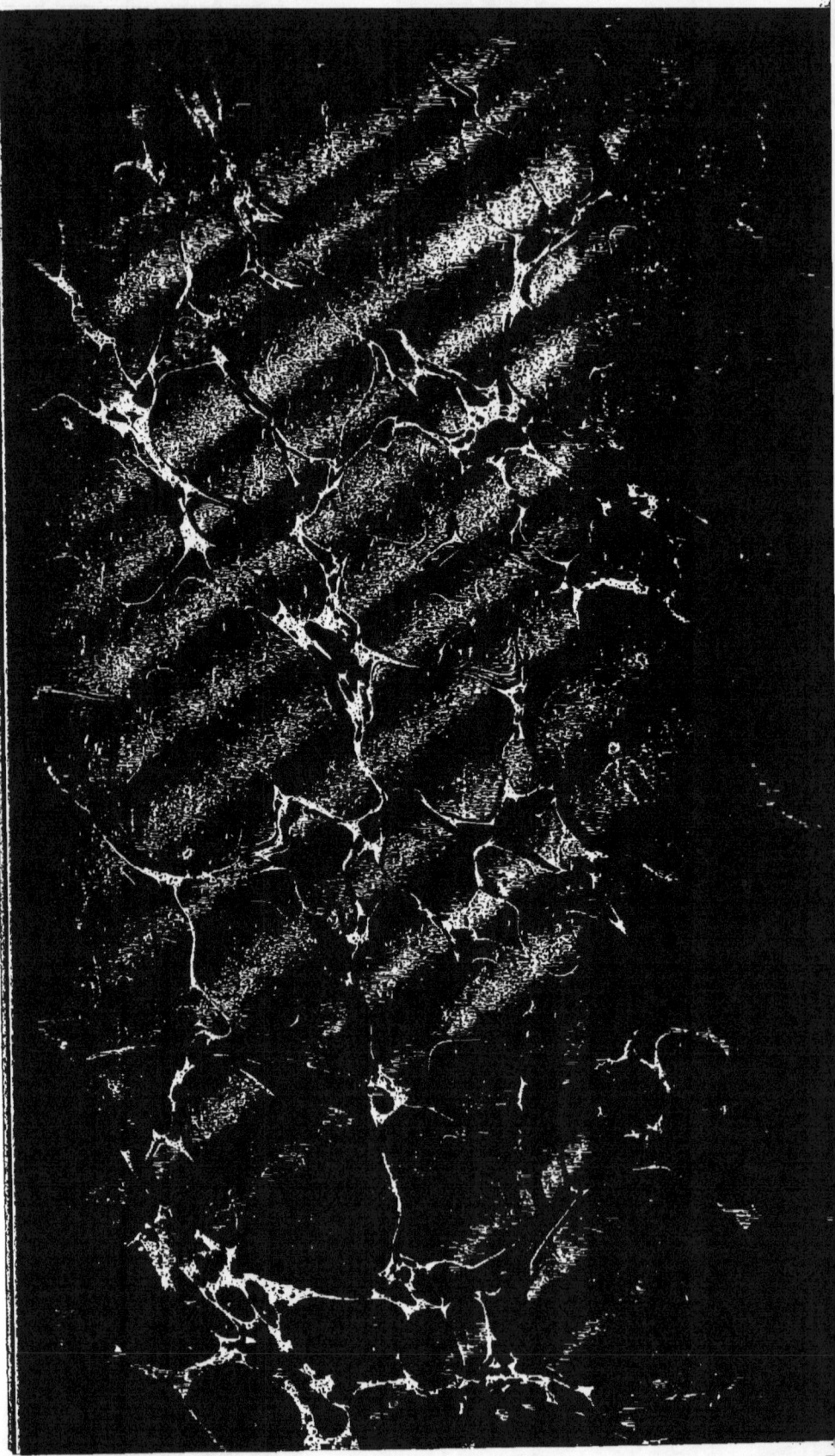

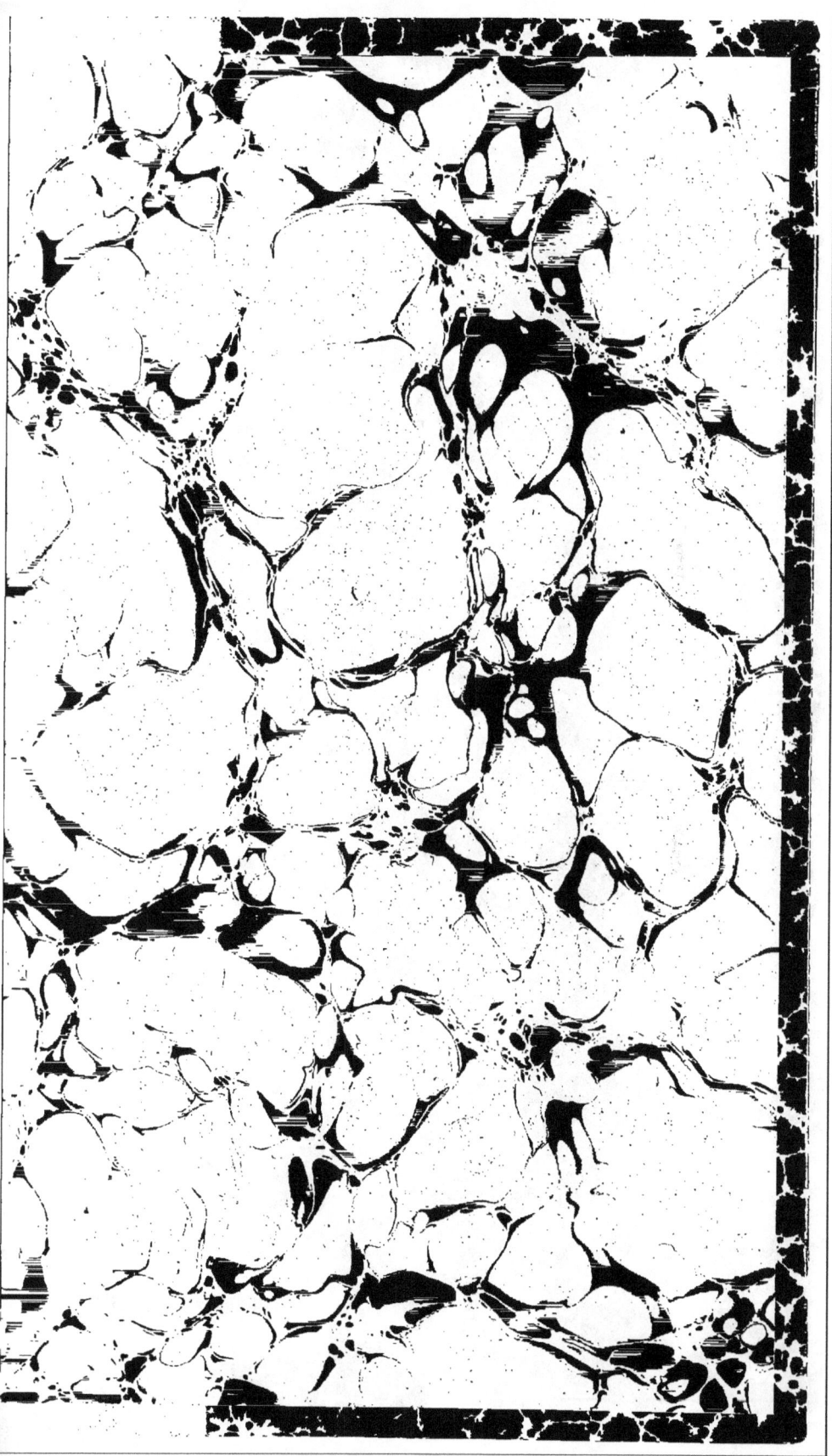

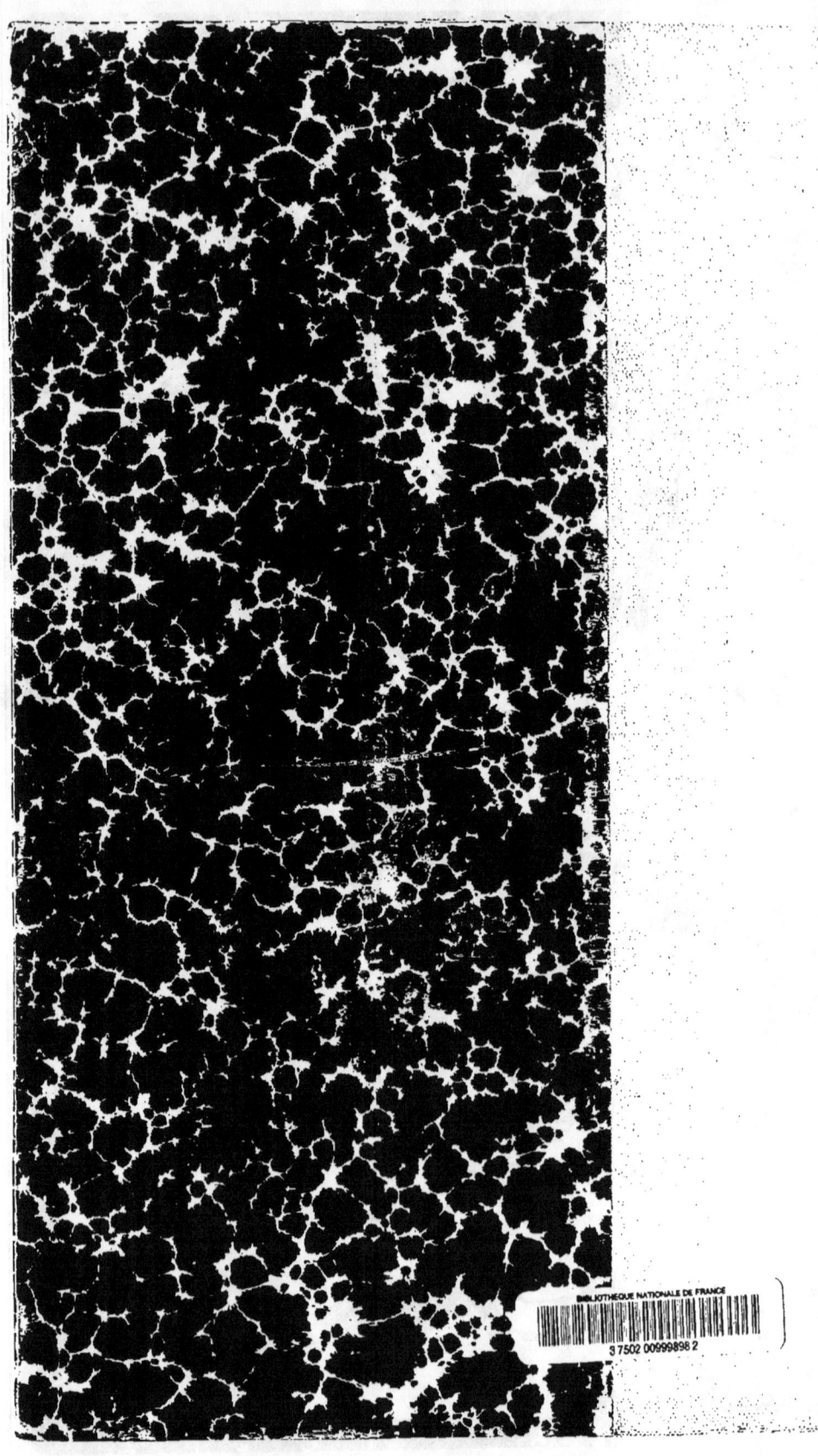

www.ingramcontent.com/pod-product-compliance
Lightning Source LLC
Chambersburg PA
CBHW070847170426
43202CB00012B/1981